KB125957

역사에서 길을 찾다

역사에서 길을 찾다

초판 1쇄 발행 2021년 3월 15일
초판 3쇄 발행 2022년 1월 15일

지 은 이 이배용
발 행 인 권선복
편 집 한영미
디 자 인 최새롬
전 자 책 오지영
발 행 처 도서출판 행복에너지
출판등록 제315-2011-000035호
주 소 (157-010) 서울특별시 강서구 화곡로 232
전 화 0505-613-6133
팩 스 0303-0799-1560
홈페이지 www.happybook.or.kr
이 메 일 ksbdata@daum.net

값 25,000원
ISBN 979-11-5602-871-0 93910

역사에서 길을 찾다

우리가 꼭 살려야 할 전통유산

이배용 지음

도서출판 행복에너지

서문

한국 역사는 문화의 현장이 가까이에 있다는 것이 장점이다. 흔히 “역사 잊은 민족은 미래가 없다”, “문화가 살아야 민족이 산다”라는 말을 예사롭게 한다. 실제로 선진국이라 하면 땅만 넓다고 또 경제만 부강하다고 인정받는 것이 아니라 격조 있고 아름다운 문화가 살아 있을 때 세계로부터 존중과 신뢰를 받는 것이다.

우리는 너무 우리 것에 대한 관심과 이해가 부족하다. 바로 내가 사는 동네 가까이에 세계적이고 자랑스러운 유산이 있어도 별로 찾아볼 생각을 하지 않는다. 그만큼 20세기에 온갖 시련을 겪으면서 먹고사는 일이 시급한 원인이기도 했다. 그러나 이제 GDP 3만 달러를 구가하는 시대에 살고 있는 우리는 선조들이 남겨준 소중한 유산들의 의미를 알아서 세계로 알리고 미래 후손들에게도 전해 주어야 한다.

특히 전통문화는 오랜 세월 겪으면서 살아남았기에 오늘날 우리가 접할 수 있는 것이다. 그 속에서 창의성을 배우고 사람의 생각과 정성이 보이고 역사적 상상력이 생기는 것이다.

나는 평생 역사를 가르치면서 수백 번 전국의 유적 답사를 인솔하였다. 대학 총장님들을 비롯하여 어른부터 학생들까지 남녀노소를 막론하고 문화의 전도사를 자처하고 스토리텔링하면서 살아 있는 역사를 전해 주려고 나름대로 노력해 왔다. 한결같이 모두가 감동하고 자긍심과 애국심으로 한마음이 된다.

내가 우리 문화를 사랑하고 감격해야 그 감동을 전해 줄 수 있다. 그야말로 아는 만큼 보인다고 그동안 예사롭게 지나쳤던 유적, 유물이 보석으로 보이면서 역사와 문화에 대한 안목이 높아지고 애정이 생기는 것이다.

법고창신(法古創新)의 정신을 실천하여 어제를 담아 오늘을 다지고 내일에 넘겨주어야 한다. 아무리 훌륭한 전통유산도 모르고 파손하면 나중에 돈이 생기고 권력이 높아져도 다시 복구할 수 없는 것이다. 지금 내 곁에 있을 때 문화의 초석을 다지고 지켜야 세계인에게 자랑으로 전할 수 있다.

역사는 과거로 끝나는 것이 아니라 현재이고 미래를 비추어 주는 거울이다. 즉 시작과 결말을 모두 보기 때문에 역사를 통해서 교훈을 얻을 수 있고 겸허해지는 것이다. 수많은 선현들의 시대정신이 담긴 어록을 통해서도 오늘날을 살아가는 좌표로 삼을 수 있다.

원효대사는 하늘에 해와 달이 함께 있기 때문에 뜨거운 기운으로 곡식이 타지 않고 차가운 기운으로 곡식이 썩지 않는다는 음양의 조화를 강조하였다. 또 동양 고전의 물은 배를 띄울 수도 있지만 배를 뒤엎을 수도 있다는 인간의 자연에 대한 오만함을 경계하는 교훈도 새겨들을 만하다.

이 세상에 착한 사람이 많아지길 소원하였던 퇴계 이황의 교육관은 시대가 바뀌어도 변함없이 추구해야 할 진리이다. 강진에 유배 가서 아들들에게 보낸 편지에 쓴 다산 정약용의 "천리는 순환하는 것이고 한 번 넘어졌다고 다시 일어나지 못한다는 법이 없으니 희망을 꺾지 말고 내일을 위해 부지런히 책을 읽고 학문에 정진하라"는 간곡한 당부는 우리가 살아가는 데 꼭 필요한 긍정의 힘이다.

요즈음같이 코로나19로 인해 앞날을 예측할 수 없는 혼돈의 시대에는 우리의 전통사상과 고전을 통해서 삶의 지혜와 참된 마음가짐을 찾을 수 있다고 생각한다. AI도 대신할 수 없는 영혼, 따뜻한 가슴, 정신이 함께 있기 때문이다.

유엔헌장에 전쟁이 사람들의 마음속으로부터 일어난 것이라면 평화의 방벽도 사람들의 마음으로 만드는 것이라 하였다. 그 마음이 아름다운 문화를 창조하고 역지사지(易地思之) 배려하고 섬기는 선한 영향력을 발휘할 수 있다는 것이다. 바로 이 책은 선조들이 가꾸어 놓은 정신유산과 문화유산을 접하면서 힘든 시기를 극복해 보자는 취지에서 그동안 써놓았던 글들을 묶어본 것이다. 읽다 보면 용기를 얻고 희망의 실마리를 찾을 수 있지 않을까 기대해 본다.

여기 이 책에 실린 글들은 학술발표 논문이 아니라 그동안 신문이나 잡지 등에 기고한 글들, 방송에서 해설한 내용들을 주로 엮은 것이다. 비교적 간결하고 읽기 쉽게 쓴 글들인데 당시 지면의 한계상 미처 못 실었던 내용은 편집 과정에서 추가하였다.

이 책이 나오기까지 많은 분들의 격려와 도움이 있었다.

우선 우암학원 설립자 조용기 이사장님의 적극적 지원에 감사드린다. 그동안 기고한 글들을 이제는 책으로 낼 때가 되었다고 격려와 응원을 아끼지 않으신 양병무 교수님, 그리고 함께 편집에 정성을 기울인 행복에너지 한영미 작가님과 기꺼이 출판을 맡아주신 권선복 사장님께 감사의 말씀을 드린다. 또한 아름다운 작품을 흔쾌히 제공하여 이 책의 품격을 높여준 한국화가 이호신 작가님께도 감사드린다. 그리고 좋은 사진자료를 활용할 수 있게 허락해 주신 개인 작가님, 기관장님들께 감사드린다.

아울러 이 졸고를 더욱 빛나게 하기 위해 역사탐방 후기를 써주신 손병두 총장님, 신숙원 부총장님, 홍승용 총장님, 노찬용 이사장님께도 감사의 말씀을 드린다. 또한 외국에서 한국을 찾아와 제자가 된 사랑하는 북경대 왕단 교수, 연변대 채미화 교수의 진정어린 헌사(獻辭)에 감동을 전하고 싶다.

평생 전통문화를 찾아 나선 길에 언제나 격려를 아끼지 않고 때로는 동행해 준 가족들에게도 이 지면을 빌려 감사의 마음을 전한다.

2021년 2월

이배용

목차

제1장

역사에서 길을 묻고 길을 찾다

제2장

전통문화유산 보존의 지혜

제3장

세종대왕 리더십에서 미래를

제4장

한국여성의 역사를 찾아서

제5장

가장 한국적인 것이 가장 세계적이다

- 유네스코 세계유산에 등재된 유형문화유산 -

제6장

역사와 동행한 길

01 역사 잊은 민족은 미래가 없다
02 한국역사 속의 인문정신과 시대적 과제
03 근대화 과정에서 잃은 것과 얻은 것
04 화왕계와 차마설의 교훈
05 최치원의 사회통합정신 되새겨야
06 가족의 달 5월, 초심을 찾자
07 식목일과 무궁화심기 운동
08 언론의 시대적 소명 다시 생각할 때
09 3·1운동 100주년, 역사에서 길을 찾다
10 광복 70년, 우리는 무엇을 생각해야 하는가
11 준비 없는 미래는 없다
12 평창동계올림픽을 문화올림픽으로

제1장

역사에서 길을 묻고 길을 찾다

소나무와 진달래

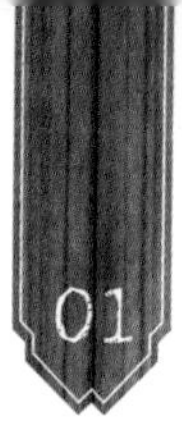

역사 잊은 민족은 미래가 없다

"역사 잊은 민족은 미래가 없다" 하였다. 역사는 시작과 결말을 다 볼 수 있기 때문에 바로 역사를 통해서 미래를 향한 교훈과 지혜를 얻을 수 있다. 그래서 역사는 '오래된 미래'라는 이야기를 하는 것이다. 또 한편 글로벌 시대에 우리 것을 필히 알아야 세계적 경쟁력을 확보할 수 있다. 역사 속에 인간이 걸어온 과정이 다 들어 있기 때문에 미래의 길을 찾는 나침반이라 할 수 있다. 우리 역사에 자긍심을 가질 때 미래의 희망을 열어갈 수 있다. 한국의 역사와 문화에 내재해 있는 이러한 정신적 가치를 분석하여, 미래에 우리가 추구해야 할 삶의 방식과 지향점을 논해 보고자 한다.

첫째, 한국의 창조적 역사 발전은 소통과 화합의 인문정신을 기본으로 하며 조화를 이루어 왔다는 점을 알 수 있다. 소통과 화합의 정신을 실천한 대표적 인물로는 신라시대 선덕여왕을 들 수 있다.

632년에 즉위한 선덕여왕은 정확한 시대적 통찰력을 가지고 통일을 가장 중요한 과제로 설정하였다. 그리하여 김춘추(604~661), 김유신(595~673)을 앞세워 화랑도를 중심으로 통일의 역군을 양성하고 유연한 외교력을 발휘하여 통일을 위한 기반을 하나하나 갖추어 나갔다. 또 어떤 무기보다 무서운 것은 분열이라는 철저한 인식 아래 통일을 위해서는 신라 내부의 단결과 민생 안정이 중요하다고 판단하였다.

그리고 백성들의 생활을 안정시키기 위해 동양 최초의 천문관측대인 첨성대를 건립하였다. 첨성대는 뛰어난 과학문화유산이라는 점뿐만 아니라, 백성의 삶을 풍요롭게 하기 위해 선덕여왕이 백성에 대한 배려의 마음으로 탄생시킨 민생의 문화유산이라는 점에서 더 가치가 크다. 이는 과학적 창의성도 인문주의 정신과 조화를 이룸으로써 진정한 정신문화유산으로서 자리매김할 수 있음을 보여주는 것이다. 한편 신라를 향해 쳐들어오는 9적을 제압한다는 의지로 황룡사에 거대한 9층 목탑(80m)을 세워 국가의 정체성과 국방·안보의 역할을 강조하였다.

둘째, 한국의 정신문화는 인간주의 정신으로 희망의 세계를 제시해 왔다. 한국의 역사에서 주로 이념 축으로 작용해 왔던 유교는 인간 중심을 표방하고 있는 사상이다.

조선의 제4대 임금인 세종대왕은 조선이 지향하고 있던 인간주의적 이상을 실제 정책에 성공적으로 구현하여 한국 역사상 최고의 리더로 꼽히고 있을 뿐만 아니라 세계적 리더의 표상이다. 그의 인간주의 정신은 수많은 찬란한 문화유산을 만들어냈다. 그중에서도 가장 뛰어난 발명품은 한글이다. 한글이라는 인류의 위대한 과학적 문화유산이 탄생하게 된 것은 백성에 대한 깊은 이해와 진정한 사랑 때문이었다. 세종은 약자를 배려하는 정신으로 노비 출산휴가, 양로연 등 다양한 복지정책을 시행하였다.

셋째는 자연과 인간의 소통과 조화의 지혜이다. 16세기에 살았던 신사임당은 그림, 글씨, 학문, 바느질, 자수 등 여러 분야에서 뛰어난 재능을 발휘하였고, 현재까지도 몇몇 예술작품들이 남아 있다. 그림 하나를 통해서도 세밀한 관찰을 토대로 자연을 묘사하고, 자연을 통해 생명존중의 가치관을 예술로 승화시켰다.

우리는 하나의 건축물을 세우거나 정원을 꾸밀 때에도 반드시 자연과의 조화를 우선시하였다. 과도한 인공조경을 피하였을 뿐만 아니라, 인간을 자연의 일부로 해석하여 자연의 아름다움을 즐기는 동시에 궁극적으로 자연과 하나 되는 일치감을 느낄 수 있게 하는 것을 원칙으로 삼았다. 우리나라 교육유산의 위대한 창조이고, 서원에 가 보면 입구에서부터 소나무, 은행나무 등의 고목들과 어우러진 강학당, 사당의 위용을 보면 저절로 우주·자연의 질서의 미덕과 순리의 지혜를 터득할 수 있다. 바로 이것이 인성교육인 것이다. 이러한 진정성의 소중한 의미로 세계유네스코 문화유산으로 등재하는 운동에 열정을 모은 결과, 2019년 한국의 서원 9곳이 유네스코 세계문화유산으로 등재되는 쾌거를 올렸다.

넷째로 나눔과 베풂, 배려의 정신을 바탕으로 인간을 향한 따뜻한 마음을 실천해 왔다. 조선 후기 제주여성 만덕의 일생은 나누고 배려하는 삶의 대표적 표상이다.

『조선왕조실록』의 정조 20년 기사에는 제주기생 만덕이 재물을 풀어 수천 명의 굶주리는 백성들의 목숨을 구하였다는 내용이 전해진다. 이렇게 만덕은 여성임에도 불구하고 선행으로 역사에 그 이름을 남기게 되었다. 여성의 몸으로 힘들게 모은 재산이었지만, 어려운 이웃들을 외면하지 않고 함께하려는 만덕의 베풂, 경주 최부잣집의 나눔의 정신은 오늘날에도 시사하는 바가 크다.

다섯째, 충효사상을 바탕으로 하는 애국심도 우리가 이어받아야 할 가장 소중한 정신유산이다. 임진왜란 때 목숨을 바쳐 지켜냈던 이순신 장군의 투혼 등 국난 때마다 나라를 지키고 시련을 극복했던 선조들의 열정, 일제시기 나라를 다시 찾기 위해 온몸을 바친 애국선열들의 희생을 우리는 길이 기억해야 할 것이다.

아무리 소중한 역사와 문화가 있어도 나라가 없으면 지켜낼 도리가 없다. 나라 있음에 생명도, 문화도, 역사도, 민족도, 평화도 지킬 수 있다. 내 나라의 소중함을 알고 주인의식을 가지고 함께 뛸 때 더 큰 대한민국을 만들어 인류평화에 기여할 수 있다.

한국역사 속의 인문정신과 시대적 과제

우리나라는 예로부터 동방예의지국이라고 일컬어왔다. 동방예의지국이란 인사 잘하고 예절 바른 것만 뜻하는 것은 아니다. 형식적인 것보다 내면적인 도덕성과 진정성을 가지고 신뢰받고 타인을 배려하는 인간성을 말하는 것이다.

그런데 언제부터인가 우리는 도덕과 정신은 땅에 떨어지고 막말하고 무질서하고 서로를 헐뜯는 품격 잃은 사회가 되어가고 있다. 특히 참다운 인재를 키워야 함을 가장 중심적인 가치로 여겨야 하는 학교에서부터 폭력이 난무하고 잔학한 범죄가 빈번하게 일어나는 현상은 안타까운 심정을 넘어 참담함을 금할 수 없다. 소 잃고 외양간 고치는 것보다 이러한 사태가 발생하지 않도록 미리 대비할 수 있는 학교교육에 대한 폭넓은 반성과 도덕 재무장이 절실히 필요한 시점이다.

'극기복례(克己復禮)'라고 다시금 철저히 자기반성을 통해 인간 본연의 자세를 되찾는 대책을 강구하여야 할 것이다. 정직과 신뢰, 책임과 성실, 존중과 배려, 공동체적 질서와 화목, 품격과 예절은 예나 지금이나 지성인이 갖추어야 할 필수덕목이다.

요즈음 사회 각계에서 인문정신을 되살려야 한다는 요구가 높아지고 있다. 대내적으로 볼 때, 우리 사회가 세계에서 유례를 찾아볼 수 없는 압축성장을 하면서 이룩해 온 물질적 성과에도 불구하고 가치관의 혼란, 소모적인 사회적 갈등과 대립, 생태적 문제 등을 겪으면서 인간의 삶과 역사에 대한 근본적 성찰이 필요한 시기라고 할 수 있다.

급속한 경제성장에도 불구하고 경제협력개발기구(OECD)에서 발표한 '행복한 삶 지수' 등에서 우리 국민이 체감하는 행복도는 지속적으로 하락해 오고 있다. 이것은 사람이 살아가면서 추구하는 행복이 빵만으로는 얻을 수 없으며, 정신적인 부분도 충족되어야 한다는 것을 말해 준다.

품격 있는 선진국가의 일원이 되기 위해서는 경제만이 아니라, 세계인이 함께 공유할 수 있는 보편적 인문정신적 문화와 가치를 가진 나라가 되어야 한다.

세계사를 통해 보면, 인문정신은 항상 새로운 시대를 열어주는 역할을 했다. 예를 들어 서양의 르네상스는 고대 그리스의 인문정신을 부활시켜 근대로 가는 새로운 세상을 열어주었다. 가장 최근에는 스티브 잡스나 빌 게이츠가 IT 기술문화의 새로운 세상을 열기 위해 인문학 및 인문정신을 강조했던 것은 잘 알려진 사실이다.

이 외에도 인문정신은 위기의 시기에 나아가야 할 방향을 제시해 주는 역할도 했다. 예를 들어 나폴레옹 군대가 독일을 휩쓸고 초토화 시키며 독일국민을 극한에 내몰며 절망하게 했을 때, 독일국민을 일으켜 세운 것은 철학자 피히테가 1807년에 행한 유명한 연설 '독일국민에게 고함'이었다. 피히테는 이 연설을 통해 독일국민의 정신과 혼을 일깨워, 독일국민이 나아가야 할 바를 제시했다.

그러나 인문정신은 서양에만 있는 것이 아니라 우리에게서도 풍부하게 찾아볼 수 있다. 인문정신을 멀리 다른 곳에서 찾지 않고, 우리 역사 속에서 찾는 지혜와 태도가 필요하다. 인문정신이 한국의 역사와 문화 곳곳에 살아 숨 쉬고 있기 때문이다.

한국역사 속에 담긴 인문정신이 다름 아닌 한국역사 속의 정신적 가치와 지혜를 찾는 작업이라 할 때, 그것은 바로 우리 한국인들이 추구해야 할 중요한 과제이자 사명이라 할 수 있다.

우리 역사 속에는 인문정신이 다양한 모습으로 출현하는 것을 볼 수 있다. 단군조선의 홍익인간의 이념에서부터 불교가 기반이 된 화랑도정신, 유교가 기반이 된 선비정신, 실학정신 등에 이르기까지 한국역사의 면면에는 한국이 가진 고유한 인문정신이 깔려 있다. 한국의 이런 인문정신이 있었기에 한국이 빠른 시간에 경제강국이자 문화강국으로 발전할 수 있었다고 보고, 앞으로 세계문화 리더국가의 역할을 훌륭하게 수행할 수 있는 가능성을 본다.

우리 선조들은 애초부터 독자적인 정신적 가치와 이념을 가지고 불교, 유교 등 타 문명의 정신을 흡수해 독창적이고 고유한 인문정신을 형성해 오면서 역사와 문화를 능동적으로 만들어왔다고 할 수 있다.

신라의 불교를 계승하며 불교를 국가의 정신적 지주로 삼은 고려시대에도 인문정신은 목판 고려판 대장경, 금속활자 발명, 고려 상감청자 등을 통해 구체적으로 발현되기도 했다.

조선 역시 불교문명을 대체할 새로운 사상으로서 성리학을 받아들이면서도 그대로 추종한 것이 아니라, 고조선에 대한 우리의 역사의식과 결부시켜 도덕문명의 뿌리인 옛 조선을 구현한다는 의식을 분명하게 하였다. 이런 정신의 바탕 위에서 조선시대에 우리 민족의 자주성과 자긍심 그리고 합리성이 내포된 독창적인 문자인 한글의 창제, 측우기 등 세계 최초의 첨단 과학기술이 등장하고, 집현전(集賢殿)으로 대변되는 고도의 인문통치를 바탕으로 세계사에서도 빛나는 최고의 리더 세종대왕이 출현할 수 있었다. 또한 중국에서도 심화되지 못한 성리학의 심성론인 퇴계(1501~1570)의 주리(主理)론과 율곡(1536~1584)의 주기(主氣)론이 발전, 체계화되어 독창적인 조선의 성리학이 그 모습을 드러낼 수 있었다.

또한 조선 후기에 탁월한 인문학적 지식을 바탕으로 한 정조임금을 통해 규장각(奎章閣)이 설립되고, 뛰어난 인재들이 양성되어 화성행궁 건설 등 조선의 르네상스라 할 만한 시대를 열 수 있었다. 또한 이 시기에 중국과 서구로부터 발원된 새로운 충격을 능동적으로 받아들여 각 분야의 개혁론을 주장했던 정약용(1762~1836), 또한 연암 박지원(1737~1805), 박제가(1750~1805)로 대표되는 북학파들과 실학을 꽃피울 수 있었던 것도 인문정신의 바탕이 있었기에 가능했다.

현재 한국은 전 세계로부터 주목을 받는 국가가 되었다. 20세기 중엽 극빈의 나라에서 반세기에 걸쳐 세계 10위권의 경제력을 가진 국가로 성장하고, 민주화와 산업화를 동시에 성취한 세계 사상 유일무이한 국가이기 때문이다. 한국의 역사와 문화를 들여다보면, 그것이 우연이 아니라는 점을 알 수 있을 것이다.

이러한 대한민국의 경이로운 발전은 우리나라의 수준 높고 품격 있는 문화와 그 문화를 만들어낸 선조들의 인문정신이 있었기에 가능했다고 볼 수 있다. 이제 인문정신을 되살려 황폐해진 물질만능의 풍조를 품격 있는 정신문화 구조로 재정비해야 하는 시대적 과제가 우리 앞에 놓여 있다.

인도의 영혼이라는 간디는 1939년에 당시 사회가 해소해야 할 7가지 폐단을 지적했다. 첫째 원칙 없는 정치, 둘째 노력 없는 부, 셋째 양심 없는 쾌락, 넷째 인성 없는 지성, 다섯째 인간성 없는 과학, 여섯째 윤리 없는 상업, 일곱째 희생 없는 신앙이라고 했다. 이 시점에서 여기에 덧붙일 것은 여덟째 역사 잊은 민족, 아홉째 준비 없는 미래, 열째 애국심 없는 정치이다. 나라 살리는 길, 바르고 희망찬 미래를 준비하는 것, 바로 우리들의 몫이다.

03

근대화 과정에서 잃은 것과 얻은 것

우리나라는 근대화 과정에서 많은 시련과 갈등을 겪었다. 근대 서구문명을 받아들여 새로운 체제로 가야 하는 과제와 침략을 막아야 하는 이중의 막중한 부담을 안고 출발하였다. 1876년 개항은 우리나라가 일본에 의해 강제로 항구를 개방하여 통상수호조약을 맺음으로써 처음으로 국제무대에 등장하게 된 역사적 사건이다.

그동안 대원군의 쇄국정책에 의해 병인양요, 신미양요를 겪으면서 프랑스, 미국 등의 통상 요구를 완강히 거절하였고 서구열강과의 통상 기회는 물 건너갔다. 결국 후발 자본주의국가 일본에 의해 강제로 개항하게 되자 시련의 소용돌이에 휘말리게 되었다. 소위 강화도조약이라고 불리는 한일수호통상조약은 완전히 불평등한 조건으로 점철되었다.

준비 안 된 미래는 희망과 보장이 없듯이 국제 간의 조약을 한번도 경험해 보지 못하고 정보의 부재로 일본의 압박에 속수무책이었다. 제1조부터 "조선은 자주 국가이며 일본과 동등한 권리를 갖는다"라는 조문에 우리는 평등한 대우를 받는 것 같아 안심했지만 사실 이는 일본이 초장에 심리적 무장 해제를 시키려는 함정이었고, 중국의 종주권을 부정하고 일본의 입지를 넓히려는 계략이었다. 그 외에 3항구(부산, 후에 원산, 인천 지정)의 개방도 남의 나라 땅에서 일본이 일방적으로 선정하였고 조선 땅에서 일어나는 일본인 범죄를 일본 법으로 처리한다는 치외법권 조항은 후에 우리에게 엄청난 피해를 안겨주었다.

특히 통상조약인데 관세율이 설정되어 있지 않아 우리 물품을 보호할 근거조차 없는 심히 불평등한 조약이었는데 우리는 전혀 몰랐다. 6년 후(1882) 미국과 조약을 맺을 때에나 통상조약에 관세율이 설정되어야 함을 뒤늦게 알았지만 많은 것을 일본에게 잃은 후였다.

한편 거세게 밀려오는 외압을 감당하려면 내부의 결속력이 필수건만 근대화 과정에서 나타난 국론분열은 국가의 동력을 떨어트리는 데 치명적이었다. 개화세력도 보수세력도 나라의 앞날을 지킨다는 목표는 같았을지 몰라도 방법론에서 평행선을 달리다 보니 우리를 향해 쳐들어오는 상대방에게 틈을 벌려 침략의 길을 열어준 모양이 되었다.

그럼에도 역사의 한편에서는 새로운 힘이 솟아난다고 이 시절의 희망은 교육이었다. 오로지 "아는 것이 힘이다", "배워야 산다"는 일념으로 선교사들이 세운 배재학당, 이화학당을 필두로 민간유지까지 적극적으로 참여하여 사립학교 설립운동이 전국에 우후죽순으로 뻗어나갔다. 근대식 교육을 받은 인재들이 애국심으로 뭉쳐 민족운동에 앞장서고 계몽운동을 열정적으로 펼쳐 희망의 내일을 준비하였다.

일제 식민지시대에도 3·1운동의 불꽃같은 독립운동이 일어나고 상해에 임시정부를 수립하여 독립을 위한 치열한 투쟁과 불굴의 의지가 있었기에 35년 만에 빼앗긴 나라를 찾을 수 있었다. 그러나 8·15광복의 기쁨도 잠시 분단의 아픔을 겪게 된 지 어언 70여 년이 넘었다. 그러나 대한민국은 한강의 기적을 이룬 성장으로 세계적으로 유일하게 개발도상국에서 선진국으로 진입하는 국가의 위상을 떨치면서 오늘날의 성취가 있었다.

이 역사의 길 위에는 애국의 순국선열과 6·25전쟁 때 목숨 바쳐 싸운 전몰장병들의 헌신과 희생이 있었다. 이분들에 대한 추념일이 현충일이고 6월은 호국의 달이다.

내 나라 남이 지켜주지 않는다. 나라를 빼앗겼던 시절이 얼마나 참담했고, 나라의 소중함이 얼마나 절실한지 우리는 역사를 통해 깨달아야 한다. 어떻게 다시 찾은 나라인가? 애국심과 나라를 지키기 위한 조상들의 헌신이 있었기에 오늘날 우리 시대 번영이 가능한 것이다. 풍요로울수록 정신문화의 토대를 닦아 다시는 나라 잃는 어리석음을 범하지 않는 현명한 국민이 되어야 한다.

화왕계와 차마설의 교훈

우리 역사가 번영의 꿈을 담아 지금까지 걸어온 길에는 시대마다 굽이굽이 시련과 극복의 과정이 있었다. 또한 왜곡된 길로 빠지려는 위기를 바로잡으려는 참된 지성의 소리가 함께 있었다. 바로 화왕계(花王戒)와 차마설(借馬說)에서 우리가 찾아볼 수 있는 메시지는 "역사는 과거뿐 아니라 그 속에 미래가 있다"는 것이다.

『삼국사기(三國史記)』에 보면 신라 31대 신문왕(681~692) 때 설총이 지은 화왕계라는 글이 있다. 신문왕 대에 이르면 선왕들이 닦아놓은 통일의 꿈을 달성하여 바야흐로 태평성세를 누리던 시절이었다. 술과 향락과 가무에 취해 있던 신문왕이 갑자기 정신이 번쩍 들어 측근 신하인 설총에게 무엇이든 임금이 귀담아들어야 할 이야기를 들려주기를 부탁하였다.

이에 설총(655~미상)은 꽃의 왕, 즉 화왕(花王)에 비유하여 임금이 지켜야 할 덕목을 아뢰었다.

"옛날에 꽃의 왕이 있어 많은 꽃들이 알현하고자 모여들었는데 그 중 장미라는 꽃이 화려하게 치장하고 온갖 미사여구를 담아 임금을 유혹하였다. 그런 중에 흰 베옷에 가죽띠를 두른 할미꽃이 들어와 임금께 간곡히 호소하였다. '내 주머니에는 향락에 취해 퍼진 독소를 제거할 양약이 들어 있고, 또한 임금은 풍요로울 때일수록 띠풀도 아껴야 한다는 이야기들을 오늘밤에 들려드리기 위해 왔다'라면서 임금의 지혜로운 선택을 촉구하였다. 이에 왕은 대답하되 '할미꽃의 말도 일리가 있으나 미인의 아름다움은 자주 만날 기회가 적다'라고 하면서 화려한 장미에 기울어지니, 할미꽃이 화를 내면서 '임금이 총명하다고 들어 진언과 간언을 구별할 줄 알았는데 참으로 어리석다'고 꾸짖었다."

그 대목에서 신문왕이 "참으로 그 우화에는 나뿐만 아니라 후대의 왕들이 들어야 할 귀감이 될 내용이 들어 있다"라면서 말로만 하지 말고 글로 써 바치라 하여 기록으로 남게 된 것이 화왕계이다. 통일을 이루는 것도 중요하지만, 통일 후에 새로운 시작을 지도자가 어떤 마음을 가지고 풀어가야 하는가 하는 교훈적인 요소가 담겨 있다.

화왕계는 우리나라에서 최초로 쓰인 유교 윤리서로 알려졌으며, 유교적 도덕관의 중심 가치를 제공한 설총은 성균관 대성전에 문묘 18현을 배향할 때 제일 앞자리에 모셔졌다. 이렇듯 원효(617~686)와 설총 부자는 아버지는 불교를 통해, 아들은 유교를 통해 시대를 정화하고 바른 길을 제시하여 유·불의 쌍벽을 이루었던 인물이다.

한 시대 후 고려 말 차마설(借馬說)을 지은 가정 이곡(1298~1351)은 목은 이색(1328~1396)의 아버지이다. 이때는 고려가 쇠퇴기로 접어들어 부패가 만연하고 원나라의 지나친 간섭 탓에 혈통의 모순과 혼란이 야기되었던 시절이다. 이에 이곡은 시대를 바르게 세우려는 지성의 소리를 차마설에 비유하여 제시하였다.

차마설은 즉, 말을 빌려 탄 이야기이다. 그 내용을 간추려 보면 말을 빌릴 때도 돈이 적으면 하등급의 여윈 말을 빌려 타게 되니 넘어질까 염려되어 냇물은 걸어서 건너고 비탈길도 조심하여 오히려 낙상의 위험이 적은데, 돈이 여유가 있어 상등급의 날쌘 말을 빌리면 기상이 상승해서 조심하지 않아 낙상의 위험이 더 크다는 것이다. 즉, 잘나갈 때 더욱 조심하라는 이야기다.

여기에 덧붙여 "이 세상의 모든 것이 빌리지 않은 것이 없다. 임금은 백성으로부터 힘을 빌려서 높고 부귀한 자리를 가졌고, 신하는 임금으로부터 권세를 빌려 은총과 귀함을 누리며, 아들은 아비로부터, 지어미는 지아비로부터, 비복(婢僕)은 상전으로부터 힘과 권세를 빌려서 가지고 있다"라면서 모두가 세상을 떠날 때 가져갈 것이 없는데 사람이 미혹하여 제 것인 양 착각하고 집착하면 화를 자초한다는 경고의 메시지이다. 다 비우고 나눌 수 있을 때 또 다른 안식과 희망의 세계가 열린다는 깊은 철학을 느낄 수 있는 대목이다.

현대에 들어 물질만능의 시대, 경쟁이 더욱 치열해질 때 우리 선현들이 남겨놓은 맑은 영혼의 소리를 되새겨 보면 무더운 여름날의 청량제 같은 산뜻함이 느껴질 것이다.

최치원의 사회통합정신 되새겨야

통일은 앞으로 우리 민족이 풀어가야 할 막중한 과제이다. 그러나 통일은 목적의 끝이 아니라 또 하나의 새로운 시작인 만큼 신중하고 탄탄한 준비와 진정한 사회통합정신이 전제되어야 한다.

우리 역사에는 두 번의 통일 경험이 있었다. 첫 번째는 신라의 삼국통일이고, 두 번째는 고려 태조 왕건의 한반도 재통일이다.

신라의 삼국통일은 660년 백제를, 668년 고구려를 멸망시킴으로써 달성되었다. 그 이후 676년에는 당나라 군대도 몰아내 한반도는 비록 영토가 축소된 한계도 있지만 명실공히 하나가 되었다. 30대 문무왕 때부터 바야흐로 통일신라시대가 열렸다.

그러나 얼마 안 가서 36대 혜공왕으로부터 중앙정부의 내부분열로 신라의 기초가 흔들리기 시작했다. 56대 경순왕 때까지 신라 하대

21명의 왕위계승은 무력을 가진 자가 전 왕을 죽이고 등장하거나, 아니면 왕권의 위기에 직면해 자결하는 왕이 있는가 하면 불안에 떨다 병들어 죽은 왕도 있다.

왕의 권위는 사라지고 힘으로 왕위를 차지하는 난세가 되었다. 골품제의 폐쇄성으로 인해 고구려, 백제 유민을 아우르지 못하면서 중앙정계는 진골귀족끼리의 정권쟁탈 각축장이 됐다. 지방행정은 거의 통제력을 잃어 농민이 반란을 일으키고 호족이 할거했다.

최치원(857~미상)은 이러한 시기에 6두품으로 태어나 12세(868년)에 당나라로 유학 가 학식과 견문을 넓혔다. 17년 만에 29세로 신라에 돌아오자 헌강왕에 의해 시독 겸 한림학사에 임명되었다. 그리고 국내에서도 문명을 떨쳐 귀국한 다음해에 왕명으로 '대숭복사비문(大崇福寺碑文)' 등 사산비명(四山碑銘)의 명문을 남겼고, 당나라에서 지은 저작을 정리해 국왕에게 진헌했다.

귀국한 뒤, 처음에는 상당한 의욕을 갖고 당나라에서 배운 경륜을 펴 보려 했다. 그러나 진골귀족 중심의 독점적인 신분체제의 한계와 국정문란을 깨닫고 외직(外職)을 원해 890년에 대산군(大山郡: 지금의 전라북도 태인) 등지의 태수(太守)를 역임했다.

894년에는 국내외의 현실과 경험을 바탕으로 시무책(時務策) 10여 조를 진성여왕에게 올려 6두품의 신분으로서는 최고의 관등인 아찬(阿飡)에 올랐으나 당시 진골귀족에게 그 개혁안이 받아들여질 리는 만무했다. 진성여왕도 물러나고 나라는 더욱 분열되고 혼란이 거듭되자 최치원은 신라왕실에 대한 실망과 좌절감을 느낀 나머지 40여

세 장년의 나이로 관직을 버리고 마침내 은거를 결심했다.

일찍이 최치원은 당시의 사회적 현실과 자신의 정치적 이상 사이에서 빚어지는 심각한 갈등을 해소하기 위해 인간본원에 바탕을 둔 사상과 진리의 보편타당성을 추구함으로써 해결책을 제시했다. 즉 유교, 불교, 도교의 제 사상을 상호 융합시켜 혼돈된 사회의 인간교화를 위한 기능으로 삼고자 했다. 공자의 충효를 바탕으로 한 윤리적 실천주의, 노자의 무위자연의 인생관, 석가의 권선징악적 교화주의가 바로 그것이다.

최치원의 『난랑비서(鸞郎碑序)』에 보면 "나라에 현묘한 도가 있는데 이를 풍류라고 한다. 풍류의 도는 가르침을 세울 근원이 선사(仙史)에 상세히 구비돼 있다. 실로 유불선의 가르침이 이미 포함돼 있으니 이로써 군생을 교화시키는 목표에 이를 수 있다" 했다. 잊힌 공동체정신을 회복하기 위해 화랑도정신에 기인한 풍류를 바탕으로 접화군생(接化群生)의 사회통합의 의미를 강조한 것이다.

접화군생의 접(接)은 관계성, 화(化)는 순환성, 군(群)은 다양성, 생(生)은 생명으로 뭇 생명을 가까이 다가가서 사귀어 감화시키고, 변화시키고, 교화시켜 완성단계까지 끌어올리는 숭고한 공동체정신을 일컫는다. 자연, 만물과 인간의 조화사상에 근거한 포용적 공동체의식이다.

신라 말기 난마같이 얽히고 갈라진 당시 사회현실을 극복할 수 있는 새로운 힘을 얻기 위해 접화군생의 조화 속에서 사회통합의 방안을 제시한 최치원의 사상은 오늘날 다시 새겨보아야 할 귀중한 정신유산이다.

가족의 달 5월, 초심을 찾자

5월은 가족의 달이고, 인연의 달이다. 어린이날, 어버이날, 스승의 날, 부부의 날, 성년의 날 등 소중한 인연을 기리는 의미 있는 날들이 유난히 많다. 기념일을 제정한 배경은 그 뜻을 생각하면서 메말라 가는 각박한 현실에서 진정한 참된 의미를 찾아 사회적 미풍양속의 분위기를 확산시키는 데 그 취지가 있다.

5월 5일 어린이날은 1919년 3·1독립운동을 계기로 내일의 기둥이 되는 어린이들을 귀하게 여기고 민족정신을 고취하고자 방정환 선생님을 포함한 일본유학생 모임인 색동회가 주축이 되어 5월 1일로 제정하였다. 1939년 일제의 탄압으로 중단되었다가 8·15해방 이후 1946년 5월 5일로 다시 정해졌고, 1975년에는 공휴일로 지정되었다.

어버이날은 1956년 5월 8일 어머니날로 제정되었다가 1973년 부모님께 감사의 마음을 함께 표현하는 어버이날로 정해졌다. 이날만큼은 낳아주시고 키워주신 부모님에 대한 은혜를 되새기고 자식의 도리를 다해야 함을 다짐하는 날이다.

그러나 요즈음 그런 날들의 의미가 퇴색하고 형식적으로 변질되는 안타까움을 금할 수가 없다. 더군다나 부모가 자식을 죽이고 학대하는 사건이 빈번히 일어나 사회를 경악시키고 있다. 어린이는 어른들이 사랑하고 보호해야 할 가장 약한 존재임에도 어찌 이러한 끔찍한 일들이 벌어질 수 있는지 참담함을 금할 수 없다. 인간의 탈을 쓰고 있어도 인간이 아닌 것이다. 이제 근본부터 짚어서 해결책을 마련해야 한다.

또 한편으로는 자식이 부모를 폭행하고 살해하는 일도 비일비재하게 일어나고 있다. 패륜의 행위도 도를 넘어선 일이 허다하다. 어디서부터 해답을 찾아야 할지 겸허하게 반성하고, 어렸을 적부터 평생교육까지 교육체계부터 가다듬어야 할 중차대한 시점에 왔다.

이러한 사회적인 현상은 옛날 선조들의 지혜를 통해서도 교훈을 얻을 수 있다.

세종 10년에 아들이 아버지를 때려죽인 사건이 일어났다. 세종대왕께서는 이렇게 말씀하셨다.

"이러한 끔찍한 패륜의 범죄가 능지처참하는 법으로만 다스려서 근절되고 재발되지 않는다고 보장할 수 있는가, 근본적으로 심성이 순화되어야 한다."

그러한 절박한 심정에서 마음을 교화시킬 수 있는 방법으로 신하 설순에게 명하여 『삼강행실도』 중 먼저 「효행(孝行)」 편을 짓게 하였다. 세종 16년에 반포되었는데 그림과 함께 사람을 감동시키는 따뜻한 효행의 이야기들이 수록되어 있다. 이 35편의 내용들은 중국과 우리나라의 효행의 아름다운 사례로 구성되어 있다.

효도해야 한다는 강요보다는 스스로의 감동에 의한 설득력이 있다. 서로 배려하는 착한 마음으로 헤아리는 양방향 소통을 통한 이야기들을 읽고 나면 저절로 가슴이 따뜻해진다. 그림까지 함께 있어 눈으로도 보고 가슴으로 느낄 수 있는 이해력과 감화력을 새겨줄 수 있는 인성교육의 대표적 텍스트라고 할 수 있다. 이러한 내용을 현대적 만화나 애니메이션으로 만들면 거칠어진 교육 현장에 따뜻한 정서를 순화시킬 수 있지 않을까 생각한다.

5월 15일 스승의 날도 우리 민족에게 글자를 만들어주어 눈은 뜨고 있어도 어두운 세상을 살던 백성에게 광명을 찾아준 고마우신 큰 스승인 세종대왕의 탄신일을 스승의 날로 제정한 것이다. 세종대왕의 역지사지의 정신으로 모두에게 희망의 길을 열어주었던 것이다.

5월 가족의 달에 다시 한 번 가족의 소중함을 일깨우고 그것이 바른 사회를 이루는 근간이 되고 평화가 된다는 깊은 인식이 필요하다. 그래서 영어로 Family를 앞글자만 따서 Father and Mother I Love You로 풀기도 하지 않는가.

퇴계 선생께서 이런 말씀을 하셨다. "가까이 있는 단 복숭아는 거들떠보지도 않고 멀리 신 돌배 찾으러 온 산천을 헤매었구나." 바로 내 안의 행복은 마다하고 멀리 파랑새만 찾으러 헤매다 보니 불만과 갈등만 증폭되는 것이다. 물과 공기가 늘 있어주니까 소중함을 잊듯이 가까울수록 감사하는 마음을 놓칠 수 있다. 늘 생활 속에서 '감사합니다', '사랑합니다'라는 표현을 익숙하게 할 수 있다면 그보다 더 진정한 소통과 화합이 어디 있겠는가?

푸르고 싱싱한 신록의 계절 5월, 다시 한 번 착한 마음으로 가족과 이웃 간에 사랑과 화합의 마음을 되새기고 하늘을 향해 희망의 가지가 쭉쭉 뻗어갔으면 하는 바람이다.

다음은 어머님의 높고 넓은 마음을 노래한 윤춘병 작사, 박재훈 작곡의 가슴이 따뜻해지는 「어머님 은혜」 동요를 소개해본다.

높고 높은 하늘이라 말들 하지만
나는 나는 높은 게 또 하나 있지
낳으시고 기르시는 어머님 은혜
푸른 하늘 그보다 더 높은 것 같아

넓고 넓은 바다라고 말들 하지만
나는 나는 넓은 게 또 하나 있지
사람 되라 이르시는 어머님 은혜
푸른 바다 그보다도 넓은 것 같아

식목일과 무궁화심기 운동

4월 5일 식목일은 절기로는 청명이다. 바로 다음날이 한식인데 동지 후 105일째 되는 날로 설날, 한식, 단오, 추석의 4대 명절 중 하나이다. 계절적으로 청명, 한식을 전후하여 나무심기에 알맞은 시기이므로 1949년 대통령령으로 〈관공서의 공휴일에 관한 건〉을 제정하여 4월 5일을 식목일로 지정하였다. 국민 모두가 참여하여 나무를 심으면서 애림사상을 높이고 산지의 자원화를 위하여 제정된 날이었다.

1960년에는 식목일을 공휴일에서 폐지하고 3월 15일을 '사방(砂防)의 날'로 대체 지정하였다. 그러나 1961년에 식목의 중요성이 다시 대두되어 식목일이 부활하고 공휴일로 지정되었다. 2006년부터 다시 공휴일에서 제외되었지만 식목일에 나무심기 행사는 여전히 지속되고 있다.

대한민국이 출범하고 이룬 산업화와 민주화의 양 축과 함께 가장 대표적으로 성공한 치적을 들라면 무엇보다도 새마을운동과 산림녹화사업이다.

새마을운동은 낙후된 농촌을 개조하고 경제발전의 원동력이 되었음은 모두가 잘 알고 있는 역사적 사실이다. 또한 불과 몇 십 년 전까지만 해도 벌거숭이 산이었던 온 산하가 녹색이 창연하게 푸른 산으로 바뀐 것은 그야말로 기적에 가까운 일이다. 그러나 그 기적도 사람이 만들어낸 것이다. 대통령, 공무원, 국민들이 혼연일체가 되어 열정을 모은 결과이다.

2015년 광복 70년을 기념하여 한국학중앙연구원에서는 정치, 경제, 문화, 교육, 외교통일, 산림녹화 6개 분야로 나누어 70년의 역사를 정리한 책이 출간되었다. 그중 산림녹화 편을 보면 우리나라가 산림녹화에 성공한 것은 1961년부터 1979년까지 18년 동안에 걸쳐 황폐지를 복원하기 위하여 사방사업을 하고 화전을 정리하여 그 기반을 닦은 다음, 조직적인 국민 참여에 의한 산림보호 정책이 실효를 거두고 조림사업을 체계적으로 시행한 결과였음이 기술되어 있다. 또한 심기만 한 것이 아니라 식재한 것이 잘 자라고 있는지 이듬해 철저히 점검한즉, 검목작업을 한 것이 실효를 거두었음도 높게 평가하고 있다.

이러한 성과를 기반으로 앞으로 지구온난화 등 기후변화에 대비하여 나무심기 운동을 지속적으로 추진해야 한다. 그러한 가운데 우리 민족의 상징인 무궁화심기 운동도 적극적으로 펼쳤으면 하는 큰 바람이 있다. 필자는 2013년 한국학중앙연구원장으로 취임하면서 해마다 식목일에 무궁화 200주씩을 심어 무궁화동산을 가꾸고 무궁화노래비도 세웠다.

무궁화는 한반도, 대한민국의 상징이자 한민족의 상징이다. 한반도를 예로부터 근역(槿域)이라 불러왔고 흔히 '무궁화동산', '무궁화 삼천 리 금수강산'이라고 일컬었다. 이와 같이 우리 민족의 삶과 함께해 온 나라꽃이다.

무궁화의 꽃말은 일편단심, 영원하다는 의미로 민족의 무궁한 발전의 기원을 담고 있다. 생명력이 강하고 어떠한 역경 속에서도 끈기 있게 꽃을 피운다. 무궁화는 강인함과 끈질김과 순박함과 기다림이 있다. 봄꽃들이 다 피고 진 다음에 여름날 강렬한 햇빛 아래 아침에 피었다가 저녁에 지기를 거듭하면서 7월부터 3개월 이상을 지속적으로 아름답게 피는 꽃이다.

우리나라를 강제로 빼앗은 일제는 우리 민족정기를 말살하기 위해 전국 각지에서 자라는 무궁화를 베어내고 벚나무를 일본에서 가져다가 대량으로 심었다. 창경궁의 벚꽃놀이를 비롯해 전국 각지에서 벚꽃축제를 열었다.

그런데 우리는 일제의 사슬에서 벗어난 광복을 기념하고, 대한민국의 성취를 자랑하고, 독도수호를 외치면서 지금도 역사왜곡을 자행하고 있는 일본이 만들어낸 관습을 떨쳐버리지 못하는 정서는 모순이 아닌가? 꽃을 미워하자는 것이 아니라 영혼 없는 벚꽃축제는 이제 그만하자는 것이다.

그리고 식목일에는 전국적으로 무궁화심기 운동을 펼쳐 우리 민족 정체성의 상징인 태극기, 애국가, 무궁화 사랑의 정신을 후손들에게 길이길이 심어주어야 할 것이다.

끝으로 우리 어렸을 때 즐겨 불렀던 「무궁화」 노래의 가사 속에 역사적 의미가 담겨 있고 곡이 너무 아름다워 실어본다. 김한배 작사, 정세운 작곡이다.

1절
아름답다 무궁화 우리의 무궁화
금수강산 삼천리 곱게 피어서
즐거우나 슬프나 한결같게도
아~ 단군님의 마음씨 무궁화라네

2절
정다웁다 무궁화 우리의 무궁화
울 밑에나 뜰에나 나고 또 나서
우리나라 역사와 영원히 자라
아~ 우리 겨레 마음씨 무궁화라네

언론의 시대적 소명 다시 생각할 때

요즈음 같이 대한민국의 앞날이 불분명한 시절 가장 종합적인 정보의 집산지로서, 언론의 역할이 그 어느 때보다 중요하다.

그중 신문은 정보공유와 소통의 장이고 역사의 기록물로, 먼 훗날 그 시대의 숨결을 생생하게 느낄 수 있는 기초자료이기도 하다. 그렇기에 정확하고 신속한 사실의 전달은 물론 시대의 담론을 담아내고 예리한 분석과 앞을 내다보는 나침반으로서의 역할이 필요하다.

일찍이 1883년 10월 우리나라 최초의 근대 신문으로 한성순보(漢城旬報)가 관 주도로 발간되었다. 열흘 간격으로 발행되어 순보이다. 그 후 한성주보(漢城周報)는 한성순보가 폐간된 지 14개월 만인 1886년 1월 25일 자로 첫 호를 발행하였다. 주간지로서 한성주보는 국한문 혼용으로 간행하였다. 1888년 7월 14일 폐간되었다.

120여 년 전 일본을 위시한 외세의 압박 속에서 국가적 위기에 당면한 대한제국 시기에 발간된 신문이며, 언론으로서의 투철한 사명의식을 발견할 수 있다.

이후 1896년 4월 7일 서재필(1864~1951)이 〈독립신문〉을 창간한 것을 기점으로 우리나라에서는 민간신문의 시대가 시작되었다. 이로부터 1898년에는 순 한글신문인 〈협성회 회보〉, 〈매일신문〉, 〈제국신문〉 창간에 이어 주로 지식층 계몽을 위한 국한문 혼용의 〈황성신문〉이 창간되어 국권수호와 의식계몽에 앞장섰다.

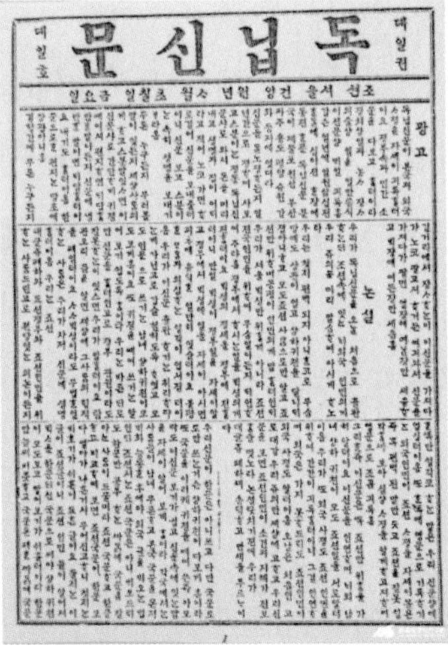

독립신문 창간호
[자료출처 : 한국학중앙연구원 한국민족문화대백과사전]

〈독립신문〉은 최초의 순 한글 민간신문으로 창간되었다. 〈독립신문〉의 발간 취지는 대중계몽에 주력해 근대적 시민의식을 불어넣어 주었으며 한글 띄어쓰기도 처음으로 시도했다. 그해 7월 결성된 독립협회에서 진행된 시사문제에 대한 찬반 토론회도 신문에 실리면서 독립자강과 근대적 의식을 각성시켰다.

1904년 7월 18일 창간된 〈대한매일신보〉는 영국인 베델에 의해 발간됐는데, 처음에는 영문판 4면과 한글판 2면으로 편집되었다가 1905년 8월 11일부터 국한문 혼용신문과 영문신문을 분리 독립시켰다. 1907년 5월에는 전 국민의 계몽이라는 〈대한매일신보〉 본래의 창간 목적에 맞춰 한문을 모르는 일반 대중과 여성을 위해 국문판을 발간하여 애국심을 고취시키고 교육과 여성계몽에 주력하였다.

이들 대한제국기 신문은 정치·사회·경제 전반에 걸친 개혁을 단행해야 나라를 지킬 수 있다는 논조 아래 공정한 인재선발, 준법정신, 기술향상과 함께 실학정신의 필요성, 군대정비를 통한 무력증강, 경찰제도 합리화와 민생안정을 비롯해 명분보다 실리외교를 강조했다. 무엇보다 이들 신문은 국민적 단결을 바탕으로 한 애국심을 고취시켜 갈수록 노골화되는 일제에 적극 항거했다.

그 대표적인 사례로 1905년 11월 17일 일제가 강제로 을사늑약을 체결하자 〈황성신문〉 주필이었던 장지연이 11월 20일자 논설에 '시일야방성대곡(是日也放聲大哭)'이라는 글을 써서 일본의 폭압에 굴복해 조약을 체결한 정부대신을 신랄하게 공격했다. 이 글로 인해 장지연은 체포되고 신문은 정간됐으며, 정간된 지 3개월 뒤 속간됐으나 신문사의 운영진이 바뀌었다.

한편 1907년 2월 국채보상운동이 대구에서 광문사 사장 김광제, 부사장 서상돈을 주축으로 일어나 전국으로 확산되고 있을 때, 〈대한매일신보〉는 "국채 1,300만 원을 우리 대한제국이 갚지 못하면 나라가 망할 것인데, 국고로는 해결할 도리가 없으므로 2,000만 동포들이 3개월 동안 흡연을 폐지하고 그 모금으로 국고를 갚아 국가의 위기를 구하자"라고 발기 취지를 밝혔다. 이어 〈제국신문〉, 〈만세보〉, 〈황성신문〉 등이 보도하자 각계각층에서 광범위한 호응이 일어났다.

그러나 일본의 획책으로 국채보상운동을 주도했던 총무 양기탁을 횡령죄로 뒤집어씌워 구속하는 바람에 운동 자체가 끝내는 좌절되었다.

이처럼 대한제국기에 발간된 신문은 글자 형태를 한글판, 영문판, 국한문 혼용 등으로 구성하여 다양한 독자층에 대해 세심한 배려가 있었다. 또한 당시의 신문은 국가와 민족의 앞날에 대한 책임감과 애국심도 깊었으며, 꾸준히 계몽의식을 고취시켜 시민의 의식수준을 높이고 독립정신을 일깨웠다. 이러한 신문의 시대적 역할이 청년들에게 각인되어 일제 치하에서도 민족의 자존심을 지키고 독립정신을 굳건히 해 나라를 찾는 원동력이 되었다.

어떻게 찾은 나라인가. 이 혼란스러운 시기에 언론이 중심을 잡아 시대적 정론지로서의 역할을 충실히 수행해 나가기를 기대해 본다.

3·1운동 100주년, 역사에서 길을 찾다

2019년은 3·1운동, 임시정부 100주년이 되는 해였다. 우리는 3월이 올 때마다 유관순 열사를 생각한다. 소녀의 몸으로 나라를 강탈한 일제 앞에 분연히 일어나서 태극기 한 장으로 만세운동을 펼치다가 옥중에서 희생된 유관순 열사의 고귀한 애국정신을 이어받아야 한다.

수많은 독립투사들과 온 민족이 합심해 펼친 자주독립의 열기로 천신만고 끝에 우리 선조들이 빼앗겼던 나라를 35년 만에 다시 찾아주었다. 그런데 지금 우리는 제4차 산업혁명 시대에 무한경쟁으로 치닫고 있는 오늘의 세계에서 계층 간, 세대 간, 이념 간 갈등과 분열로 많은 어려움을 겪고 있다. 또한 경제위기, 안보위기, 인구위기 등 해결해야 할 과제가 당면해 있다.

최근 한반도를 둘러싼 국제정세도 심상치 않다. 미국의 '아메리카 퍼스트'와 중국의 '일대일로(一對一路)'가 격돌하고 북한 핵폐기와 경제

개방을 두고 미·북 간의 담판이 진행되고 있는 등 우리를 둘러싼 상황은 한 치 앞도 알 수 없는 단계로 접어들고 있다.

모두가 진정으로 반성하여 개인의 이기심은 내려놓고 나라를, 민족을 위한 헌신과 사명감을 다져야 할 때이다.

1919년에 우리 민족은 10년 가까운 일제의 폭압정치를 보며 나라를 찾기 위해 분연히 일어났다. 민족의 이름 아래 하나로 뭉쳐 우리 겨레의 공동체정신이 크게 발휘된 운동이었다. 만주, 연해주, 오사카, 필라델피아 등지에서 독립과 애국심의 물결이 퍼져갔다. 일제의 가혹한 탄압 속에서도 정신을 차리고 국혼만 지키면 빠져나올 수 있다고 하면서 단군의 홍익인간 정신을 중심으로 하는 민족의 정체성을 일깨웠다.

3·1운동은 자주독립의 열망과 나라사랑의 마음을 다시 일깨워 주면서 할 수 있다는 용기를 주었다. 3·1운동이 바탕이 되어 잃어버린 주권을 되찾고 광복의 기쁨을 맛볼 수 있게 한 원동력이 되었다.

그동안 동학농민혁명, 독립협회운동, 만민공동회, 의병전쟁, 애국계몽운동을 통해 시민의식을 고양시키고 민중들의 주체적 역량을 키우고 애국심을 고취하여 독립전사들이 자라났다.

주권이 침탈되는 과정을 살펴보면 가슴 섬뜩한 전율을 느끼지 않을 수 없다. 1905년 을사늑약의 강제 체결로 외교권이 박탈되어 일본인 통감정치가 시행되고, 1907년 정미7조약은 사법권의 박탈로 군대가 해산되고 고종황제가 일본에 의해 강제로 폐위되었다.

나라가 풍전등화의 위기로 몰릴 때도 설마 나라가 망하기야 하겠는가 안이하게 생각했던 일들이 전광석화처럼 진행되어 일제식민지로 내몰리게 되었다. 나라의 문패가 내려지고 세계지도에서 대한제국(조선)의 영역이 사라지는 어처구니없는 상황이 현실로 들이닥쳤다.

식민지가 된 현실은 상상할 수도 없이 가혹하였다. 무고한 독립투사들이 투옥되고 무참히 희생되었다. 토지조사 사업이라 하여 강토가 약탈되어 거의 일본인 손으로 넘어가고, 회사령이 실시되고 광산법 개정이라 하여 현재까지 실시되었던 법을 바꾸어 민족자본이 파괴되었다. 사립학교 개정령으로 교육은 식민지 하수인 정도만 유지되는 하급 보통교육으로 전락하였다.

양심과 정의는 무너지고 민족말살이라는 정책 아래 생존권이 박탈되고 인간의 존엄성이 파괴된 암흑의 시대에, 그래도 굴하지 않고 민족의 독립역량이 총 결집된 것은 뿌리 깊은 역사 공동체의식과 이를 바탕으로 한 민족의 자존심과 자긍심이 분출된 것이다.

독립선언서에 나타난 3·1운동 정신은 매우 역사적 의미가 큰 것이다.

첫째, 3·1운동은 정의와 진실의 실천이었다. 일본이 기만적으로 외국인들에게 선전한 식민통치는 한민족이 원해서, 동양평화를 위해서라는 거짓이 만천하에 드러난 역사적 진실의 승리였다. 태극기 한 장 들고 일제의 무자비한 총칼 앞에서도 굴하지 않고 의연하게 만세운동을 펼치며 비폭력으로 저항하던 어린 소녀를 비롯한 전국 곳곳의 남녀노소를 불문하고 독립만세를 외치는 모습이 외신으로 나갈 때 전 세계인들에게 얼마나 한국인들이 일제의 침략과 통치를 혐오

하고 있는지 만천하에 알리게 된 결정적 계기가 되었다.

둘째, 3·1운동은 미래였다. 과거의 구원에 연연함과 집착보다는 민족의 주체성과 인류평등의 보편성 위에서 자유, 평등, 권리가 보장되는 민족의 미래발전에 초석을 놓았다. 과거 5천 년 역사와 문화의 전통에 긍지를 가지고 현재 2천만 민족의 간절한 염원을 담아서 민족의 무궁한 미래를 위해 독립을 선언한 것이다.

셋째, 3·1운동은 용서와 화해와 관용정신을 바탕에 둔 평화의 대합창이었다. 비폭력 저항운동으로 가해자인 일본을 부끄럽게 만들고 거대한 폭력집단을 무색하게 하였다. 독립선언서에 쓰여 있는 것처럼 위력의 시대는 가고 도의의 시대가 도래하였다. 역사의 피해자가 민족의 독립을 전제로 가해자를 용서와 화해의 길로 인도한다. 그럼으로써 동양평화를 이루고 나아가 세계평화의 길을 선도하였다. 군사적·물리적 폭력에 맞서 도덕과 양심, 진리와 질서, 정의와 평화, 우애와 협력을 내세운 3·1운동은 보다 높은 차원의 정신문화운동이며 평화운동이었다.

넷째, 3·1운동은 민족의 대화합이었다. 남녀노소, 계층, 종교, 지역을 불문하고 모두가 손에 손 잡고 오로지 독립을 위한 염원으로 함께 뭉쳤다. 그동안 서슬 퍼런 압박 속에 말 못 했던 울분과 서글픔과 억울함을 함께 서로 위로하고 눈물을 닦아주며 불의에 맞서 맨주먹으로 태극기 들고 만세를 소리 높여 외칠 때 하나의 흐트러짐도 없는 모두가 한마음이었다. 천도교가 시작한 3·1운동 준비에 기독교가 화답하고 불교계도 동참하였다. 각 종교계 지도자가 화합하여 민족의 힘을 결집시키니 그보다 좋은 효과가 없었다. 누가 강제로 시킨 것도 아닌 자발적으로 전 민족이 하나가 되어 참여한 애국심과 주인의식을 가진 주체성의 발로였다.

다섯째, 3·1운동은 용기와 희망이었다. 독립선언서 마지막에 "아, 새 하늘 새 땅이 눈앞에 펼쳐진다. 위력의 시대가 가고 도의의 시대가 왔다. 과거 한 세기 내내 갈고 닦아 키우고 기른 인도적 정신이 이제 막 새 문명의 밝아오는 빛을 인류역사에 쏘아 비추기 시작하였다" 면서 희망찬 미래를 예고하였다. 양심과 도의, 정의와 평화, 자유와 평등에 기초한 새로운 국가관을 가지고 민주와 평화의 새로운 국가문명을 건설할 때가 온 것이라 하였다. 도의의 시대는 국가들 사이에 자유와 평등, 우호와 협력, 정의와 평화에 기초한 관계가 형성되는 시대를 일컫는다 하였다.

3·1운동에 의해서 곧 임시정부가 탄생하고 국호도 대한민국 임시정부로 통합되었다. 이후 만주, 노령 등지에도 독립군이 강화되었다.

아울러 세계사적으로 볼 때 3·1운동의 비폭력 저항의 방법은 같은 처지에 있는 식민지 약소민족에 독립운동을 일으키는 큰 계기를 열어주었다. 3·1운동 이전까지는 영국, 미국, 프랑스, 일본 등 승전국들의 기세가 상승되었기 때문에 스스로의 힘으로 독립운동에 궐기할 엄두를 못 내고 위축되었었다. 그러나 동아시아 한반도에서 첫 봉화를 든 3·1운동에 고취되어 약소민족의 독립운동이 급격하게 불타오른 것이다. 이는 중국 현대의 탄생의 전환점이라고 일컫는 5·4운동에 영향을 주었다. 또한 인도에서의 국민회의파의 독립운동이 3·1운동의 영향을 받고 급속히 고조되었다. 인도차이나반도, 필리핀 등지에도 민족독립운동에 희망과 용기를 주었다.

이제 우리는 자유와 평등의 시대, 자손대대로 풍성한 삶의 행복을 깊이 누릴 수 있는 나라를 만들어야 한다. 그러자면 자유를 지킬 수 있는 안보가 튼튼해야 하고, 행복한 삶을 영위할 수 있는 경제력이 동시에 뒷받침되어야 한다. 그러나 풍요로움만으로 행복할 수 없다. 진정한 정신문화를 되살려 내야 한다. 품격있는 문화운동을 펼칠 때 우리는 세계평화와 행복을 리드하는 문화국가로의 위상을 확보할 수 있다. 어려운 시대에 위기는 기회로, 좌절은 도약으로, 경쟁과 갈등은 열정으로, 분열은 화합으로, 절망은 희망으로 이끌면서 상생과 공존의 시대를 열어가야 한다. 그러할 때 대한민국의 성장과 성공뿐만 아니라 국민대통합을 수행하여 세계평화를 이루고 분단이 통일로 변화하는 진정한 역사의 길을 다져갈 수 있다.

3.1독립선언서(보성사판, 1919)

[자료출처 : 독립기념관 제공]

광복 70년, 우리는 무엇을 생각해야 하는가

1945년 해방이 되고 2015년은 광복 70주년을 맞는 해이다. 감격스러웠던 해방의 기쁨도 잠시 분단의 세월도 그만큼 흘렀다. 암울했던 일제 치하에서 35년 만에 벗어나 광복을 이룰 수 있었던 것은 독립을 위한 불굴의 투쟁에 온 민족이 하나가 되었기 때문이다. 물론 주변정세와 시대의 흐름을 탄 면도 있지만 그러나 그 중심은 한민족의 독립역량에 기인한 것이다.

우리 역사의 면면을 보면 암울했던 시기를 오히려 기회로 삼아 새로운 시대를 연 민족의 DNA가 있다. 어려운 시절이 닥쳐도 포기하지 않고 절망하지 않고 미래에 대한 도전으로 "할 수 있다", "해야 된다"는 열정과 긍정심을 가지고 온갖 시련을 극복해 왔다.

그러니까 우리는 20세기의 한 편린만 보고 우리나라 전체 역사를 평가하는 잣대로 삼을 수 없다. 오랜 역사 속에서 나라를 빼앗기는 가장 큰 시련을 겪었지만 굴하지 않고 극복해 낸 민족의 저력이 무엇인지를 깊이 겸허하게 성찰해야 통일의 길도 바람직하게 열어갈 수 있다.

1919년 3월 1일 우리의 선조들은 일본이 총칼로 빼앗은 조국의 독립과 주권을 되찾기 위해 나라를 사랑하는 한마음으로 일어났다. 민족의 자존심과 정체성을 확고히 하면서 독립의 굳은 신념과 애국심으로 "대한독립 만세"를 외치며 거대한 물결이 되었다.

이 거대한 물결에는 남녀노소, 신분과 계층, 종교와 국내외 지역의 구분도 없었다. 일제의 가혹한 무력탄압에도 불구하고, 유관순 열사 등 독립투쟁에 온몸을 바친 우리 선조들의 비폭력적이고 평화적인 3·1운동의 정신은 중국, 인도 등 비슷한 처지의 이웃나라들에도 큰 영향을 끼쳤고 전 세계를 감동시켰다.

3·1운동과 선열들의 끈질긴 독립투쟁은 카이로선언에서 한국의 독립을 결정할 때에도 결정적 영향을 주었다. 이 위대한 3·1정신은 상해 임시정부의 법통으로 이어졌고, 대한민국의 헌법정신으로 계승되면서 번영과 기적의 대한민국 역사를 이룩한 원천이 되었다.

대한민국은 세계 최빈국에서 세계 10위권의 경제력과 1인당 국민소득 3만 달러 수준의 경제강국으로 탈바꿈했다. 남북의 분단과 대치상황 속에서도 자유민주주의 국가를 확립하고 이 모든 기적을 이룬 것이다. 그러나 이것은 기적이 아니다. 민족의 자존심과 나라를 지키는 한마음으로 힘을 모아 역사 대대로 숱한 역경과 어려움을 이겨왔기에 이러한 위업이 가능했던 것이다.

2015년 광복 70주년을 맞이하여, 우리의 선조들이 온몸과 영혼을 바쳐 자주독립을 선언하며 꿈꾸었던 나라를 생각해 보았다. 그 꿈은 자손 대대로 풍성한 삶의 행복을 누릴 수 있는 행복한 나라이며 또한 '동양의 영원한 평화' 더 나아가 '세계 평화와 인류의 행복'에 기여하는 나라를 염원하였다.

그러나 아직도 남북 간에는 한반도의 허리를 가르고 있는 '군사적 대결의 장벽'이 있다. 전쟁과 그 이후 지속된 대결과 대립으로 '불신의 장벽'도 쌓여 있다. 서로 다른 이념과 체제 속에 오랜 기간 살아온 남북한 주민의 사고방식과 삶의 방식 사이에 놓인 '사회문화적 장벽'도 높은 것이 현실이다.

미래지향적으로 통일의 과제는 매우 중대하지만 통일은 목적의 끝이 아니라 또 하나의 새로운 시작이기 때문에 당위론적 통일의 주장을 뛰어넘어 바람직한 통일을 이루기 위한 진지한 공론의 장이 무엇보다도 필요하다.

아울러 조상들의 독립의 투혼으로 천신만고 끝에 다시 찾은 나라, 한강의 기적을 이룬 번영을 성취한 나라, 이 자유 대한민국을 잘 지켜서 후손들에게 자랑스럽게 물려주기 위해 안보를 튼튼히 하고 우리 내부의 대통합의 과제가 절실하다.

다시는 북한의 무모한 침략으로 우리의 소중한 장병들의 희생이 있어서는 안 된다. 진정한 상호존중과 신뢰를 통해 통일의 시대를 준비해야 한다.

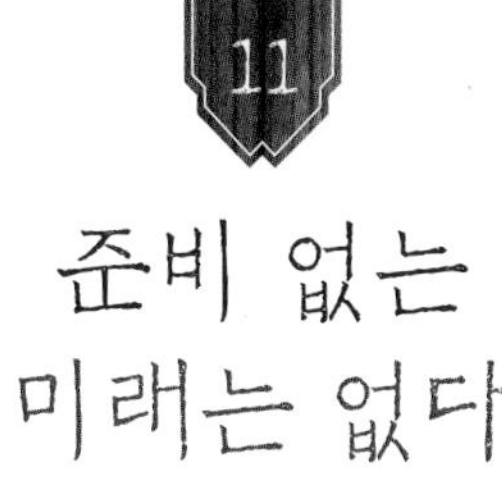

준비 없는 미래는 없다

사람마다 조금씩 다르긴 하겠지만 가족을 예외로 치면 그래도 학창시절에 맺은 인연들이 인생에서 가장 오래가고 큰 울타리가 된다.

그런데 요즈음 코로나19의 여파로 학교가 문을 닫았다. 어릴 적 공부에 꾀가 나면 공휴일만 세기도 한 철부지 시절이 있었지만, 그것도 가끔이지 온라인으로만 교육을 받는다니까 무언지 어색하고 불편하기만 하다.

교과서가 있다고 선생님의 역할이 필요 없는 것이 아니듯이 교육에서 소통의 가장 중요한 수단은 스승과 제자가 그리고 친구들이 학교라는 한 공간에서 서로 만나고 눈을 마주치면서 따뜻한 교감을 이루는 것이 무엇보다 기본이 되어야 한다. 지식도 중요하지만 인성교육이 함께 시행되어야 하기 때문이다.

아무리 인간이 영리하고 지능적이라 해도 이번에 코로나19로 인해 전 세계가 속수무책으로 우왕좌왕하는 사태가 벌어졌다. 이제 근본을 다시 다져야 할 때가 온 것이다. 앞으로만 내닫고 성취 위주로만 경쟁사회에서 이기려다 보니 그동안 놓친 것이 너무 많다.

시대가 아무리 바뀌고 변해도, 예기치 못한 사태가 닥쳐와도, 역사에서 교훈을 찾으면 미래를 뚫고 나가는 항심을 유지할 수 있다. 그러기 위해서는 역사에 겸허해야 한다. 그래야 통찰력이 생긴다.

우리가 살아가면서 가장 염두에 두어야 할 역사적 메시지가 있다.

첫째, 지나치고 무리하면 화를 자초한다는 것이다. 인간으로서 어디까지가 넘지 말아야 할 선인지 놓칠 때가 있다. 역사는 시작과 결말을 함께 살펴볼 수 있기 때문에 시작이 아무리 거창해도 초라하게 끝나는 결말과, 시작은 작더라도 화려한 결실을 맺는 현상을 수없이 볼 수 있다. 그래서 역사는 미래를 비추는 거울이라 한 것이다.

둘째, 좋은 능력도 좋은 인연으로 얽힐 때 자기 인생에도, 또 역사에도 기여할 수 있다. 아무리 좋은 능력이 있어도 악연으로 얽힐 때 자기도 망치고 역사도 그르치는 일이 허다하다. 특히 지도자는 사람 볼 줄 아는 혜안이 있어야 한다. 그래야 나라가 바로 설 수 있다.

셋째, 어려운 시절이 닥쳐도 포기하지 않고 내일 지구가 멸망해도 오늘 사과나무를 심는 심정으로 절대 절망하지 않는 도전과 희망의 정신을 일궈가야 한다. 우리 역사는 내일을 향한 사명과 긍정심으로 어려운 고비를 극복해 왔던 것이다.

조선왕조가 여러 우여곡절은 있어도 세계왕조 역사상 유일하게

500년을 이어온 배경에는 나름대로 충효정신, 박애정신, 도덕사상이 있었다. 『동의보감』도 박애정신 속에서 임진왜란 때 만들어진 것이다. 2019년 유네스코 세계유산으로 등재된 한국의 서원 9곳도 설립 초부터 정신문화와 자연의 질서를 조화시킨 성리학 유산의 진정성이 계승돼 온 것을 세계가 인정하고 지지한 것이다. 또한 이 귀중한 유산을 세계유산으로 만들려는 10년 전부터의 준비가 있었기에 등재의 쾌거를 이룬 것이다.

그런데 한국은 19세기로 들어서면서 리더십의 부재로 큰 혼란을 겪었다. 1800년 순조는 11세에, 1834년 헌종은 8세에 즉위했고, 25대 철종은 1849년 19세에 즉위했는데 선대부터 강화도에 쫓겨 가서 살다가 갑자기 왕이 되었지만 허수아비였다.

1863년 26대 고종은 12세에 즉위했다. 그동안은 외척 세도가 난무하고, 고종 즉위 후는 아버지 대원군의 섭정이 이루어지면서 책임지는 리더십이 없고, 세상은 급박하게 변화하면서 문명사적 대전환의 시기에 대처력이 전무하였다. 서세동점(西勢東漸)으로 제국주의 식민지 시대가 열리고 약육강식, 적자생존의 기로에서 우리는 세계정세를 돌아볼 생각도 못 한 우물 안 개구리였다. 새롭게 해양시대가 열림을 전혀 간파하지 못했다.

한편 일본은 1868년에 명치유신을 단행하면서 대통일을 이루고 대륙침략의 야욕으로 정한론(征韓論), 즉 한반도 정벌론이라는 치밀한 계획을 세워서 하나씩 쟁취해 가면서 1910년에 우리나라를 뺏기는 비극의 순간을 맞이하게 된 것이다. 준비 없는 미래는 없듯이 돌아가는 세계정세를 모르면 우리가 존립하기 위한 전략과 지혜를 모두 놓치게 된다.

그런 속에서도 가장 치명적인 것은 나라를 지키고 더 나은 세상을 만드는 데 정치인들과 국민들이 합심을 해야 되는데 1880년에는 국론의 분열로 평행선을 달렸다. 1882년에는 보수세력의 반발로 임오군란이 일어나고, 1884년에는 급진세력의 반발로 갑신정변이 일어나면서 아주 치열한 갈등과 혼란의 시대였다. 서로 화합하지 못하고 평행선을 달린 것이다.

그럼에도 여기에서 쓰러져도 한 곳에서는 샘물이 솟아나는 것처럼 교육의 힘이 있었다. 1885년에 한국 땅에 발을 내딛은 선교사 아펜젤러, 언더우드, 스크랜튼 이분들이 학교를 세우고 복음을 전파했다. 선교사들이 외국인들인데도 한국적인 것에 긍지를 가지는 진정한 지도자, 구국운동에 앞장서는 지도자, 이 것이 교육의 중심에 있었다.

이에 동참하여 민족유지들이 애국심을 고취하기 위해 사립학교를 전국 곳곳에 세우기 시작하였다. 일제 식민지로 전락할 때까지 크고 작은 사립학교가 3천 개 가까이 세워졌다. 이러한 교육의 열정이 일제의 압박 속에서도 독립투사를 만들어낸 준비된 미래이다. 여기서 배출된 인재들이 독립협회도 세우고 만민공동회도 열어서 시민운동을 펼치고 구국운동을 실천하였다. 이후 의병운동, 애국계몽운동으로 이어져 나라를 지키려는 열정과 투지력이 식민지가 되었어도 포기하지 않고 3·1독립운동으로 결집되었다.

3·1운동은 일제의 서슬 퍼런 총칼 앞에서도 태극기 한 장 들고 독립만세를 외치는 어린 소녀부터 남녀노소를 불문하고 전 민족이 온몸으로 항거하는 모습이 외신으로 세계만방에 전해지면서 자립할 수 있는 민족의 역량을 보여주었다. 일제가 그동안 식민통치는 한국이 원해서, 동양평화를 위해서 단행한 것이라는 거짓 선전이 만천하에 드러난 것이다. 이렇게 한민족은 몸서리치게 일제의 통치를 싫어한다는 진실이 알려진 것이다. 이어서 6·10 만세 사건, 광주학생운동, 윤봉길 의사의 의거 등 빼앗긴 조국을 다시 찾겠다는 일념으로 국내외에서 조직적으로 독립운동이 전개되면서 세계적인 추세의 변화와 함께 1945년 8·15 해방을 맞이하게 된 것이다.

그 후 1948년 대한민국이 세워지고 반세기 동안의 경이로운 발전은 기적에 가까운 것이다. 이제 다시 초심을 찾아 온 민족이 하나로 뭉쳐 이루어냈던 독립운동의 정신을 옷깃을 여미고 가슴에 새겨야 한다.

앞으로 4차 산업혁명 시대를 선도할 수 있는 인재를 양성하는 것이 무엇보다도 중요한 과제임은 틀림없다. 아울러 부단한 교육현장의 혁신을 통해 새로운 창의성을 갖춘 지식기반 사회를 형성해야 할 것이다. 이와 함께 매사에 균형감각과 조화의 지혜를 가지고 앞으로는 따뜻한 마음을 가지고 배려하고, 나누고, 포용할 줄 아는 하트웨어(heartware)를 보다 더 부각시켜야 인재양성의 본연의 정신이 살아날 수 있다고 생각한다. 인공지능(AI)도 대신할 수 없는 인간의 마음, 영혼, 정신문화를 바로 세워야 할 것이다.

평창동계올림픽을 문화올림픽으로

평창동계올림픽이 2018년 2월에 개최되었다. 그동안 조직위원장도 세 차례나 바뀌면서 일의 연속성에 우려도 있었으나, 온 국민이 힘을 모아 국제적인 대행사를 성공적으로 치를 수 있었다.

올림픽은 온 인류의 관심으로 화합과 평화와 희망을 상징한다. 특히 평창동계올림픽은 세 번째 도전으로 유치에 성공할 수 있었다. 그 끈질긴 노력의 배경은 각계각층이 혼연일체로 힘을 모아 꾸준히 인프라를 구축하고 콘텐츠를 개발하여 약속을 준수한 결과로 유리한 평가를 받은 것이다.

평창동계올림픽 개최의 역사적 의미는 첫째, 한반도가 분단국가라는 이미지를 넘어 평화의 점화지라는 인식을 확산시킬 수 있는 중요한 계기가 된 것이다.

둘째, 세계적으로 수많은 국가에서 참여함으로써 더욱더 경쟁이 치열해지는 글로벌 시대에 하나로 모여 스포츠를 통한 화합의 장을 열 수 있는 계기로 만든 것이다.

셋째, 이제 문화외교, 공공외교가 부상하듯이 군사력이나 경제력으로 국가 간 우열을 가릴 수 있는 것이 아니라 물리적으로 힘이 강한 나라나 힘이 약한 나라도 문화로 희망을 열고 함께 손잡고 가는 따뜻한 동행의 길을 진정으로 모색하는 문화 리더국가로의 위상을 확보한 것이다.

일찍이 필자는 국가브랜드위원장 시절, 평창 유치 초기에 신사임당을 소재로 한 한류드라마 제작과 한옥 건립을 제안한 바 있다.

평창의 알펜시아만 보면 아무리 아름다운 건물이라고 하더라도 여기가 스위스인지, 프랑스인지 구별을 할 수 없다. 즉 한옥이 보이지 않는다. 그래도 수많은 외국인들이 모여드니 전통을 살려 역사가 오랜 문화국가라는 인식을 심는 인프라가 구축되어야 하고, 적어도 한옥을 3채는 지어서 우선 우리의 전통문화와 대한민국의 성취를 알리는 전시관을 구성하여야 한다고 생각하였다. 그 결과 메인스타디움 앞에 상원사 동종과 함께 한옥이 세워지고 알펜시아 호텔 앞 연못 가운데는 경복궁의 향원정을 본뜬 정자가 세워졌다. 지금도 철거하지 않고 남아있는 건물들이다.

또 하나는 세계 각국에서 모여든 선수들의 다양한 문화를 모아서 서로를 이해하는 다문화관으로, 그리고 또 하나는 선수들에게 용기를 주고 격려하는 희망관으로 구성하는 것이었다.

왜냐하면 올림픽은 여하튼 승부의 세계가 중심이기 때문에 이긴 자에게만 박수와 관심이 쏠리고 진 자에 대한 위로와 배려가 약하기 마련이다. 선수들은 내일을 더 높이 뛸 수 있는 젊은이들이다. 소기의 목표를 이루지 못한 선수들이 축 늘어진 어깨를 당당히 펴고 고국으로 돌아갈 수 있는 희망의 충전장으로서의 다양한 문화시설과 스토리를 구성하여 함께 어울림의 공간으로 마련하였으면 하는 바람이 있었기 때문이다.

평창 주변에는 역사문화 유적지가 많다. 오대산 월정사, 상원사, 강릉의 오죽헌, 허난설헌 생가, 선교장, 낙산사, 설악산 등 우리의 자긍심을 높일 수 있는 전통문화와 유적의 스토리텔링이 필요했다. 〈겨

강릉 오죽헌

[자료출처 : 저자 제공]

울연가〉 보러 춘천, 남이섬에 외국관광객이 물밀듯이 오듯이 강원도 중심의 소재를 찾아 드라마를 구성하자는 것이었다.

신사임당을 소재로 드라마를 만들면 생명존중의 색감의 예술과 여성 지성으로서의 스토리가 뛰어나 세계인을 사로잡을 수 있다. 더욱이 신사임당과 그 아들 율곡은 5만 원권과 5천 원권에 새겨져 있는 인물이기 때문에 우리 역사를 알리는 중요한 매개체 역할을 할 수 있다. 외국인들이 와서 누구나 환전을 할 테니 화폐한류로서의 역할도 기대할 만하다.

허난설헌(1563~1589)은 16세기 주옥같은 시를 지은 허균의 누나로, 그의 작품이 명나라에서 출판되어 명나라 소녀들의 초희(허난설헌 이름) 팬클럽이 생길 정도로 한류의 원조이다. 이들의 휴먼스토리를 엮어 세계인들을 감동시키면 많은 방문객들이 모여드는 유치 홍보가 될 것이었다.

아울러 현대문화의 우수성을 알리기 위해 메인스타디움 앞에 있는 문화관에 백남준의 거북선(167개의 모니터로 구성된 웅장한 거북선)을 비롯한 미디어 아트 작품들을 주선하여 방문객들의 극찬리에 전시된 바 있다.

필자는 당시 평창동계올림픽 개최로 국가브랜드가 향상되고 남북한 화해협력 및 평화가 증진되고 경제가 활성화되어 온 국민이 화합하는 행복의 시대를 열어가기를 간절히 소망하였다.

01 문화유산과 보존의 지혜

02 장서각과 기록보존의식

03 분재기를 통해 본 조선시대 상속문화

04 생명존중의 『동의보감』정신 되살리자

05 『징비록』에서 배우는 네 가지 리더십

06 과거시험 답안지에 담긴 국가경영 지혜

07 조선왕릉의 세계유산적 가치와 현대적 활용

08 따뜻한 공동체를 구현하는 세시풍속에 담긴 지혜

09 고종 서재, '경복궁 집옥재'

10 군사기록의 백미, 『군영등록』

11 '강남스타일' 다음 주자는 전통문화

12 추사의 『세한도』와 역지사지

13 『하피첩』에 흐르는 다산의 향기

제2장

전통문화유산 보존의 지혜

찔레

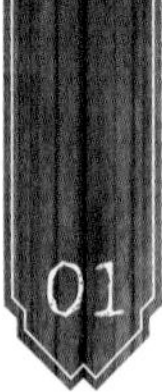

문화유산과 보존의 지혜

21세기 지식기반 사회는 첨단 과학기술이 다른 학문과 서로 융합하여 발전하는 새로운 패러다임을 창출하고 있으며 이러한 추세에 발맞추어 우리는 기존의 질서와 가치관을 끊임없이 재편해 가는 과정에 있다.

최근 들어 대한민국의 위상이 날로 높아지고 있다. 무엇보다도 지속적으로 국가브랜드를 높이기 위한 필수과제로 먼저 우리 스스로가 가지고 있는 문화의 보석을 알고 소중하게 가꾸어서 그 감동을 세계에 알릴 수 있어야 한다. 그래서 전통 속에 미래가 있다고 하는 것이다.

문화융성시대 대한민국의 국격은 모든 국민이 참여하고 함께 협력하며 자긍심을 가지고 열어가는 자세를 갖출 때 높아질 수 있다. 전통시대부터 내려온 협동심과 창의성, 나눔과 배려, 자연과 인간의 조화, 평화와 생명존중 사상은 오늘날에도 지켜가야 할 귀중한 유산이다.

그런데 오늘날 우리는 물질만능 풍조와 기계문명에만 젖어 있어 유형문화 속에 깃들어 있는 정신적 가치를 너무 많이 잊어버렸다. 바로 숭례문 화재사건이 그 하나의 대표적인 사례이다. 숭례문을 물질 또는 형태로만 보았기 때문에 범인이 화풀이 대상으로 삼았던 것인데, 그 속에 들어 있는 시대의 고귀한 숨결과 민족의 혼을 일찍이 역사교육을 통해 가르쳐 주었다면 사람을 살상하는 일 못지않게 망설임이 있지 않았을까.

그러나 일이 저질러지고 난 후에 후회해 보았자 소용이 없다. 아무리 첨단 과학기술, 건축기술을 적용한다 해도 시대를 잃어버렸고 순수한 정신을 잊었기 때문에 원형 그대로 복원한다는 것은 불가능하다. 그렇기 때문에 문화는 창조하는 것도 중요하지만 잘 지키고 보존하여 다음 시대로 넘겨주는 일은 더더욱 중요하다.

지금 문화재 복원사업이 여기저기서 진행되고 있고 또한 보존에 대한 빈번한 논의가 이루어지고 있다. 물론 시대변화와 함께 개발논리도 적용되어야 할 때가 있겠지만 보다 신중을 기해야 한다. 일제 식민지시대 일본인들은 우리 문화의 가치를 너무 잘 알아서 민족말살 정책의 일환으로 일부러 파괴했고, 우리는 몰라서 스스로 파괴하는 우(愚)를 범했던 일을 경각심을 가지고 기억해야 한다.

문화재에는 시대정신과 자연에 대한 소통과 존중의 정신이 배어 있다는 점은 사대문의 이름에서도 알 수 있다. 조선시대는 유교이념에 기반한 사회체제를 지향하였다. 따라서 도성에 사는 사람들과 도성을 출입하는 사람들도 유교윤리에 바탕한 심성과 도덕성을 갖추기를 기대하였다. 즉 자연의 이치인 목, 금, 화, 수, 토의 오행(五行)과 인간의 이치인 인, 의 예, 지, 신의 오성(五性)의 상호합일의 원리를 적용하여 사대문의 이름으로 명명하였다.

동대문의 흥인지문(興仁之門)은 나무(木)에 해당되며, 서대문은 돈의문(敦義門)으로 쇠(金)에, 남대문은 숭례문(崇禮門)으로 불(火)에, 북문은 숙정문(肅靖門)으로 물(水)에 해당되며, 흙(土)에 해당하는 보신각(普信閣)이 세워져 있다. 동대문만 유독 흥인지문의 네 글자가 된 것은 동쪽의 지세가 서쪽보다 낮아 지맥을 보강하는 의미로 지(之) 자를 더 넣은 것이다. 바로 이러한 지혜는 문을 드나들면서 깨우칠 수 있는 인성교육의 실천이다.

역사문화 현장을 가면 우선 눈에 들어오는 것은 울창한 나무들이다. 몇 백 년을 역사의 증인으로 지켜온 소나무, 은행나무들의 마음을 인간의 오만함과 무심함으로 헤아리지 못하는 데서부터 문화재 관리의 왜곡이 생기는 것이다. 자연의 순리와 역사의 준엄함에 대한 경건한 마음으로 역사가 주는 교훈과 지혜를 배워야 한다. 숭례문이 600여 년을 그 자리에서 한결같이 서서 역사를 지켜왔는데 한순간에 검은 숯덩이로 변했을 때 그 자신이 얼마나 놀라고 아팠겠는가도 연민의 마음으로 헤아려야 한다.

정조임금 때 화성 건설에서 물목대장과 노역자들의 이름 하나하나를 기록에 남겼듯이 이제 다시 겸허한 자세로 진정성과 책임의식을 가지고 임할 때 더 이상 시행착오를 반복하지 않을 것이다.

바로 숭례문 복원은 이러한 세울 때의 시대정신과 자연과 인간의 조화의 의미를 아우르면서 기술적인 면을 적용해야 살아 있는 문화유산으로서 가치를 빛나게 할 수 있는 것이다.

아는 만큼 보인다고 모르면 지나치고 돌같이 보이지만 알면 보석을 발견하게 된다. 전통문화는 사라지면 이후 아무리 돈이 생기고 권력이 있어도 다시 회복할 수 없는 것이다. 우리의 귀중한 유산을 반짝반짝 갈고 닦아 세계에도 알리고 후손들에게 이어주는 각고의 노력이 필요하다.

장서각과 기록보존의식

조선왕조는 기록문화의 중요성이 어느 때보다도 강조되었던 시기였다. 기록문화의 꽃, 『의궤』만 보아도 기록의 섬세함과 정교성 그리고 예술성을 함께 볼 수 있다. 이러한 왕실에 관한 기록들을 모아 보존하던 곳이 대표적으로 규장각(奎章閣)과 장서각(藏書閣)이다.

규장각은 1776년 정조대왕 즉위년 궐내에 설치되었다. 역대 왕들의 친필, 서화, 고명(顧命), 유교(遺敎), 선보(璿譜) 등을 관리하던 곳이었으나 차츰 학술 및 정책 연구기관으로 변화하였다.

장서각은 1908년 고종황제가 궁궐 안의 수많은 서적들을 수집해 황실도서관의 건립을 구상하고 청사진을 그렸으나 일제의 침략으로 일시적으로 좌절되었다. 그 후 여러 차례 우여곡절을 거쳐 1918년 창경궁과 창덕궁 사이에 건물을 짓고 『조선왕조실록』 등 왕실의 귀중본을 보관한다는 의미로 '장서각'이라는 현판을 내걸 수 있었다.

그 후 1950년 한국전쟁 때 북한이 『조선왕조실록』(무주 적상산사고본)을 강탈해 가서 이것을 대본으로 국역작업에 착수하여 「리조실록」을 간행하였다. 강탈해 가는 와중에 『조선왕조실록』 가운데 「성종실록」(권 3-5) 한 책을 흘리고 말았는데 그 한 책이 지금 장서각에 남아 지난날의 수난사를 웅변하고 있는 것이다.

1981년 장서각의 모든 자료는 한국학중앙연구원(당시 한국정신문화연구원)으로 이관되었다. 현재 12만여 책의 국가왕실 도서와 5만여 책의 민간사대부 고문서를 소장하고 있다. 장서각은 국가경영 자료뿐 아니라 왕실의 생활과 문화를 연구하는 데에는 더없이 진솔하고 재미있는 내용이 많다. 특히 『선원록(璿源錄)』으로 대표되는 조선왕실족보는 장서각에만 있는 유일본이 대부분이며 낙선재본 고소설과 한글편지는 여성문학의 백미를 이룬다.

현재 장서각에는 크게 두 종의 유네스코 세계기록유산이 소장되어 있다. 하나는 조선왕조의 각종 행사기록인 『의궤』이고, 또 다른 하나는 의학서적인 『동의보감』이다.

『의궤』는 조선시대의 국가 및 왕실 행사를 기록한 자료로서 오늘날 영상자료처럼 당시 모습을 생생하게 보여주는 시각자료이다. 『의궤』는 역사기록물로서뿐 아니라 한국문화를 세계적으로 전파하는 한류콘텐츠의 보고라고 할 수 있다. 특히 색감도 찬란한 『의궤』 중 숙종임금과 인현왕후 민비의 가례(혼례) 반차도가 주목된다. 반차도란 행사를 치를 때 참석자들의 위계에 따라 정해진 자리를 표시한 그림으로, 왕실에서 행사가 있으면 미리 반차도를 그려 국왕의 점검을 받아야 한다. 그리고 준비가 철저하여 숙종과 인현왕후의 가례 때에는 무려 사전 예행연습을 세 차례나 거행했다고 전해지며 19장면으로 구성되었다.

1613년 간행된 의학서적인 『동의보감』은 한국의학사에 빛나는 명저이다. 『동의보감』의 편찬자는 전설적 명의 허준(1539~1615)이지만 이 책은 임진왜란 이후 최대의 국책간행 사업의 결과물이라 할 수 있다. 그 바탕에는 신분과 직업을 초월하는 인본정신과 박애사상, 나아가 위정자가 백성과 더불어 고락을 함께하겠다는 여민동락의 정신이 강하게 반영되어 우리에게 감동을 준다. 특히 장서각에만 소장되어 있는 『동의보감』 한글본의 존재는 이 책이 한문지식인에 국한되지 않고 백성들을 폭넓게 시혜의 대상으로 삼았음을 잘 보여준다.

한편 장서각에서는 세계기록유산의 발굴과 신청에 박차를 가하고 있다. 왕실족보류, 종묘기록류, 군영등록류 등이다. 특히 군영등록류는 조선시대의 군사체계와 함께 사회상과 경제상을 대변하는 귀중본이다.

특별히 왕실호위와 수도경비를 담당한 훈련도감, 어영청, 금위영 등 삼군문 자료가 집중되어 있다. 따라서 장서각 『군영등록』은 조선 후기 군사 문제의 핵심이 무엇이었는지 파악할 수 있는 기초자료로 활용할 수 있다. 오군영 제도는 물론 당시 군인들의 생활모습이나 처우까지 보여주는 다양한 내용을 담고 있다.

병영기록을 이토록 수백년의 장기간에 걸쳐 작성하고 온전하게 보존한 경우는 세계적으로 조선의 『군영등록』이 유일하다.

이와 같이 선조들의 치밀하고 책임 있는 기록보존의식은 우리 민족의 자랑이다. 앞으로 고문헌의 보존처리와 번역을 통한 현대적 활용은 무엇보다도 시급한 과제이다. 아울러 다른 나라와 차별성을 가진 고품격의 전통문화 콘텐츠는 세계인을 감동시키면서 지속적으로 한류 3.0시대를 열어갈 것이다.

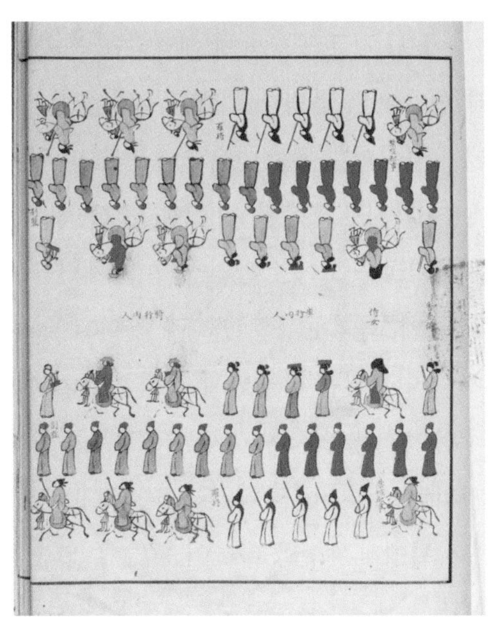

숙종인현왕후 가례도
[자료출처 : 한국학중앙연구원 장서각]

분재기를 통해 본 조선시대 상속문화

옛 사람들은 재산의 나눔을 분재(分財)라 했고, 그것의 기록적 자취가 분재기(分財記)이다. 지금의 상속에 해당하는 분재는 '소유'라는 개념이 생긴 이래 인간이 가장 집착을 보인 영역이었지만 정작 그 실상을 담은 분재기가 사회의 주목을 받은 것은 최근의 일이다.

분재기는 대략 3가지로 구분할 수 있다. 첫째, 분급(分給)이라 하여 부모가 만년에 자식들을 모아놓고 자신의 전 재산을 분할하면서 작성한 분재기다. 둘째, 화회문기(和會文記)라 하여 부모가 사망한 후 자식들이 모여 부모의 재산을 나누면서 작성한 분재기다. 셋째, 별급문기(別給文記)라 하여 특별한 사유로 재산의 일부를 증여하는 것이다. 즉 조부가 손자의 과거합격을 축하하는 의미로 또는 장모가 살갑게 효성을 다하는 사위에게 재산을 나누어 주는 등 일종의 보너스 명목으로 주는 것이다.

조선시대 여성들은 제약된 조건 속에 살면서도(조선 전기) 재산에 대한 권한이 당당하고 주도적이었다. 분재기가 당시 여성들의 삶의 모습을 알게 하는 중요한 단서를 제공해 주고 있다.

17세기 이전에는 남녀균분의 원칙으로 남녀평등·상생·공존의 철학이 있었다. 상당히 합리적이며 정교하다. 그런 부분들을 배워야 한다. 당시 곳간 열쇠를 비롯해 독자적인 경제권을 갖고 가정을 경영했던 여성들이 그에 따른 공정함과 책임의식 등 당당한 자의식을 갖고 있었다.

조선시대 분재기에는 우리가 일반적으로 생각하는 것과는 달리 오히려 공정과 합리의 정신이 들어 있다. 특히 여성과 약자를 배려하는 선의의 한국적 가치가 담겨져 있는 것이다.

조선시대 법전인 『경국대전(經國大典)』에는 딸, 아들 구별 없이 동등하게 재산이 상속되는 규정을 바탕으로 다만 제사 지내는 자손에게만 1/5을 더 주고, 서자에 대한 차별로 양첩자녀에게는 1/7, 천첩자녀에게는 1/10을 주는 제도이다.

분재기에 등장하는 여성은 남녀평등을 뛰어넘어 당당하기까지

분재기(사임당의 어머니,이씨 분재기)
[자료출처 : 한국학중앙연구원 장서각]

하다. 독자적인 재산권을 갖고 자신의 자녀는 물론 외손자나 친정의 조카들까지도 보살필 수 있었던 것이 조선시대 여성들의 참모습이었다. 특히 어머니의 권한이 상당히 컸다. 남편이 사망하면 어머니가 재주(財主)가 되어 상속을 주관하는 것은 아주 자연스런 관행이었다.

이러한 당당한 자의식이 신사임당 같은 예술가도 만들어냈던 것이다. 우리 한국 골프 낭자가 해외에서 이름을 드높일 수 있었던 것도 같은 맥락에서 이해할 수 있다. 특히나 해외에 나가 있는 국가대표 운동선수들이나 해외파 선수들은 내 나라에 대한 자긍심으로 남다른 애국심이 발로할 수 있다.

대표적인 사례를 안동 하회마을 풍산 유씨 충효당(忠孝堂)에 소장된 '류중영처김씨분급문기'를 통해 발견할 수 있다. 이것은 1594년(선조27년) 유중영의 아내 김씨 부인(『징비록』을 쓴 서애 유성룡의 어머니)이 자녀 5남매에게 재산을 나눠줄 때 작성한 것이다.

나눈 재산의 몫에 아들과 딸의 차등이 없음은 말할 것도 없고 현직 영의정으로서 국무를 총괄하던 유성룡(1542~1607)조차도 이날만큼은 한 집안의 작은아들이자 어머니의 지침을 따르는 경제적 수혜자의 한 사람일 뿐이었다.

한편 여성이 자녀 없이 죽었을 경우는 그 재산은 그대로 친정으로 귀속되는 경우가 많았다. 적어도 조선 중기까지는 남녀균분의 상속이었다가 후기에 유교체제가 강화되면서 맏아들 중심으로 변화되었으니 약 250년 정도만 차별의 논리가 적용된 것이다.

공정과 합리의 정서에서 약속의 이행 여부는 신뢰사회를 가늠하는 지표가 된다. 아버지가 딸이 어렸을 때 무심히 집을 주겠다고 한 약속을 딸이 성장하자 지키는 사례, 정유재란 때 포로로 잡혀간 형제가 20년 만에 돌아오자 다시 분재를 작성한 사례 등 남다른 부모와 자녀 간에, 형제간에 우의와 신의가 돋보이는 장면이 무수히 많다.

현재까지 남겨진 분재기를 보면 우리나라가 매우 정교한 기록문화의 나라임을 여실히 증명해 주고 있다. 재산상속 대상자가 모두 참석한 가운데 한쪽에서는 계산하고 한쪽에서는 기록하면서 초안을 작성한 후 최종 합의에 이르기까지의 과정도 상세히 기술돼 있다.

재산의 주된 대상은 토지, 노비, 농기구, 생활용구, 가축 등 매우 다양한데 토지의 경우 규모뿐 아니라 소출의 다과에 따라, 노비도 숫자로만 나누는 것이 아니라 용도에 따라서 머리 좋은 자, 힘이 센 자의 질적인 개념이 도입된 면도 흥미롭다.

마지막에 서로 합의한 후 서명할 때 여성은 도장을 찍고 남성들은 한결같이 수결(手決)이라 하여 한문 이름을 멋지게 디자인한 오늘날의 사인(Sign)한 모습이다. 이렇듯 사인문화가 서양의 수입품이 아니라 우리의 전통적으로 내려온 관습이라는 점도 주목해 볼 만하다.

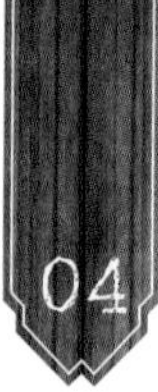

생명존중의 『동의보감』정신 되살리자

조선시대 최고 의학서적 『동의보감(東醫寶鑑)』이 2015년 국가지정 문화재 보물에서 국보로 승격되었다. 한국학중앙연구원 장서각에 보관 중인 『동의보감』은 2009년 유네스코 세계기록 문화유산에 등재됐지만 이제 국보로 지정돼 『동의보감』의 참뜻이 국민들에게 더 알려지는 계기가 마련됐다.

임진왜란이 한창이던 1596년 선조는 태의(太醫) 허준을 불러 의학서적을 저술하도록 지시했다. 전쟁이라는 극한 상황에서도 선조는 병마에 시달리는 백성들을 구하는 것이 인술(仁術)과 인정(仁政)의 시작이라 여겼기 때문이다.

이에 따라 허준은 유의(儒醫) 정작을 비롯해 태의 양예수, 김응탁, 이명원, 정예남 등 의술편찬 팀을 구성해 1년간 불철주야 노력한 끝에 책의 형식과 내용을 잡을 수 있었다.

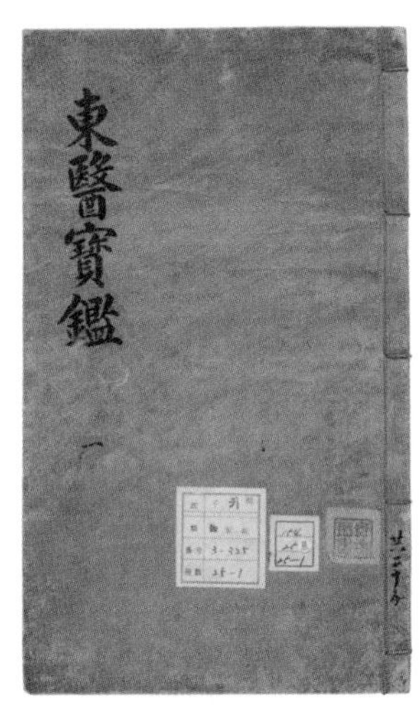

동의보감
[자료출처 : 한국학중앙연구원 장서각]

그러나 『동의보감』은 1597년 정유재란의 영향으로 편찬에 차질을 빚게 됐다. 당대 최고 전문가들로 구성된 필진들이 뿔뿔이 흩어져 저술작업이 난항에 부딪혔기 때문이다. 그러나 선조는 포기하지 않고 다시 허준을 불러 혼자서라도 편찬을 끝내라고 지시한 후 궁중에 보관 중인 의학서적 100여 권을 참고도서로 주는 등 지원을 아끼지 않았다.

허준은 피난을 다니는 어려운 시절은 물론 심지어 유배돼 귀양살이를 하는 와중에도 연구와 편찬에 전념해 마침내 1610년 8월 『동의보감』 25권을 완성했다.

이처럼 『동의보감』은 1596~1610년까지 14년에 걸친 긴 여정 끝에 탄생했다. 이후 3년간 철저한 감수와 교열을 거쳐 1613년(광해군 2년) 비로소 초간본을 간행했다. 『동의보감』은 1648년에는 왕세자 교육기구 '서연'의 교재로 채택될 만큼 중요성이 커졌다.

『동의보감』에 대한 반응은 국내뿐 아니라 해외에서도 뜨거웠다. 중국은 물론 일본에서도 비상한 관심을 모았던 『동의보감』은 의학서의 한류 원조라 할 수 있다.

『동의보감』이 중국에 알려진 것은 18세기 초반이다. 이후 중국사신들은 조선에 오면 다른 증정품은 마다하더라도 『동의보감』만큼은 꼭 챙겨갔다. 1786년에는 중국사신들이 무려 『동의보감』 23권을 본국으로 가져가기도 했다. 이는 한국의 의학적 깊이와 수준에 대한 놀라움과 존경의 표시인 셈이다.

일본사람들도 『동의보감』에 비상한 관심을 보이기는 마찬가지였다. 조선정부에서 일본에 『동의보감』을 공식적으로 증정한 적은 없었지만 그들은 이런저런 경로를 통해 책을 반출해 갔다. 이에 따라 18세기 후반 『동의보감』은 일본인들이 선호하는 반출대상 '3대 서적' 중 하나가 됐다. 3대 서적은 유학 분야에서 이황의 『퇴계집』, 역사기록 분야에서 유성룡의 『징비록』, 의학 분야에서 『동의보감』이다.

한편 장서각에는 19세기에 궁중에서 만든 한글본 『동의보감』 3권이 소장되어 있는데 한문을 읽을 수 있는 계층에게 보급됐다는 데 의미가 있다. 『동의보감』은 생명존중의 박애사상과 실용정신이 내포된 의학서적으로 높이 평가받는다.

정성은 하늘에 닿고, 박애로 백성을 어루만지고, 진정성으로 세상을 비춘 『동의보감』의 정신을 오늘날 되새겨 보는 것도 각박한 세상에 희망과 위로가 될 것이다.

『징비록』에서 배우는 네 가지 리더십

『징비록(懲毖錄)』은 서애 유성룡이 지은 임진왜란 회고록이자 경세서이다. '징비'는 '내 지난날을 반성하고 훗날에 근심이 없도록 한다'는 뜻으로 『시경(詩經)』「소비(小毖)」 편에서 따온 말이다. 현재 국보 제132호로 지정돼 있고 사료적 가치는 물론 뛰어난 문장으로 문학적 가치까지 인정받고 있다.

유성룡은 일찍이 학문과 덕행이 뛰어나 퇴계 이황이 "하늘이 낸 사람이다. 장차 나라에 크게 쓰일 것이다"라고 칭찬한 일화는 유명하다. 그는 23세에 생원시와 진사시 두 시험에 모두 합격하고 25세에 문과에 급제해 관직에 발을 들여놓았다. 임진왜란 직전 좌의정으로 홍문관 대제학을 겸임하다가 전란이 발발하자 병조판서를 겸임하고 군무를 총괄하는 도체찰사에 임명됐다.

파천 도중에 영의정이 됐다가 반대파의 탄핵으로 그날 저녁에 해임됐다. 그는 직책이 없었지만 이에 굴하지 않고 백의종군하면서 명나라 원군을 맞이해 반격작전을 세웠다.

징비록
[자료출처 : 한국학중앙연구원 장서각]

선조는 도성 함락이 목전에 이르자 한양을 뒤로한 채 북쪽으로 피난길에 올랐다. 전세가 불리해지자 압록강을 건너 요동 망명까지 고려했다. 이때 이를 반대한 사람이 유성룡이었다. 유성룡은 "임금께서 우리 땅을 단 한 걸음이라도 떠나신다면 조선 땅은 우리 소유가 되지 못합니다"라며 눈물로 호소했다. 국가위기 상황일수록 '임금-신하-민(民)'이 하나로 뭉쳐야지 국가리더가 신하와 민을 버리는 일을 해서는 안 된다는 호소였다.

1593년 11월 선조가 환도한 후 유성룡은 다시 영의정에 오르고 경기, 평안, 황해, 함경도 4도 도체찰사를 겸임했다. 이때부터 그는 전쟁이 끝나기까지 중책을 한 몸에 지고 외교, 군사, 민정에 힘을 쏟았다. 국가의 큰 위기 속에서도 맡은 일을 흔들리지 않고 수행해 내는 뛰어난 재상의 면모를 보여줬다.

『징비록』에는 임진왜란 직전 일본정세와 일본과의 외교관계, 전쟁에 대비하기 위한 조선의 국방태세를 비롯해 이순신 장군과 명나라 군의 참전, 강화회담, 정유재란 등 핵심적 내용을 담아냈다. 본인이 직접 눈으로 보고 겪은 일, 귀로 들은 일들을 허심탄회하게 기술해 가슴을 울린다. 『징비록』의 가치는 일본에도 알려져 1695년 일본 교토에서 간행되기도 했다.

유성룡은 국가위기를 극복한 리더이다. 그의 리더십에 오늘날에도 담아야 할 교훈과 지혜가 있다.

첫 번째, 인재등용의 혜안이다. 이순신이나 권율을 기용한 것은 다 알려진 사실이나 인재를 구할 때 폭넓은 시각으로 그 사람의 장점을 부각시키고 인재를 적재적소에 배치해야 함을 강조했다.

두 번째, 천심과 민심을 아울러 헤아릴 줄 아는 리더였다. 하늘의 순리와 인심의 가는 방향을 세심히 살펴 전란기에 애민정신을 실천해 백성들을 심리적으로 안정시키려 했다.

세 번째, 외교적인 명분과 실리를 동시에 취할 수 있었던 탁월한 리더십을 발휘했다. 그는 명나라에 원군을 청할 때 구걸하지 않고 임진왜란이 "명나라를 치러 가는 길을 내달라"는 일본 요구를 조선이 거절해 일어났으며 명에 의리를 지키려다 일본의 침입을 받았기에 명이 조선을 지원해야 한다는 주장을 펼쳤다.

네 번째, 그의 리더십 중심에는 항상 충효(忠孝)가 자리 잡고 있었다. 언제나 어떤 판단, 결정에도 나라사랑이 우선했다. 개인적 사심을 버리고 살신성인, 대의명분의 자세로 펼친 애국심은 길이길이 역사에 기억될 것이다.

앞에 가는 수레가 넘어지는 것을 보고 자기 수레를 고치지 못하면 다시 넘어질 수밖에 없다는 교훈이 우리가 새겨야 할 징비록이 주는 정신유산이다.

과거시험 답안지에 담긴 국가경영 지혜

요즈음 부쩍 인적자원의 중요성을 강조한다. 백만의 매뉴얼도, 아무리 좋은 제도가 있어도, 사람의 손길과 마음이 닿지 않으면 무용지물이 된다는 것을 수없이 보아왔기 때문이다. 그래서 학교에서나 직장에서나 인성이 좋고 유능한 인재를 선발하는 데 총력을 기울이고 있는 것이다. 그러면서도 정작 선발시험은 채점의 편의를 위해 사지선다형 내지 오지선다형 출제를 하니 능력과 인격과 지혜를 가름한다는 것은 어림도 없는 일이다.

우리가 지나간 과거는 현재만 못한 것으로 쉽게 생각을 할 수 있다. 그러나 사람이 근본적으로 바뀐 것은 아니고 더구나 기계문명에만 의지하고 물질만능의 풍조, 실용성에만 치우치다 보니 생각하는 교육, 이상과 소신을 물어보는 시험은 뒷전으로 밀리고 암기를 통해 찍어내는 시험에만 익숙해졌다.

고려 광종 때부터 시행되었던 과거제(958년)는 조선시대에 확대되어 우리 실정에 맞게 고치고 다듬어서 최고 권위의 인재선발 시스템으로 정착됐다. 본질적으로 개인의 능력을 중시했던 과거제는 자연스럽게 신분이동의 통로가 되었다는 점에서 근대성을 내포하고 있었고, 공부와 교육의 중요성을 더욱 고양시킴으로써 지식문화의 수준을 한 단계 격상시켰음은 부인할 수 없다.

물론 후대 역기능적인 측면도 없지 않았지만 무엇보다도 관료가 되고자 하는 이들에게 공직자로서 갖추어야 할 도덕적 기본자질은 물론 국가운영의 현안과 고충을 위한 해답과 지혜를 얻으려 했다는 점에서 가장 바람직한 인재선발책이었음은 분명하다.

과거시험 답안지를 보면 답안의 내용도 훌륭하지만 임금이 출제한 문제의 솔직함에도 감탄이 절로 나온다. 한 예로 조선왕조 제11대 임금 중종(1488~1544)은 1515년 과거시험에 이런 문제를 냈다.

"내가 부족한 덕으로 다스린 지 10년이 지났는데도 아직도 나라의 기강과 법도가 세워지지 않으니 요순시대 정치에 이르려면 어떻게 하여야 하는지 대책을 논하라."

이 질문에 조광조(1482~1519)는 거침없이 그의 소신을 장문의 답안지에 피력하였다. 첫째, 임금은 하늘의 이치로 사람을 인도하고 감화시켜야 하는 데 흔들림이 없어야 한다. 둘째, 임금이 하늘이라면 신하는 사계절이라 할 수 있는데 신하들을 잘 활용하여 조화의 정치를 하여야 한다. 셋째, 명도(明道)와 근독(謹獨)인데 항상 도를 밝히는 데 전념하고 누가 보나 안 보나 한결같은 마음으로 늘 삼가며 도리를 지켜야 한다. 조광조는 마지막으로 이 답안이 마음에 들지 않으면 자기를 죽여도 좋다는 비장한 각오를 피력했다.

젊은 유생들은 이처럼 생각이 참신할 뿐만 아니라 그동안 집념을 가지고 공부했던 지식과 지혜를 동원하여 열정을 다해 답안을 작성하였다. 문무병용의 방안을 제시한 정몽주(1337~1392)의 답안은 장원이었다. 또한 세금경영을 통해 재정을 국가시스템으로 정착시켜야

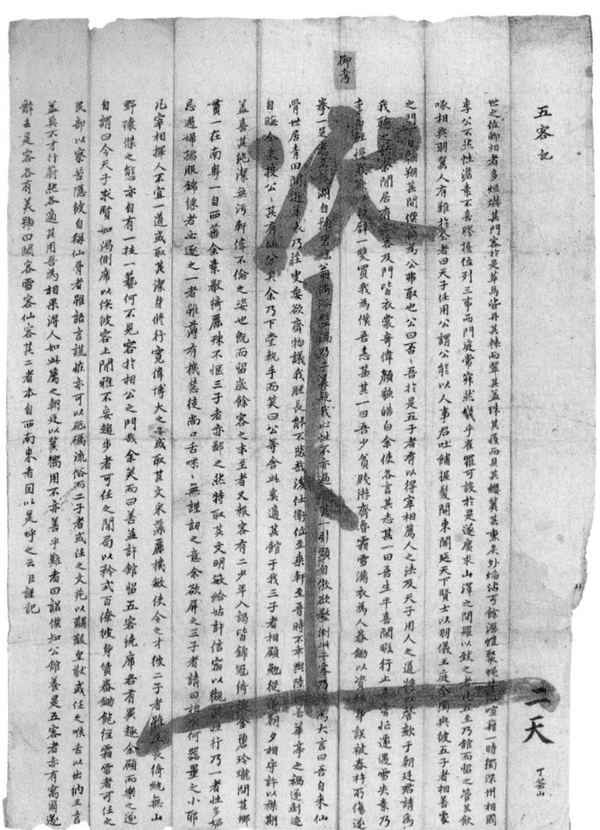

다산 정약용 과거시험 답안지 (정조 친필 성적)

[자료출처 : 한국학중앙연구원 장서각]

한다고 제언한 박세당(1629~1703) 등이 작성한 답안지, 즉 시권(試券)에는 영혼이 있어 감동이 느껴진다.

특히 다산 정약용(1762~1836)의 답안지에는 정조 임금이 붉은색 친필로 차상(次上)이라고 점수를 매겼는데 오객기(五客記)라는 제목이었다. 차상 위에는 임금이 친히 열람했다는 의미의 어고(御考)가 표시되어 있다. 다산은 다양한 고사를 활용하여 5객을 다섯 마리 새에 비유하여 흰 꿩, 공작, 앵무새, 학, 백로를 의인화하였다. 즉 인재를 재능에 따라 적재적소에 배치해야 한다는 내용이었다.

당시 임금이 가장 관심을 가졌던 시제(試題)는 나라의 안정적 발전에 기여할 양질의 인재발굴, 세금제도 등 사회경제적 장치의 효율적 운영, 도적방지 등 사회안전망의 강화, 신하와 백성들과의 화합, 왕도정치의 실현 등 정치·경제·사회·문화·교육·국방·외교를 총망라하여 시대정신에 따라 다양하였다. 과거시험을 통하여 임금과 신하가 서로 존중하면서 소통하는 가운데 국가경영의 지혜를 모으는 것이었다.

지금의 대학입시 또는 국가고시에 식견과 경륜을 묻는 항목이 없는 것은 전통의 단절이다. 우리는 늘 '온고지신'을 외치지만 그것의 구체적 실천과 적용에는 소홀한 편이다. 현행 시험제도의 문제점에 대한 불만의 목소리만 낼 것이 아니라 그 합리적인 대안을 찾아야 한다. 때로 그 대안은 결코 멀지 않은 곳에 있으며 전통 속에 그 해답이 있을 수 있다. 이것이 우리가 역사를 알아야 하는 이유다.

조선왕릉의 세계유산적 가치와 현대적 활용

지난 2009년 조선왕릉 40기가 유네스코 세계유산으로 등재되었다. 조선왕릉이 세계적 유산이 되면서 국민적 자긍심과 전통문화에 대한 관심이 높아지는 계기가 되었음은 물론이다. 서울지역에 8기, 경기도 일원에 32기가 18개 지역으로 나누어 분포되어 있는데 연속유산으로서 위용이 돋보인다 하겠다.

조선왕릉은 조상을 기리는 한국의 효사상의 상징이고, 유교사상을 기반으로 한 정통성의 표상이다. 풍수적 전통에 기인한 독특한 건축 및 자연과 어우러지는 경이로운 조경이 유네스코 문화유산 등재 기준인 완전성과 진정성의 충분한 조건을 갖추었다. 한편 지금까지 이어져 행해지고 있는 제례의식 등 무형의 유산을 통해 역사적 전통이 지속적으로 이어져 오고 있는 점이 높게 평가받았다.

조선왕릉(선조-목릉)
[자료출처 : 저자 제공]

조선왕릉의 특성은 첫째, 유교와 동양 전통사상의 조화 속에서 발전해 온 역사적·정신적 유산이라는 점이다. 조선왕릉은 당대 최고의 예술과 기술을 집약하여 조성되었으며 그 조형 방식에서 역사적 변화를 담고 있는 귀중한 유산이다.

둘째, 자연친화적인 독특한 장묘전통이 보존되어 있다. 조선왕릉은 타 유교문화권 왕릉과는 다른 조선왕조 특유의 세계관, 종교관 및 자연관에 의해 자연친화적인 독특한 장묘문화와 전통을 갖고 있다.

셋째, 인류역사의 중요한 단계를 잘 보여주는 능원 조성과 기록문화의 보고이다. 500년 이상 지속하여 만들어진 조선왕릉을 통해 당대의 시대정신과 통치자의 리더십, 문화의식, 예술관을 압축적으로 살펴볼 수 있으며, 조선왕릉과 관련된 여러 기록문헌들을 통해서 당시의 역사적 상황, 기술과 사상 등을 정확히 파악할 수 있다.

넷째, 조상숭배의 전통이 이어지고 있는 살아 있는 유산이다. 조선왕릉 제례문화는 조상숭배 사상에 기인하며 한국만의 고유한 문화적 전통을 형성하여 현재까지 이어져 오고 있음에 큰 의의를 가진다 하겠다.

다섯째, 자연과 인간의 조화, 하늘과 땅의 조화, 이상과 현실의 조화 그리고 과거와 현재, 미래를 이어주는 시대를 뛰어넘는 공존의 조화를 통해 역사적 교훈과 시대정신의 숭고함을 느끼게 한다. 이를 바탕으로 현대적 가치로 재창조하여 국민들이 즐겨 찾아가는 역사문화의 중심공간으로 만드는 데 정성을 기울여야 할 것이다.

조선왕릉의 유네스코 문화유산 등재 배경이 되는 유산가치(OUV)를 보면 18개 지역에서 형성된 40기의 왕릉으로 구성된 점과 1408년에서 1966년까지 500여 년에 걸쳐 형성되었다는 점이다. 우리의 전통문화를 담은 독특한 건축양식과 자연이 어우러진 신성한 공간이며, 지금까지도 이곳에서 제례가 이어져 오는 살아있는 문화유산이다. 그렇기 때문에 조선왕조 500여 년을 지나오면서 훼손되지 않고 원형을 그대로 유지할 수 있었다.

이제 조선왕릉이 좀 더 친근하게 국민들에게, 세계인들에게 다가가기 위해서는 그 속에 내재된 시대정신과 인간스토리를 발굴하여 재미있고 유익하게 다양한 이야기로 풀어내어 살아 있는 문화유산으로 재구성해야 한다.

왕릉에 계신 주인공들은 그 시절 최고의 리더였다. 청소년들에게 리더십의 체험학습장으로 활용하여 미래를 향한 교훈과 지혜를 얻을 수 있게 해야 한다.

유형적 측면뿐 아니라 사상, 정신, 의례 무형유산 등의 관점에서도 중요하다. 500년 이상을 한 왕조가 유지되고 재위한 모든 왕과 왕비의 능이 완전히 남아 있는 사례는 세계적으로 조선왕릉이 유일하다. 과거와 현재를 이어주며 미래를 향한 무한한 영감을 불어넣어 주는 역사의 현장이 조선왕릉이다.

주인공이 묻혀 있는 능침 공간은 주변 산세와 지형에 따라 단릉, 쌍릉, 합장릉, 삼연릉, 동원이강릉, 동원상하릉 등 다양한 방식으로 조성되었으나 대부분은 양옆과 뒤쪽의 삼면으로 곡장을 두르고 봉분 둘레에는 봉분을 수호하는 각 두 쌍의 석호, 석양을 배치하는 것을 기본으로 삼았다. 이외에도 문인석, 무인석, 정자각 등 아주 절제되고 품격 있는 구조물들이 설치되어 있다.

특히 왕릉에 들어서서 홍살문을 지나 참배하는 모습으로 일렬로 늘어서 있는 소나무들의 모습을 보면 저절로 머리가 숙여진다. 나무도 왜 그 자리에 서 있는지를 알고 열심히 자기 위치를 지키고 있는 것이다.

또한 능 기신제를 일반에 널리 알려 충효사상의 근본으로 가꾸어 점점 메말라가는 나라사랑·효사상을 일깨워 주는 교육프로그램으로 구성할 수 있다. 유교의 정신사적 이상을 현대화, 세계화하는 문화콘텐츠로 개발하여 국가브랜드를 높이는 데 기여해야 할 것이다.

따뜻한 공동체를 구현하는 세시풍속에 담긴 지혜

항상 새해에는 처음 시작의 기대와 소망이 많지만, 막상 12월로 접어들면 세월의 빠름에 대한 아쉬움과 한편으로는 그래도 한 해를 잘 마무리하게 되었음에 감사의 마음도 함께 있다.

세시풍속은 명절 또는 그에 버금가는 날이다. 예로부터 명절은 경사스러운 날로서 의미를 지니고 있었다. 새 옷으로 갈아입고 계절에 맞춰 음식을 장만해 사시사철 변화하는 자연의 섭리를 느끼게 했으며 떡과 술과 음식을 이웃과 서로 나누어 먹으면서 화합의 의미를 다지는 날이기도 하다.

동짓날이 붉은 팥죽을 먹으면서 천체와 소통하는 날이라면, 정월 초하루 설날은 가족들이 모여 조상께 차례를 지내고 또 성묘를 가거나 어른께 세배를 드리면서 감사와 공경심을 심어주었고, 가족 간의 우애를 다지는 일 년의 시작이다.

정월대보름은 계층을 뛰어넘어 모든 마을사람들이 협력과 소통을 다지는 축제가 펼쳐지는 뜻 깊은 명절이다. 겨우내 움츠렸던 심신의 기지개를 펴면서 앞으로 바빠지는 농사철을 대비하는 우리 조상들의 지혜로움이 새겨져 있다. 대보름은 특히 달맞이하면서 소원을 빌고, 다리밟기는 다리를 밟으면 1년의 액을 피하고 다리가 튼튼해져서 다릿병을 앓지 않는다는 풍속으로 장안의 남녀노소 할 것 없이 모두 참여하여 대장관을 이루었다. 또한 부럼을 깨물면 치아도 튼튼해지고 종기와 부스럼이 나지 않는다고 하며 불포화지방을 섭취하여 영양을 보충하는 의미도 크다.

한식은 동지 후 105일째 되는 날로 설날, 한식, 단오, 추석의 4대 명절 중 하나다. 긴 겨울 얼었던 땅이 녹아서 묘소가 파손된 곳에 다시 떼를 입히고 조상께 차례도 지내는 날이다. 예부터 "한식에 찬밥을 먹는다"는 유래는 중국 진나라 때 불에 타 죽은 충신 개자추의 고사에 기인한다. 한편으로는 한 해의 불씨를 새로 지피는 날이기에 밥을 지을 수 없어서 찬밥으로 대신했다는 의미도 있다.

단오는 음력 5월 5일로 천중일이라 하여 양기가 가장 왕성한 날이다. 이때는 모내기를 막 끝내고 곧 바빠지는 농사철에 대비하여 한차례 숨을 고르며 잠시 휴식을 취하는 시기다. 특히 여성들의 명절이라 일컬어지며 머리가 맑아지고 더위를 이겨낼 수 있다 하여 창포물에 머리 감고 산언덕에 올라가 그네도 뛰고 심신의 나래를 펴는 날이다. 쑥과 수리취로 떡을 만들어 수릿날이라고도 불렀다. 새로 수확한 앵두를 천신하고 단오고사를 지내 집안의 평안과 오곡의 풍년, 자손의 번창을 기원하였다. 단오에는 임금이 신하들에게 부채를 나누어 주기도 하고, 군현 단위의 큰 단오제가 지역마다 행해졌으며 대표적인 것이 강릉단오제이다.

추석은 설날과 함께 우리 민족 최고의 명절이다. 추석은 1년 내 땀을 흘려 수확한 햇곡식으로 음식을 만들어 차례를 지내며 1년의 풍성을 감사하고 송편을 빚어 나누면서 가족과 이웃 간의 화목을 다지는 날이다. 여름내 잡초가 자란 산소를 미리 벌초하고 추석날 성묘가서 조상과 하늘에 대해 감사하며 내년에도 풍요로움을 기원한다. 추석은 정월대보름, 6월보름 유두, 7월보름 백중과 함께 달 밝은 보름명절이다. 추석에는 강강술래, 줄다리기, 지신밟기, 가마싸움 등 각종 놀이가 흥겹게 펼쳐진다. 그래서 우리 속담에 더도 말고 덜도말고 한가위만 같아라 하는 말이 있는 것이다.

추석의 유래는 『삼국사기』에 의하면, 신라 제3대 유리왕 때 왕도를 6부로 나누었는데, 둘로 크게 편을 갈라 각각 왕녀가 대표가 되어 부내의 여인들을 인솔하여 7월 15일부터 8월 14일까지 한 달 동안 두레 길쌈을 하였다. 추석날 그 성과를 심사해서 진 쪽은 이긴 편에 술과 음식을 내고 '가배', '가배' 축하하며 노래와 춤과 온갖 놀이를 했는데, 이를 '가위'라 하며 오늘날 한가위의 어원이 되었다.

10월은 상달이라 하여 각종 민속신앙의 행사가 집중되어 있다. 특히 각 가정에서는 길일을 잡아 고사를 지낸다. 성주신, 조왕신, 터주신, 삼신, 우물신, 대문신 등 가신에게 붉은팥 시루떡을 쪄서 고사를 지낸다. 10월 상달의 고사는 추수감사제의 성격을 지닌 천신제(薦新祭)이기도 하다. 대체로 장독대에 올라서서 지붕 보이는 집은 모두 고사떡을 돌린다는 미풍양속이 진행되어 왔는데 1년 동안 수고로움을 서로 위로하고 정을 나누는 따뜻한 공동체의 실천이기도 하다.

동지는 음력으로는 11월, 양력으로는 12월 22일이나 23일 무렵에 드는 날로 일 년 중 가장 낮이 짧고 밤이 길다. 민간에서는 작은 설이라 하여 동지팥죽을 먹어야 나쁜 액도 물리치고 진짜 나이를 더 먹는 새해의 시작으로 여겼다.

이와 같이 세시풍속은 전통시대 따뜻한 공동체적 단합과 화목을 다지는 의미가 있다. 계절변화에 대비하여 일상생활을 점검하는 과학적인 지혜도 담겨져 있다. 또한 자연의 순리에 따르며 겸허한 마음 자세를 갖추는 근신과 정성이 담겨 있다. 즉 자연과 인간의 조화의 지혜를 일깨우는 날인 것이다.

고종 서재, '경복궁 집옥재'

임금이 되려면 어려서부터 많은 책을 읽고 토론하면서 그 속에서 폭넓은 통치의 철학을 배웠다. 그것이 제왕학이다. 그래서 조선왕조 역대 어느 임금이라도 신하들과 토론하는 경연을 소홀히 하지 않았다.

한국학중앙연구원 장서각에 소장돼 있는 역대 임금이 쓴 서예를 보면 한결같이 유려한 필체가 돋보이고 지식과 지혜를 겸비한 마음공부를 꾸준히 했던 것이 눈길을 끈다.

2016년 문화체육관광부와 문화재청이 경복궁의 집옥재(集玉齋)를 일반에 개방하였다. 궁궐 속의 작은 도서관으로, 시민들과 친밀한 공간으로 활용할 이곳에 서적도 비치하고, 열람시설과 전시공간도 마련하였다. 평소에 문 닫힌 궁궐의 건물들만 바라보던 시민들에게는 매우 반가운 일이었다.

이에 한국학중앙연구원도 고문헌 서책의 비치와 함께 집옥재 내부에서 왕실문화강좌 등 대중강연을 추진하였다. 유서 깊은 궁궐건축물의 개방은 고전의 향유와, 전통과 현대의 소통을 추구한다는 점에서 매우 의미 있는 일이었다.

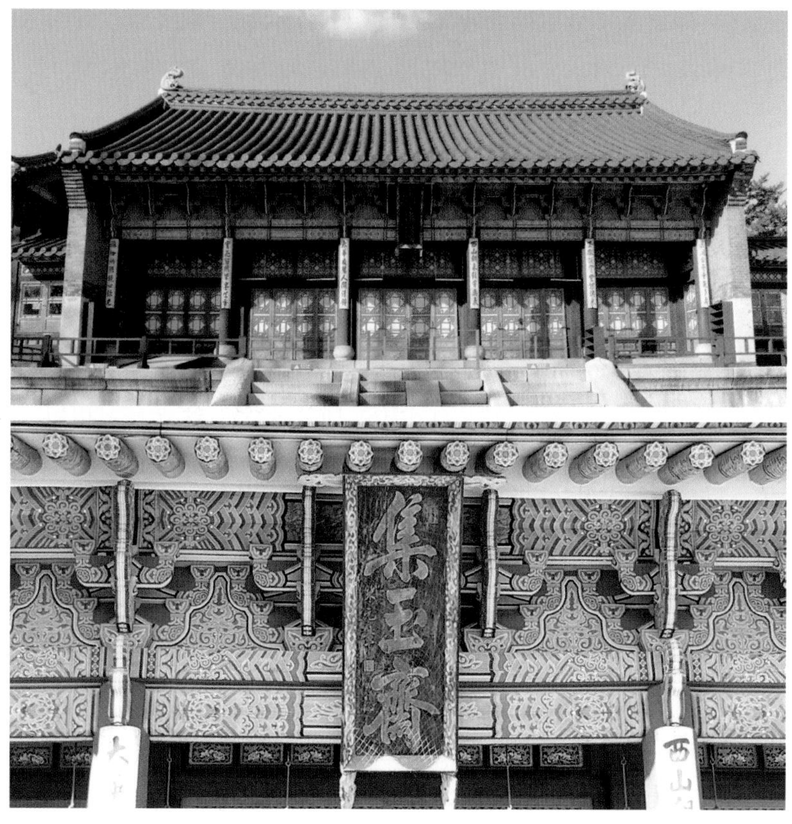

집옥재
[자료출처 : 저자 제공]

집옥재는 왕실의 서재로, 1881년 창덕궁에 작은 별당으로 지어졌다가 1891년 경복궁으로 옮겨 짓기에 이른다. 바로 고종황제의 집무공간인 경복궁의 북쪽영역인 건청궁 옆에 서재로 마련됐다. 당시의 건청궁은 이미 1873년 고종황제가 대원군의 섭정에서 벗어나 독립적 정치영역을 확보한 중심공간이었다.

'집옥(集玉)'은 옥같이 귀한 보배를 모은다는 뜻이다. 고종황제는 그 이름에 걸맞게 이곳에 약 4만 책이 넘는 귀중한 서책을 모았다. 그 가운데 가장 눈길을 끄는 것은 천문·지리·수학·의학 등 서양의 신학문과 관련된 서적들이다. 모두 206종 1,450책에 해당하는 이 책들은 개화서적으로 분류된다. 자연과학 분야를 비롯해 세계 여러 나라의 역사·지리·풍물 등 서양의 근대학문을 소개하는 내용이다. 대부분 중국에서 활동하던 서양인 선교사들에 의해 번역, 서술되거나 중국인들이 참여해 출판한 책들이다.

고종황제는 밀려오는 서구열강들에 대응하기 위한 부국강병의 길을 개화서적에서 찾고자 했다. 따라서 서적을 수집하는 데만 머물지 않고 모은 서적들을 황실 내의 각 서고에 내려 보내 연구하고 활용하게 했다. 서양의 신학문과 관련된 집옥재의 서적들에서는 개화를 향한 고종황제의 꿈과 시대에 대한 고민, 그리고 지적·문화적 열정을 확인할 수 있다.

1907년 7월 일제에 강제로 퇴위당한 고종황제는 그 이듬해 대한제국이 일제가 함부로 만만히 짓밟을 나라가 아니라는 자존심과 자긍심으로 여기저기 흩어져 있던 방대한 황실도서를 수집해 본격적인 황실도서관을 건립할 계획을 세웠다. 당시 일본의 침략서슬에 나라의 존립이 위태롭고 경제주권이 흔들리는 마당에 문화보국의 의지가 담긴 지적 독립운동이었다.

1908년 집옥재의 도서를 모태로 하고 궁궐 각처의 도서를 모아 대한제국 황실도서관을 건립하려 했으나, 1910년 경술국치로 일시 중단됐다가 1918년에야 창경궁에 장서각의 이름으로 세워졌다.

우리의 소중한 문화를 진정으로 알고 밖으로 나갈 때 대한민국의 위상을 세우고 세계적인 존중과 신뢰를 받을 수 있다. 또한 법고창신(法古創新)의 정신으로 어제를 본받아 오늘을 다지고 내일을 향한 새로운 창의의 시대를 열어갈 수 있다.

이제 대중 한류와 함께 전통 속에서 세계인을 감동시킬 콘텐츠를 찾아 다른 나라와도 차별성 있고 품격 높은 전통학술 한류를 키워 나가는 데도 집옥재의 활용이 매우 필요하다고 본다.

군사기록의 백미, 『군영등록』

우리나라는 세계적으로 기록문화의 나라이다. 한국학중앙연구원에 소속된 조선왕조 왕실도서관인 장서각에는 왕실문헌 12만 권과 문중에서 기증 기탁한 고문헌이 5만 권으로 총 17만 권의 찬란한 기록문헌이 소장되어 있다.

그중에 조선왕실 『의궤』, 『동의보감』은 이미 유네스코 기록유산에 등재되어 있다. 이에 2016년 한국학중앙연구원에서는 세계 유례를 찾아보기 어려운 『군영등록(軍營謄錄)』을 유네스코 세계기록유산에 등재시키는 준비작업을 한 바 있다.

조선왕조가 문무양반 제도를 갖추었음에도 무를 경시하고 문치에 치중했다고 하지만 무에 대한 중요성을 소홀히 여긴 것은 아니다. 장서각이 소장한 조선왕조의 『군영등록』은 조선 후기 도성(都城)에 주둔

하던 중앙 군영에서 제작한 국가기록물로서 조선 후기의 군사제도를 비롯하여 정치, 외교, 경제, 사회 등의 다양한 분야가 포함된 기록물이다.

『군영등록』에는 임진왜란과 명·청 교체기를 지나며 형성된 국방강화와 평화유지라는 시대적 요구가 반영되어 있으며 동북아시아의 역사상에 시사하는 바가 큰 기록이다. 즉 『군영등록』은 훈련도감이 창설된 1593년부터 1882년까지 300년간에 걸쳐 기록한 책으로 전체 분량은 89종 689책이며, 기록유산적 가치는 물론 기존의 연대기 자료로 대체할 수 없는 역사적 실상을 매일매일 하루도 거르지 않고 기록한 자료이다.

훈련도감의 전용일지인 『훈국등록』 108책을 포함한 569책은 한국학중앙연구원 왕실도서관 장서각에, 『훈국등록』 9책을 포함한 총 120책은 서울대학교 규장각에 소장되어 있다.

조선왕조 『군영등록』은 조선 후기 왕실의 호위와 도성의 경비를 담당한 훈련도감, 어영청, 금위영 등 각 군영의 일지류, 규정집, 왕의 거둥수행, 성역감독, 군사훈련, 시재 및 포상, 재정, 공문모음, 인사, 민원 등으로 구성되어 있고 이 내용들은 기존의 조선왕조실록이나 승정원일기 등 연대기 자료에 없는 내용들이다.

조선왕조 『군영등록』은 대외적인 침략이나 진출 목적에서가 아니라 왕조를 안정적으로 유지하기 위한 평화적 군사조직의 기록으로서 군영에서 오랜 세월에 걸쳐 작성한 방대한 양의 1차 자료이다.

등록의 기재 방법은 한자를 이용하여 해서체와 초서체를 사용한

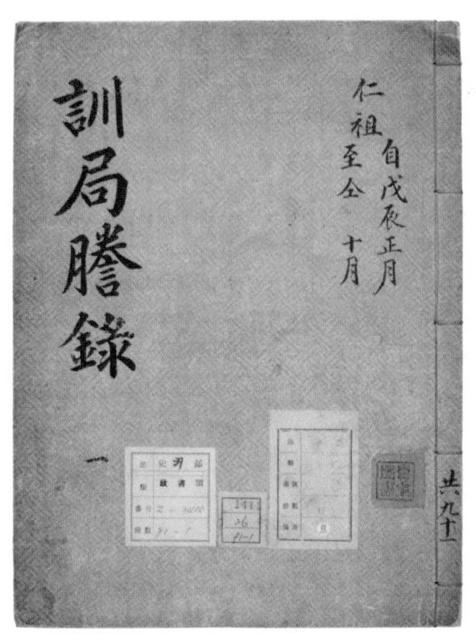

훈국등록
(군영등록 중 하나이다)
[자료출처 : 한국학중앙연구원 장서각]

필사본이다. 글자체도 매우 유려하여 군사문화의 품격을 헤아릴 수 있다.

조선왕조가 임진왜란이라는 대규모의 전면적 침략을 당한 후 국난을 극복하는 차원에서 설립하였던 군영의 주요 무기는 화약병기로 전환되었다.

특히 훈련도감의 군인에게는 신분의 고하를 막론하고 화약병기를 다룰 수 있는 군병들이 배치되었으며 이에 따라 병력자원에서 제외되었던 노비와 천민들도 군병으로 선발되었다. 조선왕조가 철저한 신분제 사회였다는 점을 감안한다면 극히 혁명적 사건이었다.

『군영등록』에는 군인 구성에서 출신성분이 다양하다 보니 민초들의 애환도 진솔하게 수록되어 있다.

예를 들면, 충청도 덕산에서 살았던 안사민이라는 노비는 전란 중에 훈련도감에 들어가 훈련 성적이 월등하여 정식 무관으로 승격되어 근무하던 중, 애초에 주인이라는 자가 나타나 소유권을 주장하는 소송을 제기하면서 처지가 위태로워진 절박한 상황에서 효종에게 직접 호소하였다. 임금은 그의 공로를 인정하여 이미 안사민은 노비 신분에서 벗어났으니 노비의 주인이 소유권을 주장할 수 없다는 판결과 함께 훈련도감에 근무할 것을 지시하여 사기를 독려했다.

또한 가족들과 생계를 꾸리기가 어려운 군인들에게는 전립이나 망건 같은 품목을 파는 것을 허락하여 최저생활을 보장함으로써 군인들이 업무에 충실할 수 있는 바탕을 마련해 주었다.

이외에도 제주도에 표류해 온 벨데브레이(박연)의 이야기, 하멜의 기사도 보인다.

이와 같이 『군영등록』은 제도사적인 측면뿐 아니라 잔잔한 휴먼 스토리가 담겨져 있어 조선왕조 생활사의 새로운 면을 알게 된 가치 있는 자료이다. 이러한 300년의 기록 속에서 평화의 의미를 찾아볼 수 있는 귀중한 자료를 유네스코 세계유산으로 등재하는 데 지혜를 모아야 할 것이다.

강남스타일 다음 주자는 전통문화

20세기 대한민국은 일제침략에 의해 식민지를 겪었고, 곧이어 전쟁으로 인한 폐허에서 출발했던 역사상 가장 큰 시련을 겪은 시기였다.

그러나 전통시대로부터 꾸준히 이어온 교육에 대한 열정이 20세기 어려웠던 시절을 극복하고 한강의 기적을 이루어 단기간에 산업화와 민주화를 달성할 수 있었다. 그럼에도 우리의 역사·문화 및 전통과 예술 같은 소프트웨어에 대한 보존과 개발에는 관심을 기울일 여유가 없었다.

이제 우리는 세계인의 주머니를 열기 전에 마음을 열어 감동을 공유하는 콘텐츠 개발에 주력해야 한다. 바로 그 감동의 가장 중심 키워드는 문화에 있다. 문화는 언어가 달라도, 이해관계가 엇갈려도 서로 공유할 수 있고, 존중할 수 있는 힘을 가지고 있다.

프랑스가 국가이미지에 30%의 프리미엄을 받고 있는 것은 문화를 살리고 보존했기 때문이다. 반면에 우리의 국가브랜드는 가지고 있는 것보다 아직도 디스카운트를 당하고 있다. 그 이유는 북한의 부정적 이미지에다 남북한이 혼동되어 알려진 점도 있지만, 한편으로는 잘살게 된 나라로서의 위상은 확보되었어도 문화가 있는 나라로서의 신뢰를 주지 못한 데도 기인한다. 그러니까 브랜드파워에서 하드웨어의 군사력, 경제력, 기술력의 순위는 높아도 소프트웨어의 국민성, 문화의 순위는 월등히 떨어진다. 국가브랜드는 국가의 품격이다. 그 품격은 세계인에게 호감과 신뢰를 주어 존경받을 수 있어야 한다. 이제부터라도 친절한 국민성, 문화를 통한 양방향 소통, 전통문화의 세계화에 더욱 주력해야 할 것이다.

그동안 한류가 세계로 확산되어 대한민국의 브랜드를 높이고 있다. 한류의 1.0시대가 드라마시대였다면 2.0시대는 K-POP이 주도하고 있다. 더욱이 싸이의 '강남스타일'은 한때 수많은 세계인들을 열광시킨 바 있다. 이제는 BTS가 세계를 석권하고 있다.

이처럼 대중문화는 어느 정도 대한민국의 세계적 경쟁력을 확보하고 있지만 여기에 안주해서는 안 된다. 한 시대 유행에 그치지 않고 지속력을 확보하기 위해서 한류 3.0시대는 전통문화와 고품격의 문화예술의 이미지도 확산시켜야 한다. 올림픽에 대표주자가 많아야 더 많은 금메달을 확보하듯이 우리 문화가 보유하고 있는 다양성을 널리 알려야 한다.

우리는 전통적으로 예술성이 매우 높은 나라이다. 그동안 예술 분야의 많은 인재들이 세계에서 활약하고 인정을 받아왔다. 그러나 개인적으로 치열한 경쟁의 대열에서 고군분투하다 보니 국가브랜드로서의 응집력은 약했다.

각종 악기가 모여 아름다운 선율의 하모니를 이루듯이 개개인의 역량이 다양성과 함께 국가 이미지로 결집되면 대중문화 못지않게 국가브랜드를 높이는 데 크게 기여할 것이다.

또 한편으로 한류 3.0시대는 전통문화를 현대적으로, 세계적으로 스토리텔링하고 콘텐츠를 만들어 차별성을 가지고 우리 문화의 특수성을 알릴 필요가 있다.

아울러 표면적으로 성장하는 국가의 위상에 걸맞게 국민의식이 선진국답게 바로 잡혀가고 있는가도 지금 심각하게 고민해야 할 시점이다. 문화시민으로서 국가적 신뢰도를 높이는 가장 바람직한 길이기 때문이다.

미래인류가 지향하는 평화의 가치들은 우리 역사 속에 속속들이 새겨져 있다. 전통사회에서 농업사회를 기반으로 한 협동심과 창의성, 공동체 속에서 나눔과 배려, 자연과 인간의 조화, 평화와 생명존중 사상은 우리 조상들이 역사의 굽이굽이마다 심어준 귀중한 자산이다.

무엇보다도 진정성을 가지고 콘텐츠를 스토리텔링하여 감동을 자아내야 한다. 그래야 한순간 유행으로 끝나는 것이 아니라 지속적으로 호응과 신뢰를 얻을 수 있다. 바로 세계로 흘러가는 한류에 따뜻한 온류의 흐름을 함께 흘려보내서 문화를 통한 세계평화의 길을 넓힐 수 있는 것이다.

글로벌화의 궁극적인 목표는 서로 다른 문화를 이해하고 존중하면서 신뢰 속에 평화를 만들어가는 것이다. 세상의 평화는 인간끼리의 소통과 화합만이 아니라 우리 역사 속에서 꾸준히 지켜온 자연을 존중하고 조화를 이룰 때 실현될 수 있는 것이다.

그러할 때 전 지구사회가 직면하고 있는 다양하고 복잡한 문제들을 해결하고 전 인류에게 행복과 평화를 가져다줄 수 있으리라 확신한다. 바로 문화가 그 해답의 귀결점이다.

추사의 『세한도』와 역지사지

우리 역사에서 유배지에서 고난을 극복하고 상생의 시대를 연 위대한 인물이 많지만 그중 대표적인 인물을 든다면 단연 다산 정약용과 추사 김정희(1786~1856)이다.

그 고난의 시절 다산은 강진에서 18년 동안 사회현실을 직시하고 개혁론을 집대성했다. 추사는 제주도에서 9년의 유배생활 동안 자아를 발견하고 심오한 예술의 세계로 승화시켰다.

추사는 1786년 예산에서 태어났다. 증조할아버지가 조선왕조 21대 임금인 영조의 사위로 아주 번성한 가문에서 성장했고 학문도 뛰어나 24세에 사마시, 34세에 대과에 합격했다. 1809년에는 동지부사로 중국 연경에 사신으로 가는 아버지를 따라 처음으로 중국을 방문했다. 완원, 옹방강 등의 대학자를 만나 청조 고증학의 성과를 직접 보고 배우고 돌아왔다.

그는 독특한 서예체로도 유명하지만 고증적 실사구시파의 태두로 우리나라 금석학을 개척한 대학자이다. 북한산비가 진흥왕 순수비임을 고증한 『예당금석과안록(禮堂金石過眼錄)』을 저술했다.

학자로서 제자를 키우고 학문이 무르익어 갈 즈음 1840년 정치적 음모에 연루돼 제주도 서귀포 대정리로 유배 가 위리안치(圍籬安置)됐다. 고생 모르고 지내다 갑자기 닥친 유배생활은 추사에게 큰 괴로움을 안겨주었다. 음식, 옷가지 모두가 불편한 가운데 그 고통을 예산에 있는 아내에게 하소연함으로써 울분을 달랠 수 있었는데 그 사랑하는 아내가 1842년에 세상을 떠났다.

더구나 추사가 가장 힘든 것은 학자이기에 책을 제대로 구해 볼 수 없는 괴로움이었다. 그래도 스승인 추사를 생각하는 제자 이상적(李尙迪, 1804~1865)이 있었다. 그는 중국을 왕래하는 통역관이자 외교관이었다. 1843년 이상적이 중국에서 구입한 『만학집』(8권)과 『대운산방문고』(6권 2책) 신간서적을 보내더니 또 이듬해에 『황조경세문편』이라는 책을 보내주었다. 이 책은 자그마치 총 120권, 79책이었으니 양으로도 방대했다.

이상적의 지극한 정성에 감격해 그에게 그려준 그림이 『세한도(歲寒圖)』(국보 제180호)이다. 이 그림은 손으로, 재주로만 그린 것이 아니라 사무치는 고마움에 가슴으로 그린 불후의 명작이라고 생각한다.

세한도(歲寒圖)-국보 제180호
[자료출처 : 문화재청, 국립중앙박물관 소장]

두 그루의 소나무와 두 그루의 잣나무 사이에 소박한 집 한 채가 그려져 있다. 꼭 집을 감싸 안을 것 같은 가지가 휘어진 고목의 소나무는 스승 추사 같고, 꼿꼿이 뻗어 올라가는 소나무는 제자 이상적같이 기개가 드높다. 건너편에 있는 두 그루의 잣나무는 가지와 잎이 모두 하늘을 향해 올라가는 희망을 보여주는 느낌이다.

더욱이 발문에 보면 "이 책들은 세상에 흔한 것도 아니고 천리만리의 먼 곳에서 사와야 하며, 또한 여러 해가 걸려야 비로소 구할 수 있는 것으로 쉽게 손에 넣기 어려운 것이다. 세상 사람들은 도도한 물살처럼 오직 권세와 이익이 있는 곳에 수없이 찾아가서 잘 보이려고 하는데, 이 늙고 초라한 남쪽 끝에 떨어진 노인에게 보내는 너의 마음은 흡사 공자 말씀에 날이 차가워진 연휴에야 소나무, 잣나무가 한결같이 늘 푸르다는 것을 그제야 느낀다. 그대가 나에게 한 일이 전이라고 더함도 없고 후라고 덜함도 없다"고 하며 제자의 한결같은 마음가짐을 칭찬했다.

『세한도』 제호 아래 우선시상(藕船是賞)이라고 써 있는데 우선은 이상적의 호이다.

"이상적은 감상하게나"라는 뜻이다. 그 하단에는 장무상망(長毋相忘)이라는 인장이 있다. 오래도록 서로 잊지 말자는 뜻이다.

이것을 받아든 이상적은 스승에게 제자로서 할 도리를 한 것뿐인데 이렇게 귀한 그림을 그려주시니까 감격으로 자랑하고 싶어서 중국 연경에 가 유학자들의 환영연회에서 펼쳐놓는다. 이 그림을 감상한 16명의 중국유학자들이 제와 찬을 붙여서 칭송했다.

추사의 꿋꿋한 소나무 같은 절개, 제자의 스승을 존경하고 끝까지 받드는 의리, 변치 않는 소나무, 잣나무의 고고한 늘 푸른 모습에서 내일을 기약하며 희망과 용기를 얻는 인간사를 배운다는 것이다.

추사의 제주도 유배 9년은 좌절로 무너진 것이 아니라 자아실현의 의지를 통해 학문적으로, 예술적으로 귀중한 유산을 남긴 기간이었다.

전통시대의 선비정신에서 빼놓을 수 없는 최고의 덕목은 공동체 정신과 의리심이다. 요즘 이웃 간에 이사를 와도 떡 돌리는 것을 싫어해 전하지도 못한다는 기사를 보았다. 세상은 이기심으로 각박해지고, 스승의 권위는 이미 무너진 지 오래이다. 옛날에는 정도 많고 의리를 지키는 미풍양속이 사회공동체 질서를 지켜주었다.

상대방의 입장에서 기쁠 때는 축하해 줄 줄 알고 슬플 때는 위로해 줄 줄 아는 따뜻한 동행, 바로 『세한도』가 가르쳐 주는 역지사지(易地思之)의 마음이다.

『하피첩』에 흐르는 다산의 향기

하피첩
[자료출처 : 국립민속박물관]

2016년 양수리 다산 생가에 있는 실학박물관에서 『하피첩(霞帔帖)』을 전시해 많은 사람의 감동을 자아냈다. 원래 다산(茶山)의 후손이 소유하고 있었으나 6·25전쟁 때 분실됐다가 2004년 수원의 폐지 줍는 할머니의 손수레에 실려 있던 『하피첩』이 방송에 보도된 후 여러 절차를 거쳐 2015년 경매에서 국립민속박물관이 구입해 잘 보관되고 있다.

『하피첩』은 다산 정약용이 1801년 강진으로 유배 간 지 10년 되던

해 그 부인 홍씨가 시집올 때 입었던 다홍치마 다섯 폭을 남편 다산에게 전한 것으로, 오랜 세월 빛이 바래 노을빛 같다고 해서 '노을 하(霞)' 자로 표현한 것이다.

그 치마를 잘라 마름질해 4첩으로 만들어 두 아들 학연과 학유에게 전하고 싶은 아버지로서의 당부를 적은 것이다. 시집간 딸에게는 하얗게 핀 매화가지 위의 두 마리 새가 한곳을 바라보는 모습을 그려 주었다.

다산은 서문에 이 서첩이 어떻게 만들어졌는지를 밝혔다.

"병든 처가 낡은 치마를 보내 / 천리 밖에 그리워하는 마음을 부쳤는데 / 오랜 세월에 홍색이 이미 바랜 것 보니 / 서글피 노쇠하였다는 생각이 드네 / 잘라서 작은 서첩을 만들어 / 그나마 아들들을 타이르는 글귀를 쓰니 / 어머니, 아버지를 생각하여 / 평생 가슴속에 새기기를 기대하노라."

바로 어머니의 치마를 바탕으로 아버지가 평생 교훈이 될 글을 써 주면서 자식에게 바른길을 가라는 부모의 간절한 마음의 합창이다.

『하피첩』에는 폐족의 자손으로 어떻게 살아야 하며, 몸가짐은 어떻게 가져야 하고, 친척끼리는 어떻게 지내야 하고, 어떤 친구를 사귀고, 어떻게 공부를 해야 하는지를 타이르고 있다. 멀리 떨어져 있는 아들을 향한 애절한 마음에서 어떤 처지에 있든 희망과 품격을 잃지 말라는 다산의 지성이 돋보이는 대목이다.

다산이 강진에 유배 가서 처음 기거했던 집이 주막인데, 그 한 귀퉁이를 서재로 빌려 쓰면서도 '사의재(四宜齋)'라고 현판을 붙여 고난 시절에도 항상 스스로 품격을 흐트러트리지 않았다. '사의'란 선비가 마땅히 갖춰야 할 네 가지 '사모언행(思貌言行)'을 뜻한다. 즉 생각을 바르게 하고, 용모를 단정히 하고, 말은 신중히 하고, 행동은 반듯하게 해야 한다는 뜻이다.

18년의 유배기간 동안에도 학문하는 자세를 잃지 않고 제자를 키우고, 어려운 처지를 당한 어부, 농부, 여인 등 각양의 주민들을 만나면서 사회현실을 직면하였다. 그래서 나온 불후의 저서가 다산의 3부작이라 일컫는 『목민심서』, 『경세유표』, 『흠흠신서』이다.

『하피첩』의 내용을 보면 1첩에는 부모의 향기로운 은택을 음미하기를 바랐다. 홀로 두고 온 아내에 대한 당부도 잊지 않았다.

"떠나올 때 보니 어머니 얼굴이 몹시 인됐더라. 늘 잊지 말고 음식 대접과 약 시중 잘해 드리거라"라며 자식에게 효심을 강조했다.

효제(孝悌)가 인(仁)을 실행하는 근본이라 말하며 부모와 형제간 화목하고, 비록 화를 당한 가문의 자손일지라도 분노를 참고 화평하기를 바랐다. 또한 현재는 비록 폐족이지만 아들과 손자 세대에 이르면 과거시험과 경제에 뜻을 둘 수 있으니 문화적 안목을 잃지 않기를 당부했다.

제2첩에는 항상 마음의 자세로 근검을 강조했다.

"나는 벼슬이 없으니 농장을 너희에게 물려주지 못한다. 내가 너희에게 남기고자 하는 말은 하나는 근면(勤)이요, 다른 하나는 검소

(儉)이다. 이 두 가지는 좋은 전답보다도 나아서 한평생 쓰고도 남는다. 근면함으로써 재화를 생산하고, 검소함으로써 가난을 구제하라. 천리는 순환하니, 한번 넘어졌다고 일어나지 않을 것은 없다. 오로지 꾸준히 독서하며 내일을 기약해야 한다"는 다짐이다.

제3첩은 주로 학문과 처세술에 관한 내용으로, "재물을 남에게 베풀고 아버지의 글을 연구하고 옛 터전을 굳게 지키라"는 손자에 대한 당부도 잊지 않았다.

1818년 유배가 풀려 양수리 고향에 머물 때도 가호를 여유당(與猶堂)이라 붙였다. 즉 이웃을 보기를 겨울 살얼음이 낀 냇물을 건너듯이 조심하라는 뜻이다.

다산은 1836년 부인 홍씨와 결혼한 지 60년을 맞는 회혼식을 3일 앞두고 평생을 지켜준 아내에게 고마움을 전하는 시 한 수를 적었다.

"육십 년 모진 풍파가 그저 눈 깜박할 사이네만(…) 살아 이별하고 죽어 떠나다 보니 이리 늙고 말았지. 슬픔은 짧고 환희는 길었던 건, 다 당신 은덕이네(…)."

다산은 2월 22일 회혼을 축하하기 위해 모인 가족이 지켜보는 가운데 75세를 일기로 찬란한 학문과 숭고한 정신유산을 남기고 세상을 떠났다.

제3장

세종대왕 리더십에서 미래를

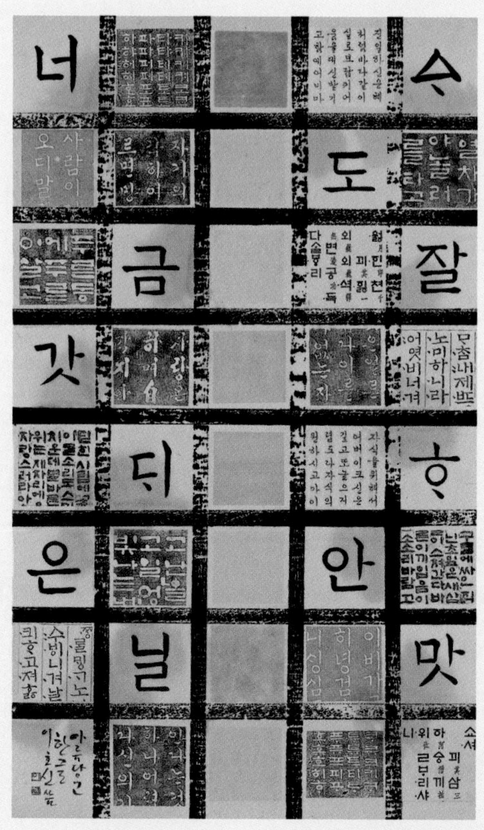

한글

한글창제 정신 이어받아 미래를 열자

2021년은 한글반포 575돌이 되는 해이다. 세종대왕의 우리 것 찾기 운동에서 최고 하이라이트는 한글이다. 중국과 말이 다른데 글은 같아서, 글자를 모르는 어리석은 백성을 안타깝게 여겨 읽기 쉽고 배우기 쉬운 우리글을 만든 것이다.

한글창제만 생각하면 가슴이 벅차오른다. 만일 세종대왕이 한글을 만들지 않았다면 우리글 하나 없는 얼마나 부끄러운 민족이 되었겠는가? 만든 목적과 시기, 그리고 만든 사람이 정확하게 알려진 글자는 세계적으로 한글이 유일하다.

이처럼 우리글이 만들어진 덕분에 일반 백성들은 자신의 생각과 뜻을 글로 표현할 수 있게 됐다. 여성과 노비도 임금과 양반처럼 한글을 통해 편지를 주고받을 수 있게 됐고, 일상생활에서 한글로 표현할 수 없는 것은 없게 됐다. 심지어 바람소리, 개 짖는 소리, 소 우는 소리, 닭 우는 소리까지 무엇이든지 소리 나는 대로 글자로 표현해 기록할 수 있는 인류 최고의 과학적인 문자가 바로 한글이다.

최현배 선생이 작사한 한글날 기념절 노래 가사를 보면 제1절은 한글은 문화의 터전, 2절은 민주의 근본, 3절은 생활의 무기라고 한글의 정신을 명료하게 표현하고 있다. 그리고 "이 글로 이 나라의 힘을 기르자"라고 마무리된다.

세종의 한글창제는 말과 글이 다른 모순을 합리적으로 정리하려는 의지는 물론 백성들과 소통하려는 배려의 뜻에서 비롯되었다. 아무리 좋은 정책을 베풀고 세제를 감면해 주고 혜택을 주려 해도 글을 몰라 지나쳐 버리고 어두운 세월을 사는 백성들에게 삶의 통로를 열어주어 희망과 용기를 준 것이 한글이었다. 억울한 일이 생겨도 글을 쓸 줄 몰라 호소할 길이 막혀 있는 백성들이 가엾고 안타까워 직접 자음, 모음을 개발하여 그들에게 자기 목소리를 낼 수 있게 소통의 창구를 열어주고 광명을 찾아준 글이 한글이다.

이러한 의미에서 1446년 반포된 10월 9일 한글날은 우리 민족이 대대로 기려야 할 특별한 의미를 가진 날이다. 5월 15일을 스승의 날로 정한 것도 이날이 바로 한글을 창제하여 지식의 나눔을 통해 우리 민족에게 자존심을 찾아주고 밝은 길을 펼친 영원한 민족의 큰 스승 세종대왕의 탄신일이기 때문이다.

그러나 한글창제의 길은 그리 순탄하지 않았다. 양반과 중국의 반응을 신경 써야 했기 때문에 세종과 몇몇 신하 그리고 세자만이 참여해 철저히 비밀에 부친 가운데 한글을 창제한 것이다. 여러 반대를 무릅쓰고 민족의 글자, 한글이 탄생되었다.

반대 요지는 첫째, 고귀한 한문이 있는데 언문(한글)을 새로 만드는 것은 중국을 버리고 스스로 오랑캐와 같아지는 것이라는 의견이다. 이는 언문만 쓰면 관리들이 한문을 돌보지 않고 성리학 공부도 게을리 할 것이라는 과대한 우려였다.

둘째는 절차상의 문제에 대한 비판이다. 언문을 불가피하게 만들어야 한다면 이것은 풍속을 바꾸는 일이므로 재상부터 문무백관에 이르기까지 함께 의논하고 중국에도 상고해 허락을 받아야 하는데, 이를 철저히 비밀에 부친 것은 잘못이라는 사대주의적 발상이었다.

셋째는 세자를 훈민정음(訓民正音) 창제에 관여시키면 공부에 해가 된다는 것이었다. 성학(聖學)에 몰두해야 할 시간을 언문 같은 기예를 연마하는 데 허비해서는 안 된다는 논리다.

이에 대해 세종은 한글창제는 백성을 편하게 하려는 것이고, 훈민정음은 언어학적으로 매우 우수하며, 세자가 이미 가의 일을 맡아 하고 있는 터에 이러한 중대한 일에 참여하는 것은 당연하다고 반박했다.

세종의 한글창제정신은 첫째, 애국애족 의식의 발로다. 세종은 민족의 자존감을 갖고 나라의 앞날을 더 탄탄하게 만들기 위해 성심을 다했다. 항상 백성을 하늘이 낸 사람으로 여겼으며 약자를 보살피는 마음으로 글을 모르는 백성에게 글자를 아는 힘을 쥐어준 것이다.

둘째는 누구에게나 공정하고 균등한 지식정보를 누릴 수 있는 기회를 열어준 것이다. 글을 쓸 줄 몰라 억울한 일을 당해도 호소할 재간이 없고, 옥에 갇혀서도 자기 판결문이 유리한지 불리한지 어떻게 쓰였는지도 모르는 억울한 백성이 없도록 한글을 만든 것이다.

셋째는 나라의 문화수준을 높였다. 글을 알면 문화적 호기심과 상상력이 높아지고 창의력이 확대된다. 한글은 조선왕조가 문화번영의 시대를 여는 데 크게 이바지했다.

넷째는 역사의 계승이다. 한글창제에 세자까지 참여시킨 것은, 세자가 그 의미를 알면 후대에 왕이 돼서도 탄탄한 의지를 갖고 계승해 나갈 수 있기 때문이다.

이처럼 한글은 세종의 폭넓은 안목과 약자를 품어주는 따뜻한 가슴에서 비롯됐다. 더 중요한 것은 시대를 보는 통찰력을 가진 지도자로서 책임감과 사명감으로 민족의 미래를 향한 원대한 길을 열어놓았다는 것이다.

동양격언에 음수사원(飮水思源)이라고 "물을 마실 때는 우물을 판 사람의 공로를 잊으면 안 된다"라는 말이 있다. 오늘날 우리나라는 한글 덕분에 한류열풍도 불고 정보기술(IT) 강국도 됐는데 후손인 우리들은 그 원류에 대해서는 별 관심이 없다.

세종의 뛰어난 리더십으로 조선왕조는 정치적 안정과 경제적 여유를 찾고 공동체적 화합을 이뤄 문화적 독창성을 가지게 됐다. 민족의 자긍심을 불어넣어 준 한글창제정신을 이어받아 보다 탄탄한 대한민국의 미래를 열어가야 할 것이다.

높은 이상과 넓은 가슴으로 민족과 미래를 품고 앞날을 열어간 세종대왕의 리더십은 우리 후손들에게 역사교육을 통해 자긍심과 창의성을 가슴에 새겨주고 이어가야 할 위대한 교훈의 메시지이다.

농업과학화의 시대를 연 세종대왕 리더십

예부터 임금이 즉위하면 종묘(宗廟)·사직(社稷)에 고한다고 했다. 종묘는 뿌리 깊은 나무는 바람에 흔들리지 않는다는 국가의 정통성을 상징하는 왕실의 사당이다. 사직의 사단(社壇)은 안보의 토지신, 직단(稷壇)은 오곡의 토지신에게 제사 지내는 곳이다. 즉 무엇보다도 국가 지도자는 안보와 민생을 잘 지켜야 한다는 가르침이다.

우리 역사 속에서 최고의 리더로 평가받는 세종대왕의 리더십에서 역사의 지혜를 구해 보는 것도 미래를 위한 혜안을 갖출 수 있는 지름길이라고 생각한다.

세종대왕은 백성은 나라의 근본이요 밥은 백성의 하늘이라 하여, 나라의 근본인 백성이 배고픔에 시달리고 억울함에 괴로워한다면 왕이나 수령이 지도자의 자격이 없다고 했다. 이는 어떻게 하면 소득을 올려서 백성을 배불리 먹여 살리고 근심걱정을 덜어줄지 노심초사한 세종대왕의 마음에서 기인한 것이다.

앞으로 4차 산업혁명 시대에 인공지능을 비롯한 과학이 아무리 발달해도 생산의 기본토양은 바꿀 수 없다. 기술은 로봇이 대신해 줄지 몰라도 우리가 디디고 있는 땅은 부정할 수도 거역할 수도 없는 것이다. 땅은 생명을 싹틔우고, 자연의 순리를 깨닫게 하고, 씨를 뿌리면 반드시 거두는 날이 있다는 불변의 진리와 함께 지속성과 인내와 끈기를 가르친다.

'농자천하지대본(農者天下之大本)'이라고 농업이 천하의 사람들이 살아가게 하는 큰 근본이라는 가치를 지닌 조선에서 농사의 풍흉은 국가의 운명을 좌우하는 중요한 문제였다. 세종은 애민의식과 민본정신의 일환으로 농업 부문의 혁신을 꾀했다.

첫째는 농업의 자주화다. 세종은 신토불이 정신으로 그동안 의존한 중국농서가 우리 현실과 맞지 않는 문제점을 지적하고, 우리 풍토에 맞는 독창적인 농업개발을 연구하도록 하면서 수시로 농법에 관해 토론했다. 삼남의 수령들에게 명해 각 지역의 나이 든 농부들에게 일일이 농사 경험담을 묻고 정리해 조정에 보고하는 절차를 거치도록 했다. 그래서 탄생한 것이『농사직설』이다.

둘째, 농민들의 농업환경을 편리하게 개선해야 한다는 의미에서 농업의 과학화를 꾀했다. 과학기술의 천재인 장영실과 함께 천문기구와 농기구를 적극적으로 발명했다. 혼천의·천문기기·해시계·물시계·측우기·대소간의 등은 농사의 때를 가르쳐 수확량을 늘리려는 세종의 창의성과 진정성이 만들어낸 작품들이다. 이외에도 다양한 천문기구의 제작과 『칠정산내외편』의 완성은 농업생산력을 증대시키는 데 커다란 영향을 미쳤다. 『농사직설』을 펴낸 후 논밭에 물을 대는 수차개발에도 관심을 기울였다.

셋째, 세제개편의 합리화다. 국가가 합리적인 세법을 마련해야만 농민들이 의욕을 상실하지 않는다는 것이다. 당시 조선은 '손실답험(損失踏驗)'이라는 조세제도를 취하고 있었다. 그것은 관리가 직접 농지를 방문해서 농사가 잘됐는지 안됐는지 여부를 판단해 세금을 매기는 방식이다. 이는 관리의 마음먹기 여하에 달려 있는 것이라 부정과 불공정 시비를 피하기 어려웠다.

이에 따라 1430년 3월부터 현장의 의견을 구하기 위해 여론조사를 실시했다. 농지 1결당 미곡 10두를 부과하는 정액제 조세제도 형식의 찬반 여부를 묻는 여론조사로서 당시에는 획기적인 일이었다. 다섯 달 동안 시행된 여론조사에 17만 명이 참여했는데 결과는 찬성 9만 8,000여 명, 반대 7만 4,000여 명으로 대략 57%가 찬성했다. 토지를 많이 소유한 고위관리일수록 반대가 많았다. 그러자 세종은 반대 여론을 묵살하지 않고 좀 더 세밀하게 타당성을 검증하는 공법상정소를 설치했다.

드디어 1444년 토지의 비옥도와 풍년·흉년 등을 모두 고려한 세법이 완성됐다. 여론조사를 실시한 지 15년 만의 결실이었다. 농민을 진정으로 사랑한 세종대왕의 배려였다.

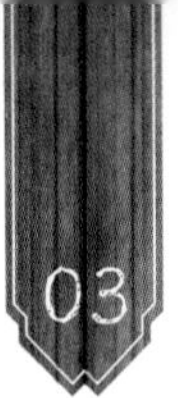

국민대통합, 세종대왕이 답이다

우리 역사 속에서 최고의 지도자를 꼽으라면 대부분의 학자들이 조선왕조 제4대 임금 세종대왕을 택할 것이다. 세종대왕의 빛나는 업적이 우리 역사의 만 년의 길을 열어놓았다는 후대의 평가는 위대한 통합정신을 발휘한 한글창제에 농축되어 있다.

세종의 리더십을 한마디로 말하자면 지극히 인간을 사랑하는 따뜻한 가슴으로부터 착한 정치, 따뜻한 정치를 하였다는 것이다. 인간에 대한 아낌과 사랑으로 성심을 다하여 백성들을 챙겨주고 보살펴주는 정성이 희망의 세계를 열어준 것이다.

예로부터 성공한 지도자는 첫째, 시대적 통찰력을 가지고 미래의 비전을 세웠다. 우선 현실을 진단할 때 과거 역사로부터 지혜를 구하고 정확한 현실 인식 아래 미래의 원대한 계획을 세웠던 것이다.

둘째, 균형과 조화의 품성을 갖춘 것이다. 어느 한편에 치우치지 않고 중심을 잡는 일이 무엇보다도 신뢰를 얻는 지름길이며 그것을 토대로 아우르는 조화의 지혜를 발휘할 때 사회대통합을 이룰 수 있었다. 지도자는 오케스트라의 지휘자같이 아름다운 선율의 하모니를 이룰 수 있을 때 듣는 이의 감동을 자아낼 수 있는 것이다.

셋째, 지도자는 책임의식과 도덕심을 갖추어야 한다. '내 탓이오' 하는 철저한 책임의식을 갖출 때 모든 일에 최선의 열정을 기울일 수 있고 그로 인해 신뢰를 얻을 수 있는 것이다. 만백성의 모범이 되어야 하기 때문에 정의롭고 공정한 자세를 잃지 않아야 한다.

넷째, 애국심과 애민의식이다. 나라를 사랑하고 지키는 굳건한 의지와 백성들의 민생을 보살피는 정성이 넘쳐나야 한다.

다섯째, 소통과 포용의 리더십이다. 끊임없이 귀를 기울여 백성의 소리를 듣고 따뜻하고 넓은 가슴으로 품어줄 때 온 나라가 화합으로 함께 뛸 수 있다.

바로 세종대왕은 이러한 지도자의 덕목을 성실히 수행한 군주였다. 세종은 조선왕조가 건국된 지 26년 만에 4대 임금으로 즉위하였다. 건국 초기에 겪을 수 있는 여러 가지 갈등과 혼란을 정리하려면 나라의 품격을 갖추는 문화를 일으켜야 된다는 의지를 가졌다.

선왕인 태종의 강한 리더십은 현실의 혼란을 극복하고 국가질서를 정비하는 데 어느 정도 성과를 거두었지만, 정쟁(政爭) 또한 계속적으로 반복될 여지를 남겨놓았다. 세종은 정치적 갈등을 계속 정치적으로만 풀어갈 경우 보복과 역전, 반전과 혼란 등 또 다른 갈등이 파생되어 정쟁이 끊어질 수 없음을 예단하였다.

세종은 전 시대 고려사를 정리하면서 역사 속의 흥망성쇠의 인과 관계를 풀어나가고자 하였다. 아울러 원칙은 준수하되 유연하며 신중하게 매사를 풀어나갔다. 합리적 사고를 가지고 관료와 백성을 대상으로 진정한 마음경영을 시도하였던 것이다.

세종은 소통을 위하여 시사(視事)·경연(經筵)·윤대(輪對) 등도 적절하게 활용했다. 시사는 왕이 정부의 핵심 부서로부터 보고를 받고 결재하는 과정으로, 이를 통해 세종은 관료들과 협의하고 세세한 내용까지 직접 지시할 수 있었다. 경연에서는 신하들과 정책 결정에 적용할 원리와 선례를 연구했으며, 윤대를 통해서는 하급 관리들로부터 실무에 관한 보고를 직접 들을 수 있었다.

세종은 애민정신과 애국심으로 사회통합의 리더십을 발휘했다. 세종은 인간을 중심에 놓는 가치를 창조했으며 스스로 그 가치를 실현하기 위해 진정성을 갖고 노력했다. 세종은 따뜻한 인간애로부터 출발해 합리적인 국가운영, 균형 잡힌 인재등용, 포용과 조화, 그리고 화합의 리더십을 보여주었다. 세종의 교화정치는 강요보다는 설득으로 백성들에게 감동을 자아내는 신뢰의 정치였다.

이는 백성들의 마음을 헤아리는 세종의 포용심, 소통하려는 진정한 인간 사랑의 소산이었다. 특히 한글은 임금도, 사대부 양반도, 여성도, 노비도 각계각층이 마음 깊은 사연을 담아낼 수 있는 최고의 사회대통합의 문자였다. 세종이 한글로 닦아놓은 지식기반 사회를 통해 오늘날 세계에서 문맹률이 가장 낮은 나라의 위상을 확보할 수 있었다. 바로 제2의 한글창제정신이 절실히 필요한 시점이다.

왜 태종은 셋째 아들 충녕대군을 선택했나

세종대왕은 우리나라 역사상 최고 지도자로 꼽힌다. 그는 정치·경제·문화·국방 어느 한 분야 가릴 것 없이 고루 찬란한 융성기를 이뤄냈다. 세종 리더십이 우리 시대에 던지는 메시지는 무엇일까? 태평성대를 구현한 세종의 진면목을 들여다보자.

조선왕조 초기에는 특이한 형태로 왕위가 계승됐다. 제4대 세종대까지 선왕이 살아 있는 가운데 새 왕이 즉위한 것이다. 1392년 조선왕조를 건국한 태조는 열한 살짜리 막내아들을 세자로 책봉하면서 자식형제들 간의 골육상쟁(1398년, 1차 왕자의 난)을 불러일으켜 권좌에서 6년 만에 내려왔다.

둘째 아들 정종이 2대 임금으로 즉위했으나 방간(넷째 아들)과 방원(다섯째 아들) 간의 권력다툼(1399년, 2차 왕자의 난)으로 물러나고 결국 3대 임금으로 방원(태종)이 권좌에 올랐다. 태종도 18년 만인 1418년 왕위를 셋째 아들 충녕대군(세종)에게 선양했다. 태조는 1408년, 정종은 1419년, 태종은 1422년까지 살았다.

태종은 즉위하자마자 맏아들 계승원칙을 지키고 정치적 안정을 꾀하기 위해 양녕대군을 세자로 책봉했다. 하지만 양녕대군은 머리는 총명했으나 학문을 게을리하고 끊임없이 여색을 가까이해 물의를 일으키면서 왕위를 계승할 후계자로서의 신망을 점점 잃어갔다.

양녕의 파행적 행태는 그 자신의 자유분방한 일탈형 성격 탓도 있겠으나, 태종 즉위에 지대한 공헌을 한 어머니 원경왕후를 홀대하고 후궁들을 가까이해 부부간에 불화를 일으키는 아버지에 대한 무언의 저항도 있었다. 또한 외척이 세도를 할까봐 세자를 비호하던 민무구·무질·무휼·무회 외삼촌 넷을 모조리 죽인 아버지에 대한 원망도 있었을 것이다.

양녕이 비행을 거듭하는 가운데 결정적으로 태종이 세자를 바꿔야겠다는 결심을 하게 된 것은 1417년 전직 고관의 첩을 강압해 궁궐로 끌어들인 사건이었다. 그녀를 자신의 첩으로 삼고 끝내 장인 김한로의 집에 숨겨놓고 임신까지 시킨 일탈행동을 보고 더 이상의 기대를 접었던 것이다.

원로대신들의 조언은 물론 심지어 꾸중하는 부왕에게 "아버지는 후궁을 두면서 나는 첩을 두지 말라는 법이 어디 있느냐"고 대드는 등 부도덕을 자행하는 행동을 보고, 만일 왕이 돼서 권력을 잡으면 그 만행은 끝이 없으리라는 우려가 더욱 커졌다.

게다가 태종이 총애하던 넷째아들 성녕대군이 죽었을 때 세자가 궁중에서 활쏘기를 했다는 사실이 드러나자 바로 폐세자 준비작업에 들어갔다. 그동안 악역을 감수하고 일으켜놓은 조선왕조의 정치적·경제적 안정을 하루아침에 무너뜨릴 수 있겠다는 절망감이 밀려왔기 때문이었다.

또 한편으로는 그동안 눈여겨봐 온 셋째아들 충녕대군의 왕으로서의 자질과 품격에도 기대하는 바가 컸다. 충녕대군은 어려서부터 책읽기를 좋아해 100번씩 숙독하고 경사(經史)에 능통하다는 평판이 자자했다. 특히 역사책을 많이 읽는다는 것은 리더십의 간접경험이다. 역사는 흥망성쇠의 시작과 결말의 원인을 한눈에 볼 수 있기 때문이다. 세종은 남의 말을 경청할 줄 알고 부지런하고 매사 사리분별이 정확해 일찍이 태종의 신뢰를 받았다.

결국 태종은 "충녕대군이 천성이 총민하고 학문을 게을리하지 않아서 몹시 춥거나 몹시 더운 날씨라도 밤을 새워 글을 읽는다. 또 정치에 대한 대세를 알아서 언제나 나라에 큰일이 생겼을 때 의견을 내는 데 소견이 범상치 않고 뛰어났다. 또 그 아들 중에 장차 크게 될 자격을 지닌 자가 있으니, 내 이제 충녕으로 세자를 삼고자 하노라"(『태종실록』)라고 하여 택현(擇賢)의 논리로 셋째 아들을 선택했다.

세자가 교체된 지 두 달여 만인 1418년 8월 10일(음력) 경복궁 근정전에서 국왕책봉식이 거행됐다. 드디어 충녕대군 이도가 22세의 나이로 조선의 제4대 임금으로 즉위한 것이다.

그는 즉위교서에서 "일체의 제도는 모두 태조와 부왕 태종께서 이뤄놓으신 법도를 따를 것이다"(『태종실록』)라고 하여 선왕의 업적을 이어받으면서 과감하게 바꿔야 할 과제를 정확하게 진단하고 전통과 미래를 슬기롭게 조화시켜 나라의 기반을 굳건하게 다졌다.

태종은 1422년 세상을 떠날 때까지 국방권과 인사권을 손에 쥐면서 초기 세종의 정치적 안정을 꾀하였다.

국가의 최고지도자는 당대에도 큰 역량을 발휘해 나라발전에 기여해야 함은 물론이지만, 그에 못지않게 다음 후계자를 어떻게 세우느냐 하는 것도 국가의 운명을 좌우하는 매우 중대한 사안이다.

태종의 뛰어난 업적은 일찍이 세종의 자질을 알아보고 후계로 삼았다는 점이다. 결국 세종은 부왕의 기대에 부응해 탁월한 시대적 통찰력과 균형 잡힌 감각으로 조선왕조 수성시기를 잘 이끌어 우리 민족사의 앞날을 바르게 열어놓았다.

세종비 소헌왕후의 영광과 그늘

소헌왕후 심씨(1395~1446)는 14세에 충녕대군과 결혼해서 1418년 세종이 조선왕조 제4대 임금으로 즉위하자 왕비가 되었다. 만백성의 국모가 되었어도 한평생에 영광만 있었던 것은 아니었다. 오히려 소헌왕후는 왕비가 되면서 친정이 큰 환란을 겪는 더욱 심한 고통을 당했다. 시어머니 원경왕후 민비가 겪은 똑같은 상황이 재현된 것이다.

애초부터 태종은 왕권강화를 위해 외척세도의 소지를 철저히 차단하고 견제하였다. 그래서 원경왕후의 네 동생들을 모조리 죽이고, 또다시 소헌왕후의 친정을 거의 멸문 지경에까지 이르게 하였던 것이다. 태종의 입장에서는 세종의 앞길에 장애물을 제거한다는 명분으로 단행한 것이라 하지만 죄 없는 사람에게 올가미를 뒤집어씌워 제거하는 것은 도덕적으로나 양심상 해서는 안 되는 일을 자행한 것이다.

원래 소헌왕후는 명문가의 딸인데 할아버지 심덕부는 개국공신이고 정종 때 좌의정을 지냈다. 아버지 심온(1375~1418)은 11세에 진사시에 합격한 총명한 인재로 주요 관직을 거쳐 이조판서를 지낸 엘리트 관료였다. 세종이 즉위하자 영의정에 올랐다. 세종 즉위의 고명을 받기 위해 명나라의 사은사로 떠나게 되었다.

사은사로 떠날 때 배웅하기 위해 나온 사람들로 인산인해를 이루었다는 소문이 태종 귀에 들어가자 전광석화처럼 심온의 제거를 단행하였다. 또한 그의 측근 신하인 강상인이 군사권과 연관되는 궐내 순찰업무를 왕에게만 보고하고 선왕인 자기에게 보고 안 한 것도 심온과 그의 동생 심정의 소행이라 하여 연관된 사람들을 취조하기 시작하였다. 영문도 모르고 소임을 마치고 귀국하던 심온에게 날벼락이 떨어진 것이다.

태종은 왕위는 세종에게 선양하였지만 여전히 군사권과 주요 인사권은 관장하고 있었다. 이른바 군사의 지휘권이 자신에게 있음에도 세종에게 일원화시켜야 한다고 선왕을 비판하였다는 모역죄였다. 어처구니없게 태종의 계략에 휘말린 심온은 의주에서 체포된 뒤 수원으로 압송되어 사약을 받고 처형되었는데 이때의 나이 44세였다. 이 사건은 심온의 세력이 커지는 것을 우려한 태종과 좌의정 박은의 합작품이었다. 후에 심온은 무고한 것으로 밝혀져 문종 때 심온의 관직이 복귀되고 시호가 내려졌다.

이로 인해 어머니 안씨는 의정부 관노비로 전락되어 고초를 겪으며 몇 년 동안 딸과 만나지 못하는 처량한 신세가 되었다. 심온을 제거하려는 신하들의 공세는 소헌왕후 폐비론까지 들고 나왔다.

그러나 세종의 완강한 반대와 아버지 태종도 거기까지는 원하지 않아 왕비 자리는 유지되었다. 왕비로서 공로가 있고 많은 자손을 낳았으며 세종과 금슬도 좋다는 이유였다. 소헌왕후처럼 현숙한 왕비가 세종의 치세를 무리 없이 뒷받침할 수 있다는 신뢰와 기대도 작용하였다.

이렇게 사랑하는 왕비가 겪는 가슴 아픈 일들을 보면서 세종은 성급하게 아버지 태종에게 직접 항거할 수는 없는 처지였다. 서슬이 퍼런 태종에 직접 대드는 것은 효에도 어긋날 뿐 아니라 부자지간에 갈등과 충돌만 초래할 뿐이었다.

세종은 인내심으로 때를 기다려 태종이 돌아가고 몇 년 후 장모를 관비에서 풀어주고 1444년 장례식에는 궁중에서 물자를 보내 극진히 예우하였다. 결국 국가적 파란을 세종의 사려 깊은 균형과 조화의 리더십으로 충돌을 피하고 상생으로 넘길 수 있었다.

설상가상 소헌왕후는 며느리복도 없어 궁중의 소소한 사건은 끊임이 없었다.

세자 향(후에 문종)이 14세에 맞이한 첫 번째 세자빈 김씨는 세자의 관심을 끌지 못하자 온갖 해괴한 비방술로 궁중의 풍기를 문란케 하고 잡음을 일으켰다.

결국 김씨는 폐출되고 3개월 만에 두 번째 세자빈 봉씨를 맞아들였다. 자유분방하고 활달한 성격의 봉씨는 처소를 찾지 않는 세자에 대한 불만으로 궁녀를 끌어들여 동성애를 즐기다 발각되어 폐출되었다.

세 번째 맞은 세자빈 권씨는 원래 후궁으로 들어왔다가 정숙한 풍모로 세종과 왕비의 눈에 들어 세자빈이 되었으나 1441년 단종을 낳고 그 이튿날 산욕열로 세상을 떠났다. 단종의 비극은 이때서부터 시작된 것이다.

한편 태종 때 왕실은 자손이 번성해야 한다는 취지에서 여관(女官, 후궁)제도를 정식으로 두고 세종도 많은 후궁을 거느리게 되었다. 그러나 소헌왕후는 내명부들을 너그러움으로 품어주고 조용히 질서 있게 다스려 궁중의 안정을 꾀할 수 있었던 것이다.

아울러 세종의 빛나는 업적들의 이면에는 소헌왕후의 눈물을 삼키는 고통과 인내와 현숙한 지혜가 있었음을 역사 속에서 기억해야 한다.

세종대왕의
문화리더십과 집현전

세종대왕이 한국역사에서 가장 성공한 리더로 평가받는 이유는 주변에 실력을 갖춘 좋은 인재가 많았다는 것이고, 또 하나는 국가의 신뢰와 자긍심을 높이는 문화의 터전을 다져놓았다는 데 있다.

세종은 조선왕조가 건국된 지 26년 만에 제4대 임금으로 즉위했다. 아버지 태종이 닦아놓은 정치·경제적 안정을 기반으로 조선왕조가 수성기로 들어서는 시기에 세종의 역할은 사회대통합을 이루는 문화통치였다.

세종은 정치적 갈등을 정치로만 풀면 또 다른 보복으로 정쟁이 끊이지 않음을 예단하고, 문화의 시대를 열어 도덕적 규범을 세우고 국가의 품격을 높이고자 했다. 문화가 살아야 민족이 살 수 있으며, 문화는 인간이 갖춰야 할 참된 가치를 개발하는 데 큰 역할을 한다는 게 세종의 생각이었다.

우선 세종은 당면한 시대적 과제를 헤아릴 수 있는 정확한 통찰력이 있었다. 그러나 이러한 막중한 임무를 수행하기 위해서는 전문성을 갖춘 인재가 필요했다. 즉 조선왕조의 통치철학을 갖추고 미래비전을 세우는 데 필요한 완벽한 시스템을 구축해야 하는 시기였던 것이다.

세종은 즉위하자 곧 1420년 집현전(集賢殿) 체제를 정비하고 유능한 인재를 선발했다. 국가의 두뇌를 키우고 기능을 활성화한 것이다. 원래 집현전은 세종 때 새로 만든 기구는 아니었다. 고려시대에도 문한(文翰)기구로 간헐적으로 존치된 적이 있으나 거의 유명무실했고, 조선왕조에 들어서도 정종·태종을 거쳐 집현전의 필요성이 제기되기도 했지만 세종 때 문화정치의 필요성을 절감해 본격화한 것이다.

집현전
경회루 앞에 세워졌었는데 지금은 수정전으로 복원되었다.
[자료출처 : 저자 제공]

세종은 문화국가를 운영하기 위해 공부를 무척 많이 한 임금이었다. 집현전은 세종대왕의 정책을 보좌하는 싱크탱크 역할을 했다.

집현전의 주요기능은 첫 번째, 경연(經筵)과 서연(書筵)이었다. 경연은 임금과 신하들이 토론하고 정책을 구상하는 일종의 왕실세미나였다. 끊임없이 임금과 신하가 서로 국정방안을 소통하는 자리였던 것이다. 그리고 서연은 세자교육과 종실자제를 가르치는 역할을 담당했다.

두 번째 기능은 문헌연구다. 조선왕조가 기틀을 잡기 위해서는 경사(經史)연구가 필수적이었다. 경전은 조선왕조의 국시인 유학의 기초가 담겨 있는 지침서이고, 역사에는 과거의 모든 흥망성쇠가 담겨 있기 때문이다. 집현전 학자들은 각자 전문분야를 택하여 심도 있는 연구에 몰입했다. 국가운영에 무엇보다도 필요한 전문성이 확보된 셈이다. 각 분야에서는 걸어 다니는 백과사전이라고 할 만큼 해박한 지식과 경륜을 갖춘 인재들이 포진하여 통치의 이상과 실천논리를 제공할 수 있었다.

세 번째 기능은 서적편찬과 국왕에 대한 자문이었다. 집현전에서 편찬한 서적은 약 50여 종에 이르는데, 정치·경제·역사·문학·지리·군사·의약·언어·농업·천문·음악 등 다양한 분야를 포괄하고 있다. 특히 세종이 집현전 연구에서 강조한 것은 역사서였다. 역사서를 집중적으로 탐구하여 오늘의 교훈으로 삼고, 미래에 나아갈 방향을 모색했던 것이다.

세종은 즉위할 때부터 『고려사』 편찬에 상당한 관심을 표했다. 처음에는 찬란하게 건국한 고려가 몽골에게 침략을 당하고 어떻게 쇠락해 갔는지에 대한 해답을 찾고자 역사정리를 시도했다. 세종은 집현전 학자들에게 『치평요람』을 편찬하게 하면서 "무릇 정치를 잘하려면 전 시대에 잘 다스려진 이치와 어지러워진 연유를 역사가 남긴 자취에서 보아야 할 것이요, 그 자취를 보려면 오로지 역사의 기록을 참고해야 한다"라고 하면서 직서법(直書法)을 강조했다.

즉 사실에 의거해 바르게 기록하라는 것이다. 역사는 시작과 결말이 다 들어 있어서 지도자가 신중한 정책결정과 지혜로운 판단을 할 수 있는 근거가 제시돼 있기 때문이다.

세종은 국가를 위해 헌신하는 유능한 관료집단을 만들었고, 원칙을 준수하되 상황에 따라 유연성을 발휘했다. 또한 과거와 현재·미래를 지혜롭게 조화시켜 원대한 비전을 제시할 수 있었다. 세종은 학문 앞에서는 겸손했고 반대의 소리에도 귀를 기울였다. 그래서 집현전 학자들의 진정 어린 비판과 조언이 세종시대를 더욱 단단하게 만들었던 것이다.

약자를 배려한 세종의 '살리는 리더십'

재위 32년 동안의 『세종실록』을 자세히 살펴보면 인간을 지극히 아끼고 사랑한 세종의 따뜻한 가슴에 감동하게 된다. 세종은 매사를 처리할 때마다 신중을 기했고, 위정자들에게는 누구도 억울한 일이 없도록 세밀하게 살펴볼 것을 지시했다.

언제나 사람이 우선이고 생명존중의 마음으로 가득 차 있었다. 그의 따뜻한 가슴에서 백성의 힘든 사정을 어루만지고 챙겨주는 신뢰받는 어진 정치가 시행될 수 있었던 것이다.

임금의 마음이 따뜻하다 보니 챙겨줘야 할 대상이 너무나 많이 눈에 밟혔다.

먼저 길을 잃은 아이에게 관심을 두고 국가기관에서 보호하며 부모를 속히 찾아주라는 조치를 내렸다. 그것은 아이를 잃은 부모의 마음을 헤아린 조치였으며 자칫 나쁜 무리가 숨겨두고 노비로 삼지 못하게 하려는 목적도 있었다.

세종은 특별히 보호기간 동안 양식을 마련해 아이들을 먹이도록 함으로써 세심히 보살피는 정성을 보였다.

또한 1426년에는 아이를 출산한 여종(관비)에게 산후 100일의 휴가를 내리라고 간곡히 신하들을 설득하였다. 이어서 1430년에는 산전휴가 한 달이 추가되고, 1434년에는 출산한 아내를 돕기 위해 여종의 남편에게도 산후휴가 한 달을 주어 부부합산 160일의 산전·산후 휴가가 내려졌다. 동서고금 어디에도 찾아볼 수 없는 시대를 뛰어넘은 복지 정책은 오로지 세종의 따뜻한 가슴에서 비롯된 것이다.

세종의 이러한 마음은 노인공경으로도 이어졌다. 세종은 세밀한 조사를 바탕으로 노인의 생계를 보장해 삶을 유지할 수 있도록 도왔다. 100세 이상 노인은 천민을 면제해 주었고 주기적으로 곡식·고기·술 등 먹을거리를 내려주었다. 또한 의복·의약품 등의 생활필수품을 지급했으며, 90세 이상 노인에게 작위를 줘서 노인을 공경하는 모범을 보이고자 했다.

그리고 국왕·왕비·동궁 등이 주체가 돼 80세 이상 노인을 위한 양로연을 궁궐에서 베풀어 신분의 귀천이나 성별에 상관없이 노인이라면 누구나 참석해 예우를 받을 수 있게 했다.

노인복지 정비는 약자를 배려하는 세종의 따뜻한 마음에서 비롯된 효사상의 구현이었다. 임금으로부터 각별한 환대를 받은 노인은 나라에 대한 고마움으로 그 경륜에서 할 수 있는 사회적 이바지를 하게 되는 것이다. 오늘날 저출산·고령화 시대의 타개책을 세종에게 물어보면 바로 답이 나올 것이다.

또한 세종은 가난하고 굶주린 사람들이 의료혜택을 보다 원활하게 받을 수 있도록 보완장치를 만들었고, 의녀제도를 전국적으로 확대해 내외법(內外法)으로 병을 숨기다 생명을 잃는 여성을 보호했다.

세종 16년, 한여름에는 궁궐에서 사용하는 얼음을 활인원에 보내 열병을 앓는 사람을 치료하도록 했으며, 감옥에 오래 갇혀 있는 죄수들이 무더위에 지쳐서 생명에 손상이 가지 않게 재판을 신속히 진행하도록 했다. 한편 한글창제의 동기 중에 옥에 갇힌 죄수가 글을 몰라 자신에게 내려진 판결문이 유리한지 불리한지를 모르고 그냥 넘어가는 억울한 일이 없도록 한 안타까운 마음도 작용하였다.

세종은 재위기간 내내 백성의 삶의 질 향상에 정성을 쏟았다. 백성은 나라의 근본이니, 근본이 튼튼해야 나라가 평안해진다는 일념에서 자나 깨나 사회적 약자의 처우개선에 몰두했다. 모두가 희망을 품고 신바람 나게 일하는 '살리는 리더십'의 을 발휘하였다.

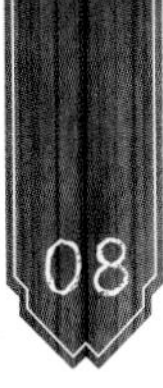

튼튼한 국방으로 민생을 살린 세종

"싸움에 이기고 지는 것은 대장 한 사람이 용맹한가, 비겁한가에 달린 것이다."

세종대왕의 말이다. 예나 지금이나 국가지도자는 안보와 민생을 지키는 것이 필수덕목이라 할 수 있다. 이를 제일 잘 지킨 임금이 바로 세종대왕이다.

세종은 즉위하자마자 선왕 태종의 뜻을 받들어 대마도를 정벌, 서해안과 남해안에 출몰해 불법 약탈을 일삼는 왜구를 소탕했다. 비록 추후 복속까지 시키는 면밀한 대비를 하지는 못했지만 패악을 떨던 왜구가 한동안 비교적 잠잠해진 효과는 있었다.

"우리나라의 우환은 주로 북방에 있다"는 세종의 말처럼 압록강과 두만강 지역은 늘 위태로웠다. 4군은 압록강 상류의 여연·무창·

자성·우예를 일컫는다. 이곳은 조선 초기부터 여진족의 침입이 잦던 지역이었는데 최윤덕 등의 맹활약으로 4군을 설치하게 됐던 것이다.

여진족의 추장 이만주는 점차 강성해지는 몽골족 타타르부의 압력에 밀려 파저강 근처까지 내려와 살게 됐다. 이 때문에 여연 지역의 주민과 충돌이 잦았다.

1432년 12월 초 이만주가 400여 기병을 이끌고 침투해 여연 지역을 쑥대밭으로 만들었다. 오랑캐들의 만행을 어떻게 처리할 것인가에 관한 논쟁에서 세종의 신중함과 과감한 결단력이 돋보인다.

이것이 바로 그 유명한 '파저강 토벌 대논쟁'이다. 파저강은 압록강의 중류로, 지금의 중강진 근처를 흐르는 강이다.

첫째는 '이 토벌문제를 중국에 미리 보고하는가'에 대한 것이었다. 여러 갑론을박이 있었지만, 중국의 영향력을 고려해 절차를 밟아서 보고하고 실리적인 도움을 구하자는 방향으로 의견이 모였다.

둘째는 '오랑캐를 어떻게 다스려야 하느냐'였다. 오랑캐를 온정으로 다스려 보자는 안이 있었지만, 그동안 많은 베풂을 주었어도 만행을 저지르는 오랑캐의 속성을 이번에 혼내주고 뿌리를 뽑자는 쪽으로 의견이 기울어졌다.

셋째는 '토벌의 시기와 방법'이었다. 압록강 얼음이 어는 겨울철에 거사하자는 안과 그래도 수풀이 점차 우거지는 계절인 4월에 거행하자는 안이 나왔을 때, 전략상 4월로 결정됐다.

사실 이 모든 결론은 바로 세종의 원래 의중이었다. 그렇지만 충분한 토론을 거쳐 합의를 이끌어낸 것이다. 세종의 인내심과 합리성 그리고 현장경험과 전문성을 존중하는 포용의 리더십이 국가대사를 차질 없이 처리하고, 결국 성공을 거두게 한 것이다.

두만강 방면은 태조 이성계가 선대부터 이미 닦아놓은 터전이기 때문에 우리 민족의 세력이 미치는 지역이다. 그러나 태종 때부터 여진족의 잦은 출몰로 민생이 도탄에 빠지는 어려움이 있었다.

이러한 연유로 1422년에는 국경선을 더 남쪽인 용성으로 후퇴시키자는 대신들의 논의가 있었다. 그러나 김종서(1382~1453)가 반대했고, 세종 역시 조상의 강토를 한 치도 내줄 수 없다며 북쪽 국경을 굳게 지킬 것을 명했다.

이에 김종서는 스스로 함길도 절제사를 청해 1433년 동북면의 야인 정벌에 나섰다. 그 뒤 여진족의 내분을 틈타 여진족을 정벌하고 회령 서쪽의 여진족 진지를 모두 차지함으로써 동북의 옛 경원 땅을 되찾았다. 이로써 1449년까지 종성·온성·회령·경원·경흥·부령의 6진 설치가 완성된 것이다. 그러한 과정에서도 치열한 토론을 거치고 현장을 중요시해 황희(1363~1452)와 김종서 같은 믿을 만한 노대신들을 파견하여 판단의 중심으로 삼았다.

세종대왕은 우리 민족에게 자랑스러운 한글만을 남겨준 것이 아니다. 지금 우리가 사는 한반도의 경계선을 확장해 국토를 안정시킨 위대한 업적이 있다. 즉 신하들을 독려해 여진족을 토벌하고 4군 6진을 개척해 두만강과 압록강을 국경선으로 하는 조선 영토가 탄생한 것이다.

세종의 우리 것 찾기 운동 『농사직설』

전통적으로 농업국가였던 우리나라는 농사풍흉이 국가운명을 좌우하는 중요한 문제였다. 그렇기에 왕의 관심은 하늘의 움직임과 땅의 운용에 집중될 수밖에 없었다.

조선 초기에는 『농상집요』, 『사시찬요』 등 중국의 농서를 활용했다. 하지만 이 책은 중국 화북지방 밭농사 중심의 농법을 담고 있어서 우리 풍토에 맞지 않는 점이 많아 별다른 효과를 거두지 못했다.

이에 세종은 정초와 변효문을 불러 과학적인 농서 편찬을 명했다. "우리나라는 논농사가 중요하다. 신토불이 농법을 개발하도록 하라." 즉 우리 풍토에 맞게 농법을 개량하고 그에 따른 지도방법으로 농서를 편찬하라는 뜻이었다.

세종은 수시로 농법을 주제로 토론하고, 삼남의 수령들에게 경험

많고 연륜이 깊은 농부들을 통해 농사 경험담을 묻고 적어서 조정에 보고하도록 명했다. 농서 편찬 책임자인 정초는 이렇게 모인 자료들을 활용해 세종 11년인 1429년 5월, 우리나라 최초의 농서인 『농사직설』을 완성했다.

특히 세종은 평안도와 함길도 두 지방에서 농사짓는 법이 거칠고 서툴러 몹시 걱정된다며 승정원에 명해 농사에 관한 책을 일러주도록 했다. 그리하여 남쪽지방의 농사짓는 방법을 조사해 보고하도록 하고, 논밭을 갈고 씨를 뿌리고 김을 매고 곡식을 거둬들이는 방법과

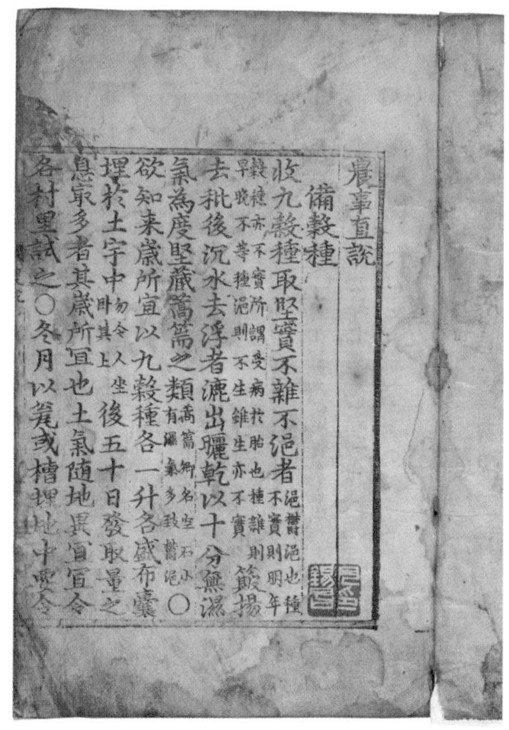
農事直說

備穀種

收九穀種取堅實不雜不浥者(浥鬱浥也種不實則明年種穀亦不實所謂受病於胎也種雜則早晚不齊種浥則不生雖生亦不實)簸揚去秕後沉水去浮者漉出曬乾以十分無濕氣為度堅藏篙篙之類(篙篙鄉名空石小有濕氣多致鬱浥)○欲知來歲所宜以九穀種各一升各盛布囊埋於土宇中(勿令人坐卧其上)後五十日發取量之息最多者其歲所宜也土氣隨地異宜宜令各村里試之○冬月以雪或糟埋地中

농사직설

[자료출처 : 한국학중앙연구원 장서각]

잡곡을 번갈아 가며 심는 법, 오곡에 맞는 토성 등을 정리해 책을 만들어 바치도록 한 것이다.

즉 『농사직설』은 황폐한 상태에 있던 북방의 농사를 개량하려는 것이었다. 과학적이고 효율적인 농사를 통해 생산성을 높여 전국의 농민들이 골고루 잘살도록 배려하는 세종의 마음이었다.

『농사직설』은 10개 항목으로 나눠져 있으며 이해하기 쉽도록 간략하고 명료하게 정리돼 있다. 땅 가는 법, 모판 만드는 법, 종자 선택과 보관법, 이앙법 연구 등 과학영농을 진흥시키고 우리 실정에 맞는 농법을 개발해 생산성을 높이는 방법을 마련했다.

첫째, 『농사직설』은 우선 농기구를 우리말 발음으로 적었다. 『농사직설』에서 언급한 농기구는 전부 향명(鄕名), 즉 한글이름이 붙여져 있어 중국농서의 전용이 아니라, 당시 조선에서 실제로 행해지고 있던 농업기술을 집대성한 것임을 분명히 알 수 있다.

둘째, 농사짓는 과정을 정밀하게 분석해 그때마다 필요한 농기구를 체계적으로 정리했다.

셋째, 호미와 가래라는 조선의 독특한 농기구가 등장한다. 특히 호미를 이용해 제초작업이 매우 꼼꼼하게 이뤄지게 됐으며, 괭이와 쇠스랑처럼 축력이 아닌 인력에 의한 농기구가 중요한 비중을 차지하게 된다. 또 『농사직설』은 시비의 중요성을 강조하고 벼 외에 마·두류·맥류에 대한 시비법도 구체적으로 담았다.

세종은 1437년 각 도의 감사에게 해충방지법을 전파하면서 다시금 『농사직설』의 농법을 부지런히 백성에게 가르치라고 채근했다. “해충은 하늘에 달린 일이지만 사람이 할 수 있는 일이 있다면 최선을 다해 잡아야 한다. 그렇다고 해서 강요하지 말고 잘 달래서 스스로 할 수 있게 하라.”는 세심한 배려도 잊지 않았다.

항상 세종은 우선 백성들을 잘 타일러 깨우쳐 주도록 당부하고, 강경하게 밀어붙여 시행하는 것은 경계했다. 백성이 마음에서 스스로 우러나 부지런히 농사를 짓게 도와 풍요롭게 살도록 기틀을 잡아주면서 국가재정을 확립하려 했다. 또한 농사는 때를 놓치지 말아야 한다는 점도 늘 강조했다.

이리하여 고려 말에서 조선 초에 50만 결이던 농지가 세종의 노력으로 172만 결까지 확대됐다. 합리적인 농법의 발달로 전 국토가 골고루 생산성을 높일 수 있었던 것이다.

세종은 그동안 중국 것을 모방하던 관행에서 벗어나 독자적으로 우리 것에 눈을 돌리고 우리 실정에 맞는 여러 방책을 마련했다. 바로 우리 인체나 우리 약초를 중심으로 처방한 『향약집성방』, 우리 정서에 맞게 편성한 ‘종묘제례악’, 그리고 위대한 ‘한글창제’도 세종의 우리 것 찾기 운동에서 비롯한 것으로, 우리 민족에게 자긍심과 독창성을 불어넣어 준 것이다.

세종대왕과 내불당

조선왕조는 유교를 국시로 모든 국가의 기본구조를 마련했다. 그러나 하루아침에 1,000년 넘게 이어온 불교를 떨쳐버릴 수는 없었다.

불교는 4세기 무렵 고구려(372년 소수림왕)가 처음 받아들였고, 백제(384년 침류왕)와 신라(528년 법흥왕)에서도 국가사상으로 정착시켰다. 고려는 정치영역은 유교에, 정신과 생활영역은 불교에 의존하는 유불병존 체제를 도입해 불교가 생활 깊숙이 자리 잡았다.

조선건국 초기에 정도전(1342~1398)을 비롯한 유학자들은 불교를 이단으로 낙인찍고 철저히 배척했다. 하지만 태조 이성계는 무학대사(1327~1405)를 가까이했으며 말년에는 양주 회암사에 거처했고, 궁궐의 불교행사도 그대로 진행했다. 정종도 재임 2년 동안 불교를 적극 내치지는 않았다.

태종은 불교행사에 참여하면서도 한편에선 승려들의 도성 출입을 금지하고 탄압했다. 『주자가례』를 기본으로 유교의 의례를 강화했다.

세종도 선왕의 뜻을 받들어 불교개혁을 단행했다. 사찰을 대폭 정리했으며, 승려 수를 제한하고 사찰에 속한 토지와 노비의 규모도 축소했다. 이러한 조치에도 불교의 여러 기능과 의식은 그대로 남았다. 세종이 근본적으로 불교를 배척한 게 아니었기 때문이다. 유교적 정통성은 굳건히 세우되 불교의 긍정적인 기능은 받아들인 것이다. "부처의 법도는 그 유래가 이미 오래된 것이어서 모두 혁파하기 어렵다." 세종 6년 3월 8일의 기록이다. 이렇듯 역사성을 들어 불교와의 부분적인 공존을 인정했다.

불교로 인해 세종과 관리·유학자들이 첨예하게 부딪쳤던 사건은 창덕궁 중장 밖 문소전 옆에 불당을 짓는 문제였다. 이 불당은 원래 문소전 동쪽에 있었는데, 그곳에 승려 일곱이 머물렀다. 1433년에 허문 뒤로 다시 세우지 않았는데, 1448년 7월 세종이 문소전 서북쪽 빈터에 불당을 짓도록 승정원에 명한 것이다.

이에 도승지를 비롯한 승지 모두가 반대상소를 올리고 전원 사직했다. 또한 육조 관리와 집현전 학자 등 모든 신하들이 불당을 세워 승려를 궁궐에 두는 것은 국기를 흔드는 일이라며 완강히 반대했다. 그럼에도 세종은 왕실 조상을 위한 일이니 더는 논하지 말라며 뜻을 굽히지 않았다. 내불당을 재건했을 뿐 아니라 한걸음 더 나아가 수양대군·안평대군에게 불경을 번역하도록 했다.

1446년 3월 소헌왕후가 세상을 떠난 그해에 세종은 훈민정음을 반포했고, 수양대군에게는 한글로 석가의 일대기를 기록한 『석보상절』을 편찬하게 했다. 1449년엔 석가의 공덕을 찬양하는 노래인 『월인천강지곡』을 한글로 지어 돌아가신 조상과 왕후의 명복을 빌었다.

세종의 내불당 건립은 성균관 유생들의 극렬한 반발을 초래했다. 당시 성균관 유생과 사학(四學)이 합세해 수업을 거부하고 공관(空館)하는 사건이 일어난 것이다. 성균관 유생들은 문묘에 예를 올린 다음, 파학(罷學) 이유로서 "이단인 불교가 성하면 도덕이 쇠약해진다"는 것을 역설하고, 이러한 뜻이 관철되지 않으면 학교로 돌아오지 않겠다고 했다.

세종은 국가정책에 반기를 드는 행동을 고치기 위해 유생 몇을 처벌하고자 했지만 사태는 쉽게 가라앉지 않았다. 이에 영의정 황희(黃喜)에게 수습을 맡겼고, 황희가 유생들의 집을 일일이 방문해 설득함으로써 비로소 사건은 일단락됐다.

세종의 불교에 대한 이러한 입장은 그리 이상한 게 아니었다. 세종은 유교가 담보할 수 없는 특별하고 긍정적인 기능을 불교에서 받아들인 것이다. 우리 민족의 역사에서 불교는 종교로서의 기능뿐 아니라 전통문화로서의 역할을 해왔다. 세시풍속에도 불교적 기능이 많이 녹아들어 있기에 사상적으로 완전히 끊어내는 것은 불가능했다.

그러한 연유로 조선시대 왕릉 주위에는 명복을 비는 원찰(願刹)이 세워졌고, 현존하는 불교건축물 대다수가 조선왕조 때 중창되거나 복원됐다.

유교는 내세관이 있는 종교가 아닌 현실 도덕사상으로서의 합리적 성격이 강하기 때문에 삶·죽음과 관련한 인간번뇌를 위로하는 기능이 없었다. 백성들은 현실고통의 치유와 사후세계에 대한 답을 유교가 아닌 불교에서 찾아온 것이다. 천여 년을 내려온 불교의 생활 속의 기능을 하루 아침에 근절하기에는 불가능한 측면도 있었다.

오늘날 우리나라는 여러 종교가 같은 지역 안에 모여 있어도 종교 간 다툼이 거의 없다. 이는 다름을 서로 인정하고 존중하는 세종 때부터의 역사적 전통에서 비롯되지 않았는가 하는 생각도 하게 된다.

세종, 신하 귀하게 여겨 좋은 인연으로 키웠다

세종대왕은 많은 신하를 귀하게 여겨 좋은 인연으로 키웠다. 세종 시대의 업적은 세종 자신의 훌륭함도 있지만 애국심과 충성심이 투철한 능력 있는 신하들을 넓게 포진시켰기 때문에 가능했다. 세종은 사람 볼 줄 아는 혜안을 지닌 지도자였다. 그것은 사심보다는 민족의 대계를 책임지는 공심이 앞섰기 때문이다.

세종은 22세에 임금으로 즉위했다. 기본적인 능력이 출중하다 하더라도 정치적 경륜이 일천해 나라 전체를 조망하기에는 한계가 있는 나이다. 그러한 본인의 취약점을 선대부터 정치 경험을 쌓아온 원로대신을 과감하게 기용함으로써 보완했다.

황희가 대표적이다. 황희는 59세에 발탁돼 86세까지 세종 곁을 지켰다. 그는 세종의 형 양녕대군을 폐세자로 결정하는 데 극렬히 맞서 유배까지 간 인물로 세종의 즉위를 반대했다. 그래도 세종은 원칙을 준수하는 그의 강직함을 높이 평가했다. 세종은 즉위 4년인 1422년 선왕 태종의 천거로 황희를 예조판서로 발탁한 뒤 1426년 이조판서·우의정으로 기용했다. 황희는 1427년엔 좌의정, 1431년엔 영의정을 역임하며 1449년 관직에서 물러날 때까지 18년을 영의정 자리에 있으면서 세종을 최측근에서 보좌했다.

새로운 시대를 열어가는 중요한 시점에서 세종에게는 균형 잡힌 시각을 가지고 소신껏 자신의 뜻을 말할 수 있는 황희 같은 인물이 필요했다. 실제로 황희는 왕과 중신들 사이에서 이견을 조율하는 역할을 훌륭히 해냈으며, 집현전의 젊은 학자들이 뜻을 펼 수 있도록 적극 후원했다.

황희와 함께 세종의 빛나는 시대를 보좌한 대표적인 인물로 맹사성도 빼놓을 수 없다. 맹사성(1360~1438)은 세종이 즉위하자 이조판서에 제수됐다. 세종이 맹사성의 예술적 재능과 매사에 유연하게 임하는 인품을 존중해 요직에 기용한 것이다. 맹사성은 1427년엔 우의정, 1432년엔 좌의정을 역임했다. 황희와 앞서거니 뒤서거니 하면서 세종을 보필했다.

세종은 강직한 성품의 황희에게는 주로 인사·행정·군사를, 성품이 부드럽고 섬세한 맹사성에게는 교육과 예술 등 제도정비를 맡겼다. 그들은 맡은 분야에서 최선을 다하면서도 종종 일을 분담하거나 공유하며 업무의 효율성을 높였다.

또한 세종시대만큼 과학이 발달한 시기도 드물다. 세종은 관노 출신인 장영실의 능력을 알아보고 그에게 주도적인 역할을 맡겼다. "비록 지위가 낮으나 재주가 민첩한 것은 어느 누구도 따를 수 없다"며 칭찬을 아끼지 않았다.

세종은 장영실을 포함한 천문학자들을 중국에 보내 1년 동안 보루각·혼천의 등의 설계를 익히고 관련 서적을 사오게 했다. 장영실의 뛰어난 재주를 격려하고자 종의 신분에서 벗어나도록 해주고, 나중에는 관직도 주어 의욕 있게 일할 수 있는 터전을 만들어줬다. 세종의 기대에 부응해 세종시대에 해시계·물시계·혼천의·측우기 등 많은 천문 관측기기가 제작됐다.

이들 외에도 세종시대에는 정치·경제·사회·문화·국방·과학·교육·예술 등 각 분야에 기여한 훌륭한 인물들이 수없이 많았다. 세종은 끊임없이 공부하는 임금이었다. 신하들과의 토론을 즐기고 경청할 줄 아는 임금이었다. 경륜 있는 유능한 대신뿐 아니라 집현전을 통해 발탁한 젊고 참신한 인재를 곁에 둠으로써 균형과 조화를 이뤄 미래를 내다보는 정치를 할 수 있었던 것이다.

아울러 나라를 다스리는 법은 믿음을 보이는 것이 가장 중요한 일이라며 신의를 중요시 여겼다. 사람을 쓰고 버릴 때 신중을 기했으며, 이왕 썼으면 그 사람을 믿어주고 밀어주어 나라를 위해 목숨을 바칠 수 있는 충성스러운 신하들을 곁에 많이 둘 수 있었다.

제4장

한국여성의 역사를 찾아서

목단과 바위

건국시조의 어머니, 유화부인과 소서노

한국역사의 흐름에는 양대 산맥이 있다. 하나는 아버지요, 또 하나는 어머니이다.

가부장적 전통사회에서 남성의 역할이 역사의 기록에 부각됐지만 역사는 앞에서 이끄는 자만으로 이뤄지지 않는다. 역사의 굽이굽이마다 수많은 어머니의 강인한 심지와 영민한 지혜로 수레바퀴가 됐기 때문에 오늘이 있는 것이다.

여성의 리더십을 자세히 살펴보면 고대사회의 여성들이 훨씬 당당하게 주도적으로 역사의 대장정에서 앞장서 왔다는 점을 알 수 있다.

그 대표적인 사례가 고구려 시조 주몽의 어머니 유화부인이고, 또 한 여성은 주몽의 왕비요 백제의 시조이자 온조의 어머니인 소서노이다. 주몽이 고구려를 건국하고 온조가 백제를 세울 수 있었던 것은 바로 이 위대한 두 여성의 빛나는 상생의 리더십이 있었기에 가능했다.

『삼국사기』에 전해오는 기록에 의하면, 유화부인은 하백의 딸로 냇가에서 놀다가 천제의 아들이라 칭하는 해모수에 유인돼 정을 통한 후 해모수는 어디론가 가고 부모에게서 쫓겨나 우발수에서 살고 있었다. 동부여의 금와왕이 그녀를 거두어 방에 가두었더니 얼마 뒤에 알 하나를 낳았는데 한 사내아이가 껍질을 깨고 나왔다. 자랄수록 재능이 남달리 뛰어나고 활을 잘 쏘아 주몽이라 불렀다고 전한다.

그러나 금와왕의 일곱 아들이 그를 시기하고 해치려 하자, 유화부인은 정쟁의 소용돌이에서 아들을 구하고자 준마를 골라주고 새로운 세계를 개척하게 했다. 아울러 오곡의 종자를 주어 경제적 기반을 마련해 주었다. 주몽이 그 길로 동부여를 떠나 졸본부여로 들어가 왕의 둘째 딸 소서노와 결혼해 왕위를 이어받았다가 그 후 고구려를 세웠다.

주몽이 험난한 정치적 충돌을 피해 고구려라는 대제국을 건설한 데는 유화부인의 위기 대처의 돌파력, 미래지향적인 추진력, 갈등을 승화시키는 상생의 지혜가 뒷받침된 것이다.

한편 소서노는 일찍이 결혼했다가 과부가 된 상당한 재력가로, 주몽이 졸본부여로 망명하자 그의 출중함이 눈에 들어 결혼했다. 소서노의 정치세력과 경제적 배경이 주몽이 고구려를 건국할 수 있었던 중요한 기반이 됐다.

이러한 건국의 공로로 당연히 그가 낳은 비류, 온조 두 아들 중에 하나가 후계자가 될 것으로 믿었는데, 갑자기 주몽이 이미 동부여에 있을 때 혼인했던 예씨부인에게서 낳은 첫아들 유리가 찾아오자 그를 후계자로 지목했다. 이때 소서노의 마음엔 주몽에 대한 배신감에 분노와 원망이 있었겠지만, 피비린내 나는 정쟁으로 치닫는 대신 미련 없이 비류, 온조 두 아들을 데리고 남쪽으로 내려와 백제를 건국한다. 바로 가족끼리 갈등하고 싸우는 것보다 서로가 다 함께 사는 상생의 리더십을 실천한 것이다.

소서노는 백제를 세우는 데 필요한 경제적 기반을 제공하고 온조와 함께 정예부대인 10명의 신하를 참모로 새 시대를 연다. 그래서 처음에는 십제(十濟)라고 했다가 그 후 100명 이상의 많은 백성이 추종했다 하여 백제(百濟)라는 이름을 갖게 된 것이라 한다. 소서노가 61세로 세상을 떠났을 때 백제사람들은 국모로 추존하고 항상 나라가 어려울 때 구원의 여신으로 받들었다. 그래서 단재 신채호는 소서노를 '백제의 여대왕'으로 칭했다.

이 밖에도 한국의 역사발전에는 삼국통일의 길을 닦은 신라의 선덕여왕, 아들을 통일의 역군으로 키워낸 김유신의 어머니 만명부인, 그리고 조선시대 훌륭한 인물을 키워낸 많은 어머니의 숨은 공로가 있었다. 여성 특유의 직관력으로 위기 대처능력을 키워주고 앞을 내다보는 예지력으로 새로운 역사 창조에 밑거름이 된 것이다.

과거에 집착하기보다는 미래를 향한 꿈을 키워주고, 나 개인보다는 사회와 국가를 향한 애국심으로 정신무장을 시키고, 분노와 절망보다는 희망으로 상생의 리더십을 발휘해 역사를 한 단계 발전시켜 나간 어머니들의 지혜와 힘이 오늘날 더욱 돋보인다 하겠다.

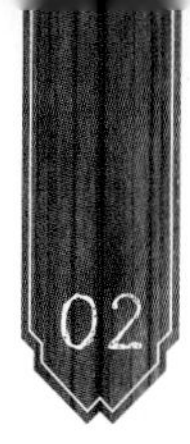

통일을 준비한 선덕여왕의 리더십

선덕여왕(미상~647)은 신라 27대 임금으로 632년에 즉위하여 647년에 세상을 떠났다. 우리나라에는 3명의 여왕이 있었는데 모두 신라에만 존재하였다. 선덕여왕의 뒤를 이어 28대 진덕여왕, 그리고 신라가 멸망의 길로 들어설 무렵 51대 진성여왕이다.

그중 선덕여왕은 남성을 능가하는 걸출한 통치자로서의 면모를 보여주었다. 『삼국사기』의 선덕여왕 즉위 기사에는 '덕만(德曼)은 성품이 너그럽고 어질며 명민하였다(寬仁明敏)'라고 기술되어 있다. 어질고 총명하였다는 것은 왕으로서의 기본적인 자질을 갖추고 있었다는 것을 의미한다. 여왕의 앞을 내다보는 뛰어난 예지력을 보여주는 몇 가지 사례, 즉 지기삼사(知機三事)를 들여다보면 다음과 같다.

첫째는 당나라 태종이 모란 그림과 그 씨 석 되를 보내온 일이 있었다. 왕은 그림의 꽃을 보고 '이 꽃은 향기가 없을 것이다'라고 하였다. 씨를 심어 꽃이 피자 과연 향기가 없었다. 꽃에 나비가 없음을 보고 미리 알았다는 것이다.

둘째는 영묘사(靈廟寺) 옥문지(玉門池)에 겨울인데도 개구리들이 많이 모여들어 3, 4일 동안 울어댄 일이 있었다. 나라 사람들이 괴상히 여겨 왕에게 물었다. 왕은 급히 각간(角干)과 알천(閼川) 등에게 명해 날쌘 군사 2천여 명을 선발해 속히 서쪽으로 가 여근곡(女根谷)이 어딘지 찾아가면 반드시 적병이 있을 것이니 죽이라고 했다. 각간이 명을 받고 서교에 가서 묻자 여근곡이 있었고, 백제 군사 5백 명이 와 거기에 숨어 있었다. 그리하여 이들을 모두 죽였다.

셋째는 왕이 아무 병도 없는데, 여러 신하들에게 '나는 아무 해 아무 날에 죽을 것이니 나를 도리천(忉利天) 속에 장사 지내도록 하라'고 일렀다. 여러 신하들이 그곳이 어디인지 몰라 물으니 왕이 말하기를 낭산(狼山) 남쪽이라 했다. 그날이 되자, 왕은 과연 죽었고 여러 신하들은 낭산 양지에 장사 지냈다. 10여 년이 지난 뒤, 문무왕이 왕의 무덤 아래에 사천왕사(四天王寺)를 지었다. 불경에 말하기를, "사천왕천(四天王天) 위에 도리천이 있다"고 했다. 그제야 사람들은 왕의 신령하고 성스러움을 알 수 있었다.

선덕여왕의 리더십 중에 특별히 배울 것은 첫째는 사람 볼 줄 아는 눈이다. 예로부터 훌륭한 지도자는 좋은 사람들이 곁에 많아야 한다. 정치를 비롯하여 모든 일은 혼자서만 할 수 없기 때문이다. 바로 선덕여왕에게는 인재 등용의 혜안이 있었다. 우선 우리가 익히 삼국 통일의 공로자로 잘 아는 김춘추, 김유신도 선덕여왕의 의지로 발탁되어 밀어주고 끌어주어 통일의 리더로 성장할 수 있었던 것이다. 또한 당시가 불교국가였기 때문에 승려들을 기용해서 사찰을 세우고 정신적 지주로 삼았다. 통일의 준비에는 무력의 힘도 필요하지만 정신적인 결집이 중요하였다. 자장율사, 원효대사 등을 통해 분황사, 황룡사 9층 목탑, 기림사, 통도사가 세워지고 통일을 향한 발원의 구심점이 되었다.

두 번째는 외교적 유연성과 상대방에 대한 정보력이다. 당시 중국의 동향을 보면 당나라가 장안으로부터 세력을 키워 동쪽으로 진출하면서 천하통일의 기세를 확장하고 있었다. 당연히 한반도의 정세를 예의주시하게 되어 있었다. 이때를 놓치지 않고 선덕여왕은 당나라 세력을 끌어들여 통일의 주도권을 잡는 데 주력하였다. 지피지기 백전백승(知彼知己 百戰百勝)이라고 고구려에도 첩자를 보내서 김춘추 등이 정보 탐지의 임무를 수행하였다.

여기서 선덕여왕이 느낀 것은 강성했던 고구려가 틈을 보이기 시작했으며 이 틈은 내부분열이었다는 것이다. 집권층의 정권다툼 속에서 기강이 흐트러지고 통일전쟁에서 대처능력이 취약해졌다. 여기서 선덕여왕이 감지한 것은 무기보다 무서운 것은 분열이라는 인식이었다.

세 번째는 이로부터 백성들의 결집을 유도하고 진정성을 가지고 소통하기 시작한 것이다. 여기서 특별히 돋보이는 것은 결집의 통로를 문화 창조로 이어지게 한 점이다. 그 대표적인 창조물이 첨성대,

통도사 금강계단(적멸보궁)
[자료출처 : 통도사 박물관 제공]

분황사, 황룡사 9층 목탑, 영묘사, 통도사, 기림사 등이다.

특히 자장율사는 선덕여왕 시절 대국통으로 정신적 구심점이 되었는데 왕의 명을 받아 통도사를 세웠다. 일찍이 당나라에 들어갔다가 부처님의 진신사리를 모시고 와서 대웅전 북쪽으로 적멸보궁의 진신사리탑을 세워 불법을 수호하고 통일을 기원하였다. 그래서 통도사는 전국 삼보사찰(불보·법보·승보) 중 불보사찰로 유명하다.

한편 선덕여왕은 민생을 살피고 백성을 정신적으로 통합하는 데 힘을 쏟았다. 632년 즉위하자 그해 10월에 홀아비, 홀어미, 부모 없는 아이, 늙어서 자식 없는 사람, 혼자 힘으로 살아갈 능력이 없는 사람들을 진휼하였다. 이듬해에는 여러 주(州), 군(郡)에 1년간 조세를 면

제해 주었다. 백성들의 어려움을 보살피는 자애로운 여왕의 모습은 지귀(志鬼) 설화에도 나타난다. 『대동운부군옥』에 실린 지귀는 영묘사의 탑지기로 미천한 신분임에도 선덕여왕이 세심하게 마음을 어루만져 위로해 준 사례이다.

민생의 안정을 위한 여왕의 배려는 첨성대의 건립으로 나타났다. 동양 최초의 천문관측 기구로서 높이 9.1m이다. 둥글게 쌓아 올라간 전돌의 수가 총 361.5개, 즉 1년의 음력 날짜이며 남쪽으로 난 창문 아래쪽이 12단, 위쪽이 12단으로 12개월과 24절기를 뜻하고 위에 올라서면 해와 달, 별자리들이 명확하게 관측된다. 바로 농민들에게 절기에 맞게 농사의 때를 알려주어 풍요로움을 이루게 하는 민생의 탑이다.

그리고 백제, 고구려의 잦은 침공을 받았던 신라의 평안을 기원하기 위해 선덕여왕 후반기에는 황룡사 9층 목탑을 세우는 등 불교를 통해 백성들의 마음을 결집시키고자 하였다. 특히 높이 42척(약 80m)이나 되는 거대한 황룡사 9층 목탑은 신라가 물리쳐야 할 적국을 층층이 쌓아 제1층은 일본, 제2층은 중화, 제3층 오월, 제4층 탁라, 제5층 응유, 제6층은 말갈, 제7층은 단국, 제8층은 여진, 9층은 예맥을 새겨 넣고 그들을 복속시키는 기도와 결집의 장으로 삼았다. 승리를 기원하고 통일의 꿈을 이루기를 염원하는 안보의 탑이다.

지도자에 대한 신뢰 속에 백성들의 마음으로부터 우러나는 단결심, 이것이 통일을 이루는 중요한 원동력이 되었다.

시대적 제약을 예술로 승화시킨 신사임당

신사임당(1504~1551)은 조선시대 여성으로 지성과 예술성을 겸비한 대표적인 인물이다. 아버지 진사 신명화와 어머니 용인 이씨 사이에서 5자매 중 둘째 딸로 태어났다. 그가 살던 16세기는 가부장적인 사회 분위기로 인해 여성의 생활 전반에 제약이 심했던 시절이다. 그럼에도 신사임당이 여성으로서 이러한 제약을 뚫고 역사의 전면에 나설 수 있었던 배경은 그의 특출한 능력과 자아실현의 의지에 기인하였다.

어머니 용인 이씨는 세조 때 원종공신 이유약의 손자 이사온(李思溫)과 경주 최씨 사이에 무남독녀 외딸로 강릉에서 태어나 비교적 유복한 집안에서 성장하였다. 그러니까 환경적으로 남녀차별의 현실을 비교적 겪지 않고 당당하게 자신의 위치를 확고히 할 수 있었다. 남편이 세상을 떠나고 5자매에게 재산상속을 한 이씨분재기(李氏分財

記)는 균분상속의 사례로 유명하다(강원도 시도 유형문화제 제9호).

신사임당도 딸만 다섯인 환경에서 남녀차별이라는 제약을 받지 않고 성장할 수 있었다. 원래 어릴 때 이름은 인선이었는데 커서는 당호를 사임당(師任堂)이라고 지었다. 이 당호에는 고대 중국의 주나라 문왕의 어머니 태임(太任)을 닮겠다는 뜻이 담겨져 있다. 태교를 처음으로 실시한 현모양처로 알려진 인물이다.

특히 어렸을 때부터 천재적 재능을 보여 주위 사람들로부터 신동이라 불렀다. 당시 여성들에게 교육의 기회가 부여되지 않던 시절에 아버지와 외할아버지로부터 글과 그림을 배웠다. 『천자문』, 『동몽선습』, 『명심보감』 외에도 『사서삼경』과 『통감』 등 경전과 고전을 두루 읽어 한학에 정통하게 되었다. 특히 서예, 자수, 시문에도 능통했는데 그림솜씨는 주위의 감탄을 자아낼 만큼 뛰어났다. 7세 때 외할아버지 이사온이 안견의 산수화를 가져다주자 똑같이 그려냈던 것이다. 당대의 학자 어숙권은 『패관잡기(稗官雜記)』에서 사임당의 그림을 다음과 같이 평가하였다. "신씨는 어려서부터 그림을 공부했는데, 그의 포도그림과 산수화는 절묘해서 평하는 자들이 안견의 그림에 버금간다고 하였다. 그러니 어찌 부녀자의 그림이라고 해서 가볍게 여길 것이며, 또 그림 그리는 것이 어찌 부녀자에게 합당한 일이 아니라고 나무랄 수 있겠는가"라며 극찬해 마지않았다.

신사임당은 19세 때 세 살 위인 이원수와 결혼했다. 남편은 덕수이씨 명문가 후손으로 마음씨는 착했으나 관직에는 별 운이 없었다.

특히 15세기 말부터 16세기에 걸쳐 무오·갑자·기묘·을사사화를 거치면서 정쟁이 끊임없이 일어나고 있었기 때문에 남편이 높은 관직에 올라가는 것보다 정치 소용돌이에 휩싸이지 않도록 현명하게 내조하였다.

슬하에 자녀는 4남 3녀의 7남매를 두었는데 큰 아들 선, 셋째 아들 율곡, 자수로 유명한 큰 딸 매창, 문장과 서예로 이름난 넷째 아들 우 등 자녀들을 모두 조선사회의 발전에 기여한 훌륭한 인재들로 키워냈다. 특히 셋째 아들 율곡은 조선시대 최고의 성리학자로서 주기론적인 심성론을 체계화시켜 퇴계 이황의 주리론과 쌍벽을 이룬 대학자였다.

신사임당은 시, 글씨, 그림, 자수에 모두 뛰어났다. 그가 그린 8폭

신사임당의 8폭 초충도
[자료출처 : 문화재청]

초충도를 보면 우리 주변에서 흔히 볼 수 있는 식물, 곤충 등이 모두 그려져 있는데 가지, 수박, 오이, 포도, 맨드라미, 나비, 방아깨비, 여치, 개구리, 심지어는 수박을 핥아먹는 쥐까지 마치 살아 움직이는 것처럼 생동감 있게 그려 친근감을 느끼게 하는 생명존중 사상을 예술로 승화시켰다. 보잘것없고 작은 미물이라도 생명으로써 존귀함, 연민을 느끼게 사실적으로 아름답게 표현한 데서 예술적인 가치뿐 아니라 인간으로서 따뜻한 마음을 엿볼 수 있는 탁월한 작품들이다.

결혼을 해서도 신사임당은 계속 강릉 오죽헌에서 살면서 홀어머니를 보살폈다. 당시 딸 자매만 있었던 신사임당의 특수한 형편도 있지만 고려시대부터 전해오는 혼례제도인 처가살이혼 즉 서류부가(婿留婦家)의 관습이 그대로 남아 결혼을 해도 자녀가 어느 정도 성장할 때까지 친정에 머물 수 있었다. 조선 후기에나 친영(親迎)이라고 시집살이혼으로 정착된다. 그래서 율곡도 오죽헌에서 태어났던 것이다. 오죽헌에 들어서면 몽룡실(夢龍室)이라는 현판이 달린 방이 있다. 신사임당이 율곡을 낳기 전날 밤에 동해바다의 검은 용이 치마폭으로 기어드는 꿈을 꾸고 태어났다 해서 붙인 이름이다. 아버지 신명화가 세상을 떠나고 서울 시집에 들어와서도 홀시어머니 봉양을 극진히 하였다.

신사임당은 첫째로 본인 스스로의 능력이 탁월한 여성이다. 화가로서의 명성뿐 아니라 시서화에 능통하여 남성들도 존경해 마지않았다. 둘째로는 주위를 원만하게 조화시킬 줄 아는 지혜로운 여성이었다. 부모에 대한 효도로 모든 사람이 칭송했고 남편에 대한 현명한 내조, 7남매 각자의 재능을 스스로 발휘할 수 있게 자리를 잡아준 지혜로운 자녀 교육관을 보면 알 수 있듯이 그가 있음으로써 주위가 화목하게 살아났다. 셋째로 당당한 여성 지성인으로서 면모를 보여주어 남성 중심의 가치관을 서서히 변화시켜 여성의 존재 가치를 일깨워 주었다. 남녀가 공존할 수 있는 상생의 역사에 단초를 연 것이다.

그가 차지하는 여성사적인 의미로 보면 신사임당은 현실에 순응하면서도 타고난 재능과 지혜를 발휘해 여성에게 부과된 시대적 제약을 극복하기 위해 노력하였다. 남다른 학문적, 예술적 재능을 가지고 나름대로 주체적인 삶을 개척해보려는 강인한 의지는 여성의 역사를 한 단계 진전시키는 데 밑거름이 되었다.

최초의 한글요리서를 쓴 안동 장씨 정부인

16세기에서 17세기는 임진왜란, 병자호란의 큰 외침을 겪었던 시기로 민생이 매우 피폐하였다. 지금 다시 그 시대를 겪었던 부모들의 고뇌를 생각하면 안타까움에 가슴이 벅차오른다. 바로 이 시절 안동 장씨 정부인(1598~1680)은 실질적인 생활의 고통을 극복하기 위해 아무리 식재료가 부족해도 영양가 있는 음식을 개발하여 삶의 질을 높이는데 기여한 인물이다. 요즈음 먹방이다, 요리 쉐프다 하면서 음식 만들기가 유행이다. 안동 장씨는 한식요리가의 선구자라 할 수 있지 않을까?

안동 장씨 정부인은 우리나라 최초의 한글 요리서『음식디미방』을 한글 궁서체로 저술하였다. 디미는 지미(知味), 즉 맛을 아는 방책이라는 뜻이다. 식품의 재료와 조리 방법을 기록한 책으로 오늘날까지 의·식·주 생활문화에서 중요하고 가치 있는 전통의 본모습을 잘 전달해 주고 있다는데 역사적으로 큰 의미를 갖는다.

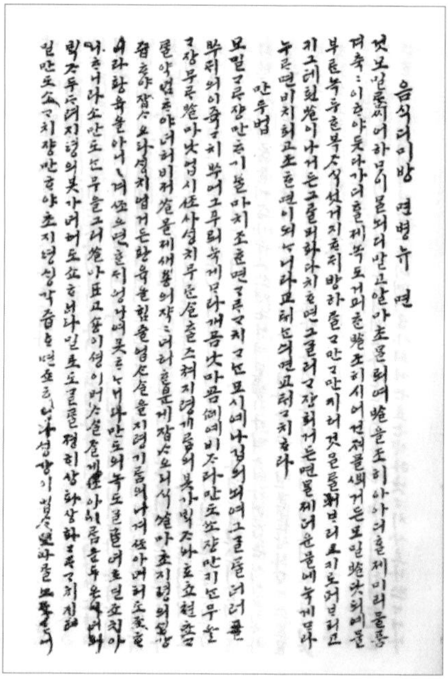

안동 장씨는 1598년 퇴계 이황의 학풍을 이은 경당 장흥효의 무남독녀로 안동 서후면 금계리에서 태어났다. 원래 이름은 장계향이다. 어려서부터 학문적 자질이 뛰어나 아버지한테 인정을 받았다. 처음에는 딸이라서 가르치지를 않다가 제자들도 못 하는 질문에 대한 대답을 방 밖에서 듣고 명쾌하게 정답을 말하는 딸에게 감탄한 부친에 의해 온갖 정성으로 가르침을 받는 소녀 시절을 보냈다. 시서화에 능통하여 호방한 「맹호도」 그림도 그리고 자연을 노래하는 시도 여러 편 지었다.

음식디미방
[자료출처 : 석계 종가 제공]

창문 밖에 솔솔 내리는 빗소리
보슬보슬 저 소리는 자연이어라
내 지금 자연의 소리를 듣고 있으니
내 마음 또한 자연이어라

그가 어렸을 때 지은 「소소음(蕭蕭吟)」이라는 시를 보면 알 수 있듯 자연과의 조화 속에서 인간의 성리학적 이상을 탐구하였다.

여성으로서는 성리학의 계보를 잇는 선구자라고 할 수 있는데 19세 되던 해 부친의 제자인 석계 이시명과 결혼한 후 시집살이에 충실하기 위해 학문을 접었다. 안동에서 이백 리 이상 멀리 떨어진 영해의 인양리에서 살림을 시작하였다. 당시 이시명은 첫 부인 김씨에게서 1남 1녀를 얻은 후 사별 상태였는데 전 부인 소생의 맏아들 상일을 친자식처럼 교육하기 위해 집에서 거리가 멀리 떨어져 있었던 서당에 5년 동안 직접 데리고 다니는 정성을 보였다고 한다. 60년 결혼생활 중에 가족이나 이웃, 하인들에게까지 온화한 인정으로 대하여 주위의 칭송이 자자하였다.

본인이 결혼하고 낳은 자녀와 함께 7남 3녀를 훌륭히 키워냈는데 둘째 아들 휘일, 셋째 아들 현일, 넷째 아들 숭일은 뛰어난 학자로 명성을 날렸다. 특히 셋째 아들 현일은 17세기 말 경상북도 지역에서 퇴계 이황의 학파를 재정립한 지도자로까지 성장하였으며 이조판서를 역임하였다. 그래서 어머니인 안동 장씨한테 정부인 칭호가 내려진 것이다.

부인이 늘 강조했던 교육관은 나는 글 잘하는 것보다 이웃을 위해 착한 일 했다는 말을 들을 때 가장 기쁘다는 말로 자녀들에게 인격적인 가르침을 주었다. 곧 벼슬과 재물에 연연해하는 과거시험 공부보다 성리학의 학문적 본질인 의리를 하나라도 몸소 실천함을 근본으로 삼고 학문을 깊이 있게 하기를 당부하였다. 더불어 안동 장씨의 무남독녀로서 친가와 시댁인 재령 이씨 두 집안의 제사와 혼사 곧 가례를 모두 주관함으로써 두 집안 모두 학문과 도덕을 기반으로 하는 화목하고 품격 있는 가풍을 세우는데 결정적인 힘을 발휘하였다. 평범해 보이는 여성의 힘으로 두 집안 모두가 당시 경상도 지역에서 학문을 주도하는 사족가문으로 성장하는데 토대를 마련하였던 것이다.

안동 장씨의 저술인 『음식디미방』은 말년에 영양 두들마을에서 살면서 1671년 경 쓴 것으로 추측된다. 표지에는 제목이 둘인데 『음식디미방』이라는 한글과 『규곤시의방(閨壼是議方)』이라는 한자로도 제목을 달고 있다. '규곤'이라 함은 여성들이 거처하는 안방을 뜻하므로 '규곤시의방'은 여성들의 길잡이라고 풀이할 수 있다. 아마 나중에 자손들이 책의 격식을 갖춘다고 새로이 제목을 한문으로 붙인 것 같다.

『음식디미방』 원문의 내용은 전편에 음식 만드는 법 93종, 후편에 술 만드는 법 51종이 실려있다. 전편 음식 만드는 법에는 주식류로 국수, 만두 등 11종, 찬류로는 탕, 찜, 선, 적, 채, 볶음, 구이, 전, 회, 침채, 젓갈 등 다양한 조리법을 활용한 55종의 음식이 소개되고 있다. 후식류로는 떡, 조과, 음청류 25종이 나와 있다. 후편인 술 만드는 법에는 주법과 초법이 실려 있다. 이 책은 1600년대 조선 중기 경상도 영양 지방의 가정에서 실제 만들어 먹던 음식의 조리법, 저장

발효식품과 식품 수장법을 총망라하여 짜임새 있게 정리하고 있다.

『음식디미방』을 자세히 살펴보면 그 당시의 음식재료, 조리법이 한눈에 들어오는데 당시 지방 민가의 생활상이 여실히 드러난다. 예를 들면 이수광의『지봉유설』에 처음 소개되고 있는 고추가 아직 그 지방까지는 전파되지 않았음을 알 수 있다. 따라서 매운맛은 후추, 겨자, 파, 생강을 쓰고 마늘보다 생강이 모든 음식의 큰 비중을 차지하고 있다. 특히 음식 재료에 동아, 개고기, 멧돼지, 꿩 등도 많이 쓰이고 있는데 곰 발바닥인 웅장이 자주 요리에 소개되고 있음이 특이하다.

당시에는 냉장고가 없어 음식 저장이 매우 어려웠던 시절이라 훈연건조법, 일광건조법, 염장법 등이 자세히 소개되고 있다.

그가 세상을 떠난 후 그의 묘비명에 "돌이켜보건대 부인께서는 학식과 덕행이 범인과는 비할 바가 아닌 절인(絶人)의 경지에 이르셨다"라고 새겨있듯이 성리학과 실학정신을 실제 생활에 구현한 진정한 학자였다.

안동 장씨 정부인의 일련의 업적은 16세기 신사임당, 허난설헌 그리고 17세기 정부인의 장씨의 맥을 이어서 18세기 여성 성리학자 임윤지당(1721~1793), 여성 실학자 이사주당(1739~1821), 서영수합(1753~1823), 이빙허각(1759~1824) 등과 같이 여성 지성사의 계보를 형성하는데 디딤돌의 역할을 했다는 점에서 중요한 의미가 있다.

김만덕이 보여준 상생의 나눔실천

18세기 제주여성 김만덕(1739~1812)이 평생 모은 재산을 국가에 환원한 업적은 잘 알려진 사실이다. 요즈음 세상이 각박해지고 계층 간의 위화감과 세대 간의 갈등이 첨예해지는 상황에서 따뜻한 배려와 나눔의 실천이 무엇보다도 필요한 시점이 아닐까 생각한다.

바로 김만덕의 통 큰 나눔의 실천은 사회적 화합과 국민행복시대를 여는 데 많은 귀감이 된다고 본다.

김만덕은 1739년 제주양민의 집에서 태어났다. 그러나 어렸을 때 부모를 잃고 오갈 데가 없어 기녀집에 의탁했다가 성인이 되자 관가에 호소하여 양민으로 환원되었다. 생계를 위해 상업계에 뛰어들어 객주를 차려 착실한 경영으로 많은 부를 축적하였다.

1790년부터 5년 동안 국가에 대대적인 가뭄으로 인해 흉년이 들어

굶어죽는 사람이 속출하였다. 이때 그는 상인이 돈을 버는 것도 중요하지만 번 돈을 어떻게 쓰는지가 더 중요하다는 마음으로 평생 모은 돈을 아낌없이 쾌척하여 수많은 생명을 구했다는 감동스런 미담이 전해진다.

우선 김만덕이 살던 시대는 18세기이다. 바로 이 시절이 실학정신이 부각되던 시기이다. 실학이라는 것은 이론에만 치우치지 않고 금강산도 식후경이라는 식으로 생산과 실용, 현실에 바탕에 두고 실용정신, 진실, 실증을 중시했다. 그리고 그 속에서 가장 중심인 사상이 인간주의 사상인 것이다. 김만덕은 바로 이 실학정신을 실천한 여성이다.

오늘도 미래를 향해 김만덕의 나눔정신에서 배울 것은 첫째 자아실현의 의지, 자기계발, 그러면서 이웃과 함께했던 미덕이 상생의 시대를 열었다는 점이다. 원래 양민이었는데 부모님이 돌아가시고 기녀에 의탁했지만 굳건한 자아실현의 의지로 관을 설득하고 그 집념으로 결국 기녀에서 풀려나 자기 길을 개척하게 되었다.

둘째는 실용정신이다. 요즘 윤리경영 이야기를 하는데, 그는 남기는 데만 집착하는 단기적인 차익이 아니라 장기적인 안목을 가지고 합리적이고 도덕적인 경영을 했다. 그의 경영의 지혜를 들여다보면 소비자와 생산자의 유통망을 만들어 육지와 제주도를 연결했고 신상품을 개발했던 창의적인 아이디어가 돋보인다. 요즘 얘기하는 창조경영이다.

셋째는 나눔의 합리성이다. 요즘 노블레스 오블리주라고 나눔을 얘기하고 또 기업들도 사회적 공헌을 많이 이야기한다. 김만덕은 통

큰 나눔으로 많은 생명을 살렸는데 그 나눔에서 우리가 좀 더 자세히 들여다볼 것이 대의명분을 위해서만 나누는 것이 아니라, 가깝게 그동안 곁에서 조력한 이웃, 친척을 위해 10분의 1을 남겨놓고 나머지를 나누었다는 매우 합리적인 방안이라는 것이다. 나눔을 한다고 자칫하면 가까운 곳에 배려가 적어 오히려 원망을 들을 수 있다. 자기를 조력했거나, 돌봐주어야 할 친족들을 위해 10분의 1을 남겨놓고 나머지 모두는 죽어가는 백성들을 위해 아낌없이 나눈 실천의 섬세함과 합리성 그리고 진정성이 내포되어 있었던 것이다.

제주도에 가면 용암도, 동굴도 있고 산과 바다와 들의 다양한 자연의 아름다움을 가슴에 품을 수 있다. 제주도의 자연을 품었던 만덕이 정조임금께서 상금을 내리려 했을 때, "나는 상금은 필요 없고 임금이 계신 궁궐을 바라보고 금강산을 유람하는 것이 내 소원이다"라고 하며 바로 금강산을 선택할 수 있었던 멋진 여인, 바로 자연의 아름다움과 심성의 아름다움으로 함께 조화를 이루었기 때문에 그런 소망을 이룰 수 있었던 것이다.

김만덕의 선한 마음을 읽었기 때문에 제주도에 유배 갔던 추사 선생께서 '은광연세(恩光衍世)'라 하여 '은혜의 빛이 세상을 길이길이 밝혔다'라고 칭송하며 현판을 썼던 것이다.

최근 알파고, 인공지능에 대해 걱정을 하지만 김만덕이 품은 나눔의 실천정신을 통해 인공지능도 대신할 수 없는 상생의 길을 찾는 나침반을 발견할 수 있다.

전통시대 어머니들의 교육열

대한민국은 산업화와 민주화를 달성하는 데 있어서 300여 년이 걸렸던 유럽국가나 150년이 걸린 일본에 비해 반세기도 채 걸리지 않았다. 더구나 일본에 의한 식민지를 겪었고, 6·25전쟁으로 인한 폐허에서 출발해 세계 10위권의 경제력과 1인당 국민소득 3만 달러 수준의 경제강국으로 발돋움했다.

이러한 성취의 배경은 교육에 대한 열정과 두뇌연마로, 20세기 어려웠던 시절을 극복하고 한강의 기적을 이뤄 단기간에 산업화와 민주화를 달성할 수 있었던 것이다.

훌륭한 인물 뒤에는 반드시 훌륭한 어머니가 있었고, 한국인의 교육열에는 어머니들의 공로가 컸다. 전통시대에서 여성 자신은 직접적으로 공식적인 교육의 혜택은 받지 못했어도 자식에 대한 교육의 정성은 대단했다.

특히 조선시대는 지식기반의 사회로서 여성에게도 교육이 실시됐다. 물론 가정 내에 국한된 부덕함양에 치중된 비공식교육이라 할지라도 여성이 지식에 눈을 뜨면 그 호기심과 능력의 범위는 자아의지 계발과 함께 확장되게 마련이다.

『내훈(內訓)』, 『여사서(女四書)』, 『우암선생계녀서(尤庵先生戒女書)』, 『사소절(士小節)』 등의 여자교훈서를 보면 대체로 내용이 가정에서 여성들이 갖춰야 할 자세를 논하고 있다. 그중에서도 자녀교육에 대해 보면 "자식을 옳은 일로 가르치고, 악언으로 책망치 말며, 흉을 덮지 말며, 남에게 자랑치 말며, 남과 다투어도 역성들지 말라" 하며 자녀들을 단정하고 엄격하게 가르칠 것을 강조하고 있다.

사회적 제약과 어려운 여건 속에서도 자발적이고 의욕적인 노력에 의해 높은 수준의 지식을 쌓아올리거나 자녀를 훌륭히 교육시켜 국가에 크게 공헌한 인재를 배출시킨 모범적인 어머니를 역사 속에서 수없이 찾아볼 수 있다.

그중 어머니들의 몇 가지 교훈적인 일화를 소개하면 율곡 이이의 어머니 신사임당의 경우, 7남매를 키우며 본인의 예술세계뿐만 아니라 자녀들의 잠재적인 능력을 계발했는데, 대유학자이며 탁월한 정치가로 명성을 날린 셋째아들 이이뿐만 아니라 큰딸 매창은 화가로, 넷째아들 옥산은 명필로서 이름을 날렸다.

오성 이항복의 어머니 최씨는 아버지 없이 키우는데 버릇없이 자라지 않도록 엄격하게 교육시켰다. 특히 항복은 어렸을 때 성격이 호방해 동네 개구쟁이로 소문나 있었는데 학문에 마음을 못 붙이는 아들을 독려해 도덕적 수양과 경제적으로 근검절약하는 정신, 그리고 위기에 대처하는 능력을 가르쳐 훗날 재상의 반열에 오르게 했다.

우리나라 최초의 한글로 된 요리서 『음식디미방』을 저술한 갈암 이현일의 어머니인 정부인 안동 장씨는 본인도 학문적·예술적 소양을 높이 갖췄지만 훌륭하게 자녀교육을 한 어머니로도 널리 알려져 있다. 그는 늘 자녀들에게 "너희들이 비록 글 잘한다는 소리를 듣는다고 해도 나는 기쁘게 생각하지 않는다. 다만 이웃을 향해 착한 행동을 했다는 소리를 들으면 뛸 듯이 기뻐할 것이다" 하여 지식보다는 인격수양과 성리학의 학문적 본질을 하나라도 몸소 실천할 것임을 강조했다.

요즘 한국의 교육 실태는 내 자식만 잘되면 된다는 이기심으로 경쟁에서 이기는 것에만 치중해 공교육이 무너지고 사교육이 남발하는 기현상이 초래되고 있다. 또한 교육은 사람을 키우는 것인데 인성을 잡아주지 않아 스승과 제자의 도가 끊어지고, 학교 현장은 무질서 속에 혼돈을 겪고 있다.

이와 같이 전통시대 어머니들의 교육열은 맹목적인 것이 아니었다. 항상 이웃을 돌보고 나라사랑을 실천하는 자세를 가르쳤다. 학문적으로 뛰어난 인물로뿐만 아니라 도덕성과 인격을 두루 갖춘 올바른 사회인으로, 국가의 동량으로 성장하는 데 관심을 기울였던 것이다. 이러한 인성교육은 오늘날에도 많은 시사점을 준다.

한글로 피어난 여성들의 애절한 사연들

세종대왕의 한글창제가 우리 민족이 자긍심을 갖게 하는 가장 위대한 유산이라는 것은 잘 알고 있는 사실이다. 그러나 조선시대 당대에도 한글이 임금으로부터 양반, 서민, 여성들 그리고 천민계층까지 다양하게 사용되고 있었다는 사실은 그다지 잘 알려지지 않았다.

2016년 필자가 원장으로 있었던 한국학중앙연구원에서 '한글 : 소통과 배려의 문자'라는 주제로 조선 왕실도서관인 장서각 특별전이 열린 바 있다. 전시장 안에는 장면 장면마다 섬세하고 진솔한 삶의 이야기들이 펼쳐져 보는 이들로 하여금 감동을 불러일으켰다.

한글은 어느 한 계층에 치우치지 않고 모든 계층 간의 소통과 배려 그리고 화합을 지향한 문자였다. 특히 모든 계층에서 사용된 한글 편지는 안부와 정감을 표현하고 전달하는 데 가장 효과적인 수단이었다. 역시 말이 다른데 글을 남의 나라 글로 쓴다는 것은 사용하는 어휘가 달라 엄청난 한계가 있었던 것이다.

장서각 특별전에 나온 한글자료들을 보면서 새삼 한글이 없었다면 이렇게 애절하고 애틋한 사연들이 기록될 수 있었을까 하는 안도감과 경탄을 금할 수 없었다. 읽기 쉽고 쓰기 쉬운 한글은 아버지가 딸에게, 어머니가 딸에게, 시할아버지가 손자며느리에게 그리고 여성 자신들에게 있어서도 그 가슴속 깊은 마음을 전할 수 있었다.

한글은 여성의 문자생활에 큰 변화를 가져왔다. 여성은 더 이상 글을 읽는 독자에 머물지 않고 자신의 뜻을 적극적으로 표현하기 시작하였다. 일상적인 안부를 묻는 편지뿐 아니라 문서 및 각종 기록을 직접 작성하면서 문자생활의 영역을 점차 확장시켜 나갔다.

여성의 역할이 요구되는 음식, 의복, 제사 등을 비롯하여 그들의 한평생에 이르기까지 기록으로 남겼다. 한평생 규방의 생활을 기록한 고행록, 음식조리법에 관한 기록, 관가에 억울함을 호소한 소지, 원정, 상언 등은 조선시대 여성들의 삶의 애환을 엿볼 수 있게 한다. 비로소 한글이 창제됨으로써 여성들의 다양한 목소리가 세상에 울려 퍼질 수 있었던 것이다.

그중 한 예로 시집간 딸을 향한 어머니의 애틋한 모정이 편지에 담겨 있는 '어머니 신천 강씨가 딸 순천 김씨에게 보낸 한글편지'에는 한 여인의 삶의 애환이 고스란히 담겨 있다.

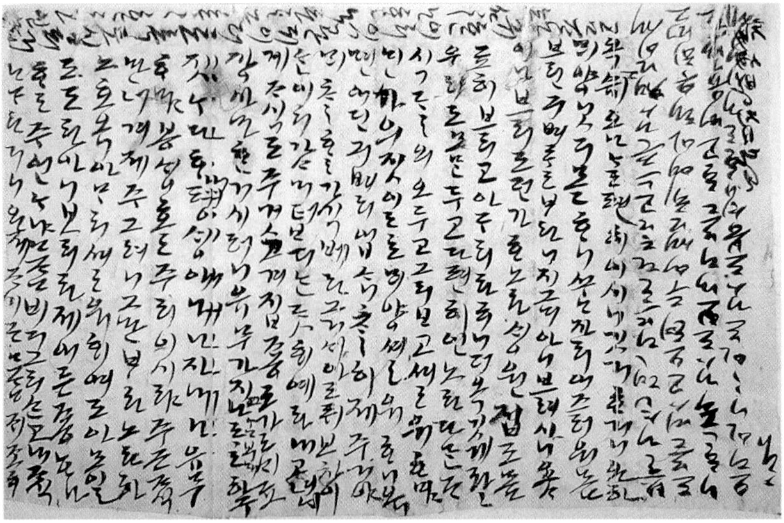

한글편지(신천 강씨가 순천 김씨에게 보낸 편지)
[자료출처 : 한국학중앙연구원 장서각]

이 편지는 1977년 충북 청원군 북일면 일대가 비행장 건설공사로 한창일 때 산재한 무덤들을 이장하면서 순천 김씨 묘에서 발견되었다. 대량의 종이뭉치 속에서 192개의 편지가 발견되었다. 그중 3매는 한문으로 적혔고, 189매는 한글편지였다.

이 가운데 순천 김씨의 친정어머니인 신천 강씨가 쓴 것이 128매나 된다. 이 편지를 쓴 시기는 1560년대에서 1580년대일 것으로 추측되는데 한글이 창제된 지 백 년 남짓 된 시기에 지방의 사대부가에서 편지글로 사용되고 있었다는 사실은 한글의 보급과 전파속도에 많은 시사점을 준다.

그 편지에는 딸의 해산소식을 묻고, 민씨 집안에 시집간 막내딸의 죽음을 안타까워하는 내용과 함께 첩과의 관계에서 상처받은 심경이 진솔하게 표현되고 있다.

또 하나의 예로 한산 이씨 '고행록'은 거의 6미터(5m 84cm)에 달하는 두루마리에 깨알같이 찬찬하게 정성들여 손수 한글로 썼는데, 자신이 평생 동안 겪은 슬픔과 고통의 행적을 기록으로 남겨 자손에게 보이기 위한 것임을 밝혔다. 한산 이씨는 숙종 대의 남인 사대부 유명천의 부인으로, '고행록'에는 한산 이씨의 탄생부터 회갑까지의 삶이 오롯이 기록되어 있다. 수많은 고난을 의연히 감내해 온 종부답게 비교적 담담하게 서정적으로 술회하였으나 마지막 구절에서는 지난 세월 서러움에 벅차 여성으로서 겪었던 한 많은 세상의 회한을 토로하고 있다. 자칫하면 묻혀버릴 수 있는 인생사를 담대하면서도 섬세하게 풀어낸 감정 표현이 담긴 이 글은 인간으로서 여성들의 내면적

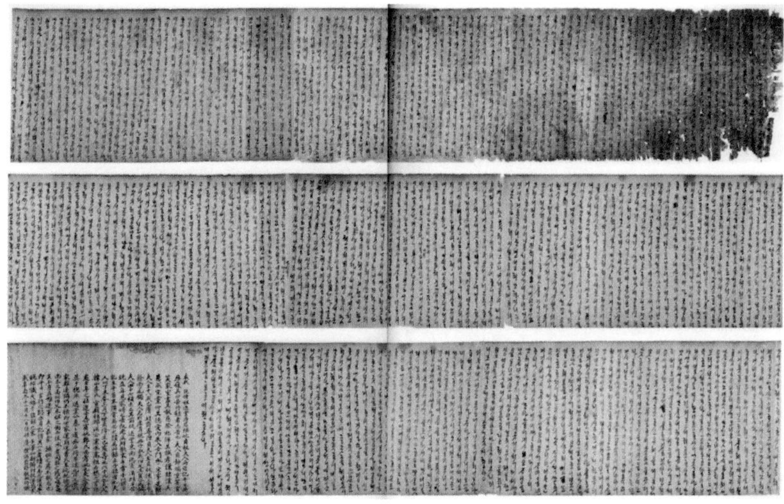

한글편지(고행록)
[자료출처 : 한국학중앙연구원 장서각]

인 고뇌를 들여다볼 수 있는 일종의 서사시이다.

1726년 영조임금께 올린 광산 김씨 상언(上言 : 임금께 올린 글의 표현)은 억울하게 음모에 얽혀 손자가 사형 직전에 처해진 사정을 반듯반듯한 유려한 필체로 임금께 호소하여 손자의 목숨을 구해 낸 한글편지이다. 할머니의 눈물 어린 정성을 보면 공부를 많이 한 현대여성들도 저절로 고개가 숙여진다.

이와 같이 여성들이 기록한 한글은 문학사, 생활사, 사회사 등 여러 방면을 규명할 수 있는 귀중한 기록유산이다. 역사의 굽이굽이마다 아름답게 이어지는 한글로 쓴 이야기들은 내용의 애틋함, 진솔함과 함께 서체의 다양함과 아름다움에 있어서 앞으로도 전통한류로서 우리나라의 대표브랜드가 될 것이다.

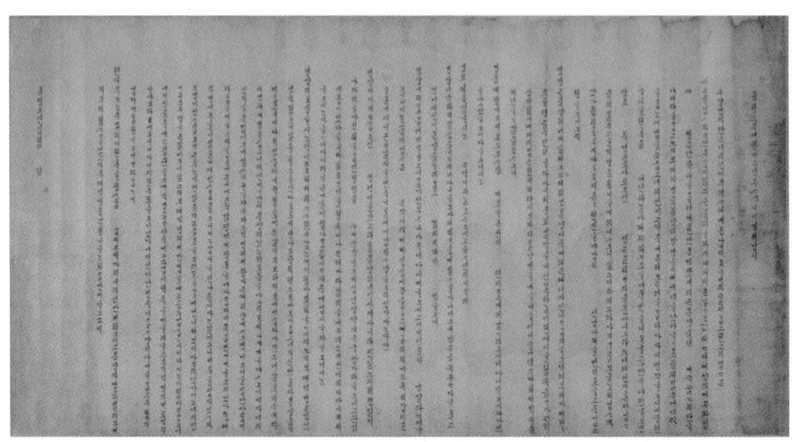

한글편지(광산 김씨 상언)

[자료출처 : 한국학중앙연구원 장서각]

08 박에스더의 생명존엄정신 되새기자

여성의 사회 진출은 개항 이래 한국의 근대 산업화가 진행되고 여성교육이 실시되면서 가능할 수 있었다. 이러한 근대적 의식과 사회경제구조의 변동에 따라 여성의 활동영역이 확산됐다. 특히 교육계와 의료계에서 활동한 여성들은 우리나라 최초의 전문직 여성들이었다. 그동안 내외법에 묶여 자신의 능력을 계발하지 못하고 여성의 활동 범위가 가정 내에 한정돼 있다가 그 잠재력이 분출된 것이다.

대표적인 인물로 11월이면 한국 최초의 여의사인 박에스더(1877~1910)가 떠오른다. 박에스더는 선교사인 아펜젤러 밑에서 일하며 일찍이 서양사상을 접했던 아버지 덕분에 1886년 5월 31일 한국 근대 최초의 여학교로 설립된 이화학당에 그해 11월 네번째 학생으로 입학하게 되면서 새로운 세계가 열렸다.

본명은 김점동으로 에스더는 세례명이고, 결혼 후 남편 박여선(朴汝先)의 성을 따라 박에스더라 불렸다. 유달리 재능이 뛰어났던 박에스더는 영어에 능숙해 보구여관의 의사이자 이화학당의 교사로 취임한 로제타 세우드 홀 부인의 통역을 맡게 됐다. 보구여관은 1887년 미국 감리교 선교부에서 파송된 의료선교사 스크랜튼이 당시 한국사회에서 소위 남녀유별이라 하여 여성들이 제대로 치료조차 받지 못하는 현실을 인식하고, 여성과 아동만을 따로 치료하기 위해 만든 한국 최초의 여성병원으로 이화학당 구내에 설치됐다.

박에스더는 서양인 의사가 언청이 수술을 하는 것을 보고 감동해 "하나님 사랑은 인간의 마음만 아름답게 하는 것이 아니라 모습도 아름답게 한다"는 믿음으로 의사가 되는 꿈을 키웠다. 1890년부터는 홀 부인에게서 본격적인 근대 의학교육을 받고 의료보조원으로 일하며 기초적인 의료기술을 습득했다.

1893년 박에스더는 윌리엄 홀과 부인 로제타 셔우드 홀의 주선으로 박여선과 결혼한다. 그는 윌리엄 홀의 마부로 일하며 기독교 신앙을 갖게 됐다. 평생 박에스더의 신앙의 동지이자 배우자로 에스더의 활동에 헌신적인 보필과 전폭적인 지지를 아끼지 않았다.

1894년 5월 홀 내외가 평양 선교기지 개척담당자가 돼 평양 유일의 병원인 광혜원을 설립하자 박에스더도 함께 평양으로 동행했다. 당시 청일전쟁으로 인해 많은 사상자가 발생했기에 홀 내외와 박에스더는 수많은 부상자를 간호하며 헌신적인 의료활동을 펼쳤다. 이후 박에스더는 미국으로 귀국하는 홀 부인을 따라 1894년 말 유학길에 올랐다.

미국에 가자마자 박여선은 로제타 가족의 농장에서 일하며 아내를 뒷바라지하였다. 1896년 10월 박에스더는 볼티모어여자의과대학(현 존스홉킨스대학)에 입학해 의학을 전공했다. 유학생활 중 남편 박여선이 폐결핵으로 사망했으나 역경을 딛고 1900년 6월 우수한 성적으로 졸업해 한국여성 최초로 의사 자격을 취득하였다.

1900년 11월 귀국한 박에스더는 미국 감리회 여선교부의 정식 파송을 받고 의료활동을 시작했다. 박에스더는 1903년쯤 콜레라가 유행하자 죽음을 무릅쓰고 평안도와 황해도의 구석진 촌락까지 환자를 찾아다니면서 무료 순회진료를 했다. 그리고 위생의 무지함을 계몽하기 위해 곳곳에서 강연을 했고, 병들어 신음하는 여성의 건강 증진을 위해 다방면으로 활약했다.

1903년부터 박에스더는 본격적으로 홀 부인이 의료사업을 벌이고 있던 평양의 광혜원으로 옮겨 의료활동을 펼쳤다. 이 무렵 박에스더는 놀랍게도 10개월 동안 3,000명이 넘는 환자를 치료했으며, 그의 훌륭한 외과수술 실력은 당시 사람들이 귀신이 재주를 부린다고 여길 정도였다.

의사로서 명성을 쌓은 박에스더는 우리나라 최초로 장애인을 위한 교육의 장을 마련하기 위해 홀 부인이 세운 맹아학교의 교사로도 힘썼다. 또 홀 부인과 함께 장차 한국의료계를 짊어질 여성의료 인력의 보급을 위해 간호학교의 설립을 주도했다.

의료사업, 교육사업, 계몽활동, 선교활동, 사회사업 등 다방면으로 활동한 박에스더는 밤낮 없는 고된 생활로 얻은 폐결핵으로 1910년 34세를 일기로 세상을 떠나고 말았다. 비록 짧은 생애를 마감했지만 여성의료에 최초의 횃불을 밝힌 박에스더의 헌신은 이 땅에서 소외받은 여성을 치유해 준 값진 역사적 업적으로 명예의 전당에 길이 새겨져 있다.

요즘처럼 인명경시 풍조와 이기심이 난무한 각박한 세상에 생명의 존엄성을 일깨우고 따뜻한 인간애를 발휘한 박에스더의 희생정신은 더욱 돋보인다 할 것이다.

박에스더의 대학 졸업 사진

[자료출처 : 이화여자대학교 이화역사관 제공]

명성황후 시해 120주년 추모의 역사적 의미

2015년은 명성황후(1851~1895) 시해 120주년이 되는 해였다. 바로 1895년 을미년 10월 8일은 일국의 국모를 구중궁궐까지 쳐들어와 시해한 일본의 만행이 저질러진 날이다.

명성황후는 여흥 민씨 가문으로 숙종의 계비인 인현왕후의 아버지 민유중의 6대손이 된다. 명성황후(본명 : 민자영)는 경기도 여주에서 여흥 민씨 가문인 아버지 민치록과 어머니 이씨 부인 사이의 무남독녀로 태어났다. 8세에 양친을 잃고 고향 여주를 떠나 서울에 올라와 일가에 기탁하고 있는 외로운 처지였다. 1866년 3월에 삼간택에서 선발되었으니 고종황제보다 한 살 연상인 16세였다.

명성황후에 대한 당시 사람들의 묘사를 살펴보면 아름답고 총명하고 기품 있고 사교적이고 매우 독서열이 강하였다는 평판을 받고 있다. 처음에 왕비가 된 명성황후는 대원군과 부대부인을 잘 섬기고 궁중의 모든 어른들과 궁인들에게도 잘 대하여 궁내에 칭송이 자자하였으나 정작 지아비인 고종황제에게는 따뜻한 사랑을 받지 못했다. 그러던 차에 1868년 윤4월에 고종황제의 사랑을 받던 궁인 이씨에게서 완화군이 태어나자 명성황후의 입지가 어렵게 되었다. 그러나 『춘추좌씨전(春秋左氏傳)』 등의 독서를 열심히 연마하면서 고종황제에게 여인으로서보다 정치적 반려자로 다가가기 시작하였다.

명성황후가 살았던 1851~1895년 동안은 한국역사에서 국내외적으로 격변이 심했던 시기였다. 안으로는 봉건체제에 도전하는 민중세력이 형성되고 있었고, 밖으로는 서양세력이 물밀듯이 동양으로 쳐들어와 제국주의 침략이 노골화되던 상황이었다. 즉 근대화를 추진해야 되는 과제와 외세의 침략을 막아내야 하는 이중의 부담이 안겨졌던 시기였다.

이러한 시대상황에서 독자적인 정치적 지지기반을 갖지 못한 고종은 그의 친정 의지를 실현시키고자 명성황후를 통해 민씨 친족세력을 정치적 배후세력으로 활용할 수 있었으며, 유교적 윤리관에 입각해 아버지인 대원군에 대한 정면도전을 하기 어려운 상황에서 명성황후를 전면에 내세워 우회적으로 공략할 수 있었다. 즉, 대원군의 고종황제에 대한 직접적인 도전은 유교적 충의 윤리에 어긋나고, 반면에 고종황제의 대원군에 대한 도전은 유교적 효의 윤리에 어긋나기 때문이다.

명성황후는 정치적 격변기 속에서 정치주도권을 둘러싸고 초래될 수 있는 아버지와 아들의 정면충돌을 피할 수 있게 방파제 역할을 하였으며, 자신의 정치적 기반을 통해 고종황제를 보좌하여 왕권을 강화시키는 역할을 적극적으로 수행하였다. 또한 대외관계를 기민하게 파악하고 대처하여 어느 정도 일본의 침략을 막아내는 데 큰 역할을 하였다.

당시 고종황제와 명성황후의 관계에 대해 서술한 외국인들의 기술을 보면 하나같이 명성황후가 총명하고 외교력과 정치력이 뛰어났음을 묘사하고 있다.

청국과 일본의 각축이 치열한 상황에서 명성황후는 세력균형의 외교정책을 통해 이들 국가들을 견제했다. 특히, 청일전쟁 이후 일본의 내정 간섭이 심해지자, 더욱 적극적으로 친러배일 정책을 추진했다. 이에 일본은 조선 병합의 최대 장애물로 명성황후를 지목하게 됐고, 결국 주도면밀한 계획하에 1895년 10월 일본군대와 낭인들이 왕궁을 습격하여 을미사변을 일으켰다. 이때 명성황후는 나이 45세로

경복궁 건청궁 옥호루(玉壺樓)-명성황후 시해터

[자료출처 : 저자 제공]

일본에 의해 시해당하는 만행이 이루어졌다.

명성황후가 시해된 이후 조선은 열강들이 내세우는 최혜국 조관에 의해 이권 획득의 각축장이 되었다. 그로부터 10년 후, 일본은 강제로 한국을 보호국화하고 15년 만에 식민지화의 야욕을 달성하였다. 이러한 일련의 사태는 철저한 반일주의자였던 개화기 명성황후의 정치적 입지의 중요성을 가늠하는 데 매우 중요한 시사점이 되는 것이다.

우리나라가 35년 만에 빼앗긴 나라를 되찾고 오늘날의 대한민국의 성취를 이룬 것은 명성황후를 비롯한 애국열사, 독립투사들의 희생이 뿌리가 되고 가지가 되어 열매를 맺은 것이다.

이제 일본 당국은 명성황후 시해를 인정하고 사죄해야 한다. 진실된 역사 반성 위에서 앞으로 한일 간의 진정한 화해와 상생의 시대를 열어갈 수 있다.

1898년 한국 최초 여성단체가 설립되다

1898년 9월 1일은 한국여성사에서 매우 뜻깊은 날이다. 우리나라 최초의 여성단체인 찬양회(贊襄會)가 출범하면서 '여권통문(女權通文)'을 발표한 날이기 때문이다.

찬양회는 특히 여학교 설립 후원을 목적으로 개화된 여성들이 발족했는데, '찬양'이란 '도와서 길러준다'는 뜻으로 즉 후원, 양성을 의미한다. 회장에는 이양성당, 부회장에는 김양현당, 총무에는 고정길당 등으로 구성됐으며 조직은 부인회원이 400명이고 집회 때마다 방청인이 100여 명이나 모일 정도로 큰 집단을 이루었다.

찬양회는 주로 서울 북촌 출신의 개화된 지식층 여성을 중심으로 서북지방 출신 내지 외국생활을 경험한 여성, 새롭게 선교사가 설립한 학교를 졸업한 여성, 그 외에 기생, 서민층 등 다양한 계층의 여성으로 구성됐다.

이렇게 다양한 많은 여성으로 단체를 구성할 수 있었던 배경은 1886년 이 땅에 최초로 스크랜턴 선교사가 세운 이화학당을 비롯해 그 후에도 계속 여학교가 설립되면서 여성의식이 깨어났기 때문이다. 점차 여성교육기관이 확대되면서 여성해방의 단초가 열렸다.

이는 첫째, 내외법에 의해서 안에서만 유폐돼 있던 여성에게 밖으로 활동범위를 넓힌 공간으로부터의 해방이었다. 둘째, 교육에서 소외됐던 여성에게 교육의 기회를 제공한 무지(無知)로부터의 해방이었다. 셋째, 직업의 기회를 다양하게 접할 수 있는 역할로부터의 해방이었다. 여성이 전문직 등 경제활동에 뛰어들 여건이 조성된 것이다. 넷째, 가부장적 굴레에 얽매어 있던 여성에게 주체의식을 심어준 의식으로부터의 해방이었다. 다섯째, 여성의 인간화로부터 남녀평등의 단계까지 접근할 수 있는 불평등한 성으로부터의 해방이었다.

'여권통문'에서 주장한 선언은 문명, 개화정치를 수행하는 민족구국 대열에 여자도 참여할 권리가 있다는 것이며, 여자도 남자와 동등하게 직업을 가지고 일할 권리를 가지고 있다는 것이고, 여자도 남자와 동등하게 교육받음으로써 독립된 인격을 가질 권리가 있다는 것이다. 이것은 우리나라 여성에 의한 최초의 여권 선언이고 동시에 여성의 교육권 획득을 위한 여권운동의 시발이었다.

통문은 단순한 여학교 설립목적뿐 아니라 서구사회에서 성취된 것과 같은 서양의 천부인권 사상을 배경으로 남녀평등권의 획득을 구상하고 있다. 충군애국(忠君愛國)하는 국민의 한 성원으로서의 여성교육을 위해 국가가 당연히 여학교를 설립해야 한다는 신념으로 관립여학교 설립운동을 적극적으로 추진했다.

1898년 10월 13일에는 회원 100여 명이 덕수궁 대궐문 앞에 나아가 관립여학교 설립청원 상소문을 고종황제에게 직접 올렸다. 고종황제도 학부로 하여금 적절한 조치를 내리겠다고 긍정적인 회답을 했으나 정부 측에서는 한 해가 다 가도록 설립준비의 기미가 보이지 않았다.

그러나 찬양회는 1899년 2월까지 여학교 설립이 이루어질 것으로 믿고 이미 여학생을 선발해 놓은 터라 2월 26일 서울 어의동에서 여학생 30명으로 순성여학교를 개교했다. 이것은 한국인에 의해 특히 한국여성에 의해 설립된 최초의 여학교였다.

찬양회는 부회장인 김양현당을 교장으로 임명했고, 찬양회 사무원으로 뽑힌 고정길당이 유일한 전임교원이었다. 또한 우리말과 한문에 능통한 여선교사를 교원으로 해 순성여학교를 운영했다. 하지만 연이은 재정 곤란에 더해 교장인 김양현당이 1903년 3월 병사하면서 순성여학교는 더 이상 존속하기가 어려웠다. 그러나 정부의 여성교육에 대한 무관심을 일깨웠고 여학교 설립의 필요성을 사회 전반에 인식시키는 데 공헌했다.

이토록 개화기의 여성들은 선각자적 정신으로 나라를 구하는 데 앞장섰고, 여성의 평등한 권리를 획득하는 데 적극적으로 투신했다. 그 영향으로 많은 여성이 전문직으로 진출하고 3·1운동을 비롯해 독립운동에 참여하게 됐다.

이와 같이 주체적으로 세력을 결성해 여성을 역사의 전면에 서게 한 찬양회의 출범일인 9월 1일이 2019년 여권통문의 날로 제정되었다.

光武二年九月八日 木曜日 陰曆戊戌七月廿三日 (一)

光武二年三月八日 農商工部認可

皇城新聞

每日刊行 第一卷 第四號

別報

◉(五百年有)북촌엇던 녀중군ᄌᆞ 슈삼분이 개명상에 유지ᄒᆞ야 녀학교를 셜시ᄒᆞ랴ᄂᆞᆫ 통문이잇기로 ᄒᆞ도 놀납고 신긔ᄒᆞ야 우리 론셜을 제각ᄒᆞ고좌에 긔재 ᄒᆞ노라

대저 물이 극ᄒᆞ면반다시 변ᄒᆞ고 법이극ᄒᆞ면 반다시 갓촘은 고금에 떠덧ᄒᆞᆫ리치라 아 동방 삼쳔리 강토와 렬셩조 오ᄇᆡᆨ여년 긔업으로 승평 일월에 취포무ᄉᆞ ᄒᆞ더니 우리 셩샹 폐하의 외외탕탕ᄒᆞ신 덕업으로림어ᄒᆞᄋᆞᆸ신 후에 국운이 더옥 셩왕ᄒᆞ야 임의 대황뎨 위에어ᄒᆞᄋᆞᆸ시고 문명 개화ᄒᆞᆯ 졍치로 만긔를 총찰 ᄒᆞ시니 이제 우리 이쳔만 동포 형뎨가 셩의를 효순ᄒᆞ야 젼일 히타ᄒᆞᆫ 습습은 영영 ᄇᆞ리고 각각 개명ᄒᆞᆫ 신식을 쥰ᄒᆡᆼᄒᆞᆯ ᄉᆞ ᄉᆞᄉᆞ이 취셔되여 일신 우일신 ᄒᆞ을 사ᄅᆞᆷ마다 힘쓸 거시여ᄂᆞᆯ 엇지ᄒᆞ야 일향 귀먹고 눈먼병신 모양으로 구습에만 ᄲᆞ져 잇ᄂᆞ뇨 이거시 한심ᄒᆞᆫ 일이로다 혹쟈 이목구비와 ᄉᆞ지오관 륙톄가 남녀가 다ᄅᆞᆷ이 잇ᄂᆞᆫ가 엇지ᄒᆞ야 병신모양으로 사나희의 버러 쥬ᄂᆞᆫ 것만 안져먹고 평ᄉᆡᆼ을 심규에 쳐ᄒᆞ야 놈의 졀졔만 밧으리오 이왕에 우리보다 몬져 문명개화ᄒᆞᆫ 나라들을 보면 남녀가 동등권이 잇ᄂᆞᆫ지라 어려셔브터 각각 학교에 ᄃᆞᆫ니며 각종 학문을 다 ᄇᆡ호아 이목을 널펴 쟝셩ᄒᆞᆫ 후에 사나희와 부부지 의을 결ᄒᆞ여 평ᄉᆡᆼ을 살더ᄅᆞ도 그 사나희의게 일호도 압졔를 밧지 아니ᄒᆞ고 후대ᄒᆞᆷ을 밧음은 다름 아니라 그 학문과 지식이 사나희와 못지 아니ᄒᆞᆫ고로 권리도 일반이니 엇지 아름답지 아니ᄒᆞ리오 슬프도다 젼일을 ᄉᆡᆼ각ᄒᆞ면 사나희가 위력으로 녀편네를 압졔ᄒᆞ랴고 한갓 녯글을 빙자ᄒᆞ야 말ᄒᆞ되 녀ᄌᆞᄂᆞᆫ 안에 잇셔 밧글 말ᄒᆞ지말며 술과 밥을 지음이 맛당ᄒᆞ다 ᄒᆞᄂᆞᆫ지라 엇지ᄒᆞ여 ᄉᆞ지 륙톄가 사나희와 일반 이여ᄂᆞᆯ 이ᄀᆞᆺᄒᆞᆫ 압졔를 밧어 세샹형편을 알지못ᄒᆞ고 죽은 사ᄅᆞᆷ 모양이 되리오 이제ᄂᆞᆫ 녯풍규를 젼폐ᄒᆞ고 개명 진보ᄒᆞ야 우리 나라도 타국과 ᄀᆞᆺ치 녀학교를 셜립ᄒᆞ고 각각 녀아들을 보내여 각항 재조를 ᄇᆡ호아 일후에 녀즁 군ᄌᆞ들이 되게 ᄒᆞ올 ᄎᆞ로 방쟝 녀학교를 창셜ᄒᆞ오니 유지ᄒᆞ신 우리 동포 형뎨 여러 녀즁 영웅호걸 님네들은 각각 분발지 심을 내여 귀ᄒᆞᆫ 녀아들을 우리 녀학교에 드려 보내시랴 ᄒᆞ시거든 곳 착명 ᄒᆞ시기를 ᄇᆞ라나이다

구월일일 녀학교 통문 발긔인
리소ᄉᆞ 김소ᄉᆞ

官報

◉(官廷錄事)○中樞院一等議官金在殷辭職疏 批旨省疏具悉宜告自在何必爲引勿辭行公○前司果金奭濟等言事疏 批旨省疏具悉時措有古今之殊治具有緩急之異僞等之言太率易矣○北靑進士金學海等言事疏 批旨省疏具悉此非推卜朝廷之事令該道道臣從公査處○前主事姜熙嗣言事疏 批旨省疏具悉所陳有可採矣○六品李晉永言事疏 批旨省疏具悉僞言亦好矣、以上九月五日

여권통문

[자료출처 : 국립여성사전시관]

안중근 의사의 어머니, 조마리아 여사와 독립운동

독립운동의 불꽃을 지핀 안중근 의사의 숭고한 정신을 기릴 때 그의 어머니 조마리아 여사를 빼놓을 수 없다. 나라가 바람 앞에 등불같이 꺼지려 하는 위기의 순간에 흔들리지 않는 신념으로 당당하게 불의를 응징하고 동양평화를 구현했던 아들 안중근 의사와 함께 조마리아 여사의 위상은 독립운동사의 큰 산맥이었다.

조마리아(趙姓女, 1862~1927)는 1862년 황해도 해주군에서 배천 조씨 선(𢲷)과 원주 원씨의 3남2녀 중 둘째딸로 태어났다. 그의 가문은 선조 때부터 고위관직을 역임한 명문가이다. 남편 안태훈은 황해도 해주군 광석동에 거주하고 있던 순흥 안씨 무인가문이다. 안태훈과 슬하에 3남1녀(장남 중근, 차남 정근, 3남 공근, 1녀 성녀)를 두었다. 안중근은 1879년 맏아들로 태어났다. 안태훈은 여러 형제 중 재주와 지혜가 뛰어나 성균관 진사시에 합격하였으나 갑신정변이 실패하자 개화파로 지목되어 정부 탄압의 대상이 되었다. 이에 안태훈은 일가권속을 이끌고 신천군 천봉산 아래 청계동으로 이주하였다.

1894년 반봉건·반외세의 기치를 들고 일어난 동학농민전쟁으로 안중근 집안과 김구의 인연이 맺어지게 된다. 안태훈은 농민군 진압군으로, 김구는 동학군에 들어가 대립각에 섰지만, 난이 끝나자 1895년 2월 김구는 청계동으로 안태훈을 찾아가 안중근 형제들과 교의를 나누고 친분을 쌓았다.

더욱이 김구의 어머니 곽낙원과 안중근의 어머니 조마리아의 만남은 실로 하늘이 맺어준 특별한 인연이 되었다. 이들은 장차 나라의 독립을 위해 큰일을 할 아들의 어머니들로서 나라에 충성하는 정신을 키워준 진정한 시대적 통찰력과 지도력을 지닌 분들이었다. 1896년부터 안태훈 일가는 천주교에 귀의하였다.

안중근은 1906년 봄부터 진남포에서 애국계몽운동에 종사하였다. 그는 동생들과 함께 삼흥학교(士興, 民興, 國興)를 설립하여 민족교육 발전에 기여하였다. 또한 천주교에서 설립한 돈의학교를 인수하여 초등교육을 육성하였고 제2대 교장이 되었다. 안중근이 학교교육사업을 열정적으로 펼칠 수 있었던 이면에는 어머니 조마리아 여사의 후원이 있었기에 가능했다고 볼 수 있다.

1907년에는 국채보상운동에 참여하였는데 이는 이미 1904년 일본의 고문정치 이래로 화폐정리, 도로개설, 세제개혁 등 소위 시설개선비 명목으로 일본이 강제로 차관을 들여오게 하여 고이율의 국채가 계속 격증되자 국민들이 성금을 모아 나랏빚을 갚고자 하는 범국민운동이었다. 1,300만 원이라는 거액의 국채를 상환할 수 없으면 우리 강토는 일본의 소유로 전락하고 말 것이라는 절박함이 국내 곳곳에서 형성되어 가고 있을 때 1907년 2월 대구에서 국채보상운동이 일어났다.

안중근과 조마리아도 국채보상운동에 적극 참여하였다. 안중근은 서상돈에게 자청하여 관서지부를 개설하고 지부장이 되어 주변을 독려하였다. 두 모자는 많은 의연금을 출연하여 이 운동이 성공할 수 있도록 적극 도왔다.

조마리아는 청계동 시절에는 가족을 돌보며 충실한 내조자로서, 현명한 어머니로서 걸출한 자녀들을 키우며 살았다. 그러나 남편 안태훈도 세상을 떠나자 장남 안중근을 따라 진남포 삼화항으로 이주한 후에는 위기에 처한 나라를 구하는 일에 부녀자도 참여하여야 한다는 생각을 하고 국채보상운동에 적극 나섰던 것이다. 이에 그녀는 자신이 가지고 있던 패물을 출연하였던 것이며 이로써 그녀의 나라 사랑 정신이 실로 컸음을 알 수 있다.

1907년 헤이그밀사 사건으로 고종이 폐위되고 군대가 해산되자 안중근은 기울어져 가는 나라를 구하기 위하여 가족들을 뒤로한 채 국외로 망명을 결심하였다. 어머니를 모시지 못하는 불효자로서의 용서를 구했을 때 조마리아가 “집안일은 생각지 말고 최후까지 남자답게 싸우라”고 격려하고 용기를 준 것은 그 가슴속에 대우주, 나라에 대한 충성이 무엇보다도 우선했음을 알 수 있다. 흔들리지 않는 모자의 구국운동의 실천은 이후 독립운동의 이정표가 되었다.

연해주로 간 안중근은 교포들에게 애국심을 고취시키고 의병을 모집하여 일본군과 수차례의 교전을 하였다. 용병술과 사격실력이 뛰어난 안중근은 전투에서 대승을 거두기도 했으나 결국 부하들을 잃고 위기에 처하기도 하였다. 이후 1909년 크라스키노에서는 동지 11명과 단지동맹을 맺고 흐르는 피로 태극기에 '대한독립(大韓獨立)' 네 글자를 쓰고 취지문을 써서 독립의지를 더욱 굳게 다졌다.

1909년 10월 26일 중국 하얼빈 역에서 안중근 의사가 한국 침략의 원흉 이토 히로부미를 장쾌하게 사살하고 감옥에 갇혀서 사형선고 되었다는 소식을 듣자, 조마리아는 정근과 공근 두 아들을 급히 여순으로 보내 "나라 위해 장쾌한 의거를 했으니 목숨 구걸할 이유가 없다"면서 아들의 용기를 북돋아준 담대하고 훌륭한 어머니였다. 나라의 풍전등화의 위기에서 자신의 아들이기 전에 '조국의 아들'인 점을 일깨워준 조마리아의 의연함이었다. 굳이 찾아가지 않은 것을 보면, 마지막 가는 아들을 어머니로서 얼마나 애타게 보고 싶었을까마는, 혹여 어머니를 만나면 아들의 마음이 약해질까 봐 굳센 의지만을 전한 뜻도 엿볼 수 있다.

안중근 의사는 어머니가 보내준 명주수의를 입고 마지막 생을 마감했지만 육신은 죽었어도 그의 불굴의 독립정신은 꺼지지 않는 불길로 일제 치하 나라를 찾는 중심 좌표가 되었다.

이 시기 조마리아 여사의 어머니로서, 여성으로서의 역할을 재조명해 보면 오늘날 우리 어머니들에게 시사하는 바가 크다. 안중근 의사의 의거는 본인의 능력과 용기도 투철했지만 그 배경에는 어머니의 역할도 컸다는 점을 우리는 기억해야 한다.

어머니 조마리아 여사는 우선은 개인보다 나라가 우선하는 애국심을 길러주었고 학문에만 전념하라는 폐쇄성이 아니라 개방성과 자율성을 주었다. 예컨대 안중근의 취미인 승마, 사냥과 사격을 마음대로 할 수 있게 자유를 주었기에 그 역량이 자라 이토를 사살하는 데 명중할 수 있었다. 또한 일제를 비롯한 외세의 무력침략이 비등해지는 시기에 문·무를 겸비한 자질을 갖추게 한 것도 시대의 난관을 뚫고 나갈 수 있는 큰 힘을 실어준 것이다.

안중근이 순국한 후, 안중근 유족에 대한 일제의 감시가 심하고 가족들에 대한 안전도 보장되지 못하자 조마리아는 안중근이 활동하였던 연해주로 망명키로 하였다.

안중근 유가족들이 연해주로 이주한 초기에는 일제의 감시와 생활고로 인하여 힘든 생활을 하였다. 안중근이 신부로 만들어 달라고 유언을 남긴 장손 분도가 일제의 밀정이 준 과자를 먹고 갑자기 숨지는 감당하기 어려운 시련을 겪기도 했다. 안정근의 건투로 간신히 길림성 목릉현 동청철도 조차지에 자리를 잡고 벼농사를 지으면서 생활이 안정되었다.

한편 도산 안창호를 비롯한 독립운동가들의 도움이 컸다. 안중근 순국 직후 연해주에서는 '안중근 유족 구제공동회'가 결성되었는데 이 단체의 주선으로 1910년 10월경에 이르러서 코르지포에는 조마리아 등 안중근 일가 8명이 모여 살게 되었다.

조마리아는 찾아오는 독립운동가들을 항상 어머니 같은 마음으로 따뜻하고 편안하게 대접하였다. 존경과 흠모를 한 몸에 받은 조마리아의 성품을 우러르며 위대한 여걸로 추앙하였다. 조마리아는 교포들의 어려움을 돌보고 특히 독립운동단체의 도움 요청과 같은 것은 아무리 힘들어도 사양하지 않았다. 교포들이 서로 분쟁을 일으키면 사리분별력으로 설득하고 조정하여 결속력을 다졌다.

1926년에는 안창호가 상해 동포들을 규합하여 임시정부를 위하여 민중본위의 경제후원단체인 '상해재류동포 정부경제후원회'를 조직하였다. 위원장에 안창호, 서무위원에 조상섭, 재무위원에 진창희, 위원에 조마리아·최승봉·김보연·하상린·정광호·김순애, 회계검사에 이유필·임필은·염온동을 선출하였다. 조마리아가 동 회의 위원에 선출된 것은 그가 상해에 온 뒤 적극적으로 임정에 기여하는 많은 일을 했음을 말해 주는 것이다.

조마리아
[자료출처 : 안중근의사기념관 제공]

조마리아는 1927년 7월 15일에 향년 66세로 별세하였다. 장례는 프랑스 조계에 있는 천주교당에서 상해 교민장으로 치렀고 프랑스 조계에 있는 안남(越南)인 묘지에 안장했는데 이후 묘지 터가 개발되고 건물들이 들어서서 무덤을 찾을 수 없게 되었다.

정부는 고인의 공훈을 기려 2008년에 건국훈장 애족장을 추서하였다.

독립운동의 영원한 불꽃, 유관순

삼월 하늘 가만히 우러러보며
유관순 누나를 생각합니다.
옥 속에 갇혔어도 만세 부르다
푸른 하늘 그리며 숨이 졌대요.

삼월 하늘 가만히 우러러보며
유관순 누나를 불러봅니다.
지금도 그 목소리 들릴 듯하여
푸른 하늘 우러러 불러봅니다.

[작사 강소천, 작곡 나운영]

우리가 어렸을 때 수없이 부르던 노래다. 왠지 가슴이 뜨거워지고 유관순 열사가 우리 곁에 가까이 있는 느낌이다. 요즈음 누나라는 표현에 여러 의견이 있지만 당시 17세밖에 안 된 어린 소녀가 오로지 나라 찾는 열정과 애국심으로 태극기 한 장으로 전 민족을 결집시킨 힘은 아직도 살아있는 독립운동의 불꽃이다.

유관순 열사 표준영정
[자료출처 : 윤여환 화백 제공]

유관순(1902~1920)은 충청남도 목천군에서 아버지 유중권과 어머니 전주 이씨 사이에서 5남매 중 둘째 딸로 태어났다. 기독교의 영향을 받은 할아버지를 중심으로 가족들이 자연스럽게 기독교와 가까워졌고 아버지 유중권도 교육을 통한 구국운동에 관심을 가지고 향리에 흥호학교 설립에도 참여하였다.

1916년 유관순은 지령리 교회에 자주 들르던 샤프 선교사의 추천을 받아 이화학당 보통과에 편입하였다. 1918년 3월 보통과를 졸업하고 4월 1일 고등과 1학년에 진학하였다. 어렸을 때부터 의협심이 강하고 적극적인 성격의 유관순에게 이화학당 교육은 그의 잠재된 의식에 새로운 눈을 뜨게 하였다. 이화학당은 1886년 한국에서 최초로 설립된 사립여학교이다. 스크랜턴 선교사가 한국 여성들의 열악한 환경을 알고 여성들을 깨어나게 하기 위해서는 우선 교육의 기회를 주어야 한다는 사명으로 한 사람의 여학생으로 시작한 학교이다.

학교를 세우면서 내세운 일성이 "우리는 서양인을 만들고자 학교를 설립하는 것이 아니라 한국적인 것에 긍지를 갖는 진정한 한국인을 키우고자 하는 일념이 교육 목표이다"라고 하였다. 그럼으로써 구국운동의식을 고취하고 하나님의 사랑을 가르쳤다. 바로 이러한 이화학당의 애국심에 바탕을 둔 교육 정신이 유관순에게 더욱 강렬한 사명감으로 다가가 독립운동 대열에 목숨 바쳐 뛰어들게 하였다.

1919년 3월 1일 온 민족이 대한독립만세운동을 일으킨 거국적인 날 이화학당 기숙생들은 학교의 보호로 나갈 수 없었다.

3월 4일 저녁 이화학당 기숙사에는 "내일 오전 8시 반 남대문역 앞에 모여 만세를 부른다"는 말이 떠돌았다. 유관순과 절친한 친구 사이였던 국현숙, 서명학, 김희장, 성창호, 신특실, 노예달은 5일 새벽부터 당장의 눈을 피해 기숙사의 허물어져 가는 벽을 타고 숲속으로 빠져 나와 남대문을 향해 달렸다. 벌써 남대문 안팎에는 많은 인파가 만세를 부르고 있었다. 유관순은 5일 만세시위에 참가했다가 저녁 때 무사히 돌아왔다.

3월 8일 총독부 임시휴교령에 의해 이화학당이 문을 닫게 되자, 유관순은 고향으로 내려갔다. 일요일이었던 3월 9일 예배가 끝난 후, 이 지역 청년들 20여 명이 모인 자리에서 서울에서 내려온 유관순과 그의 사촌언니인 유애덕은 서울의 정세를 상세하게 설명하고, 마을청년들과 함께 즉석에서 만세시위를 하기 위해 구체적 방침을 토의하였다. 또한 향리의 어른들과 의논하면서 주도면밀한 전략을 세웠다.

음력 3월 1일 정오에 병천 장날을 이용해 거사하기로 하고 총본부는 지령리에, 중앙연락기관은 장명리와 백전리, 목천 등 여섯 고을을 망라하여 각 촌, 각 면의 연락기관을 분담시키는 동시에 유림의 대표들과 한 마을에 수백 호씩 차지하고 사는 대성(大姓)의 문장(門長)들을 움직일 것을 계획했다. 조직이 완료된 지역에서는 대표 한 사람을 지령리 교회 조인원에게 보낼 것을 결정하였다.

음력 2월 그믐날 밤, 지령리 매봉에서 내일을 약속하는 신호로 봉화를 올릴 것을 중요 조건으로 하였다. 거사 당일 사람들에게 나눠줘야 할 태극기 제작경비는 총본부와 중앙연락기관에서 확보하기로 하고, 지령리와 그 인근 마을 부녀자들을 동원하는 등 준비는 착착 진행되었다.

거사일 하루 전인 2월 그믐날 밤 유관순은 여러 자루의 횃불을 준비해 동생 관복과 조카 유제한을 데리고 어두운 산길을 올라 매봉에 다다랐다. 그가 매봉에서 봉화에 불을 지피자, 그에 뒤이어 우각산, 강당산으로 이어져 순식간에 7개의 불길이 매봉을 중심으로 치솟았다. 또 천안, 안성, 진천, 청주, 연기, 목천 여섯 고을의 동서남북에 불야성을 이루며 24개의 불길이 하늘을 밝혔다.

다음날 음력 3월 1일 아침 유관순은 다시는 돌아오지 못할 집을 나서 계획했던대로 집집마다 태극기를 나눠줄 친구들을 만나고 장터로 향했다. 장터로 가는 인파는 정오에 3,000여 명에 가까웠다. 군중은 두루마기 속과 치마 밑에 태극기를 감춰두고 있다가 장터 한복판에서 만세선언식이 있자, 바로 이어서 만세를 부르며 병천 헌병분견소 앞을 향해 행진했다. 각 촌에서 모여든 군중의 장엄한 만세 소리와 태극기 행렬은 끝없이 이어져갔다.

처음에 헌병들은 숨죽이고 있다가 갑자기 군중을 향해 무차별 사격을 가했다. 유관순이 눈앞에서 돌아가신 부모의 시신을 보며 통곡할 때, 청년들은 관순을 재빨리 도망치게 도와주었다. 그날 저녁에 집에 돌아왔으나, 바로 헌병에게 체포되고 말았다.

유관순은 헌병분대로 끌려가는 도중에도 사람들이 서 있는 길가에서 만세를 불렀고, 어떤 고문 속에서도 혼자 모든 것을 책임지고자 동조자를 말하지 않았다. 결국 유관순은 7년 구형에 3년을 언도받았다. 재판에서는 원심 3년대로 기각됐으나, 안중근 의사처럼 침략자 일제에 목숨을 구걸할 이유가 없다 하며 상고하지 않았다.

서대문 형무소에 수감된 유관순은 이신애, 어윤희 등 동지들과 함께 1920년 3월 1일 오후 2시를 기해 3.1운동 1주년 기념식을 갖고 옥중 만세운동을 전개하였다. 이후 옥중에서 계속 항거하다 갖은 고문으로 병든 몸이 된 유관순이 사망했다는 소식이 1920년 10월 12일 오빠에게 사망통지가 전해짐으로써 알려졌다. 일제의 모진 고문에 의해 9월 28일 옥사한 것으로 추정되고 있다.

이화학당 시절 친구와 함께
[자료출처 : 이화여자대학교 이화역사관 제공]

유관순의 유해는 이화학당으로 인도되어 태극기를 가슴에 덮은 채 입관되었다. 정동 예배당에서 영결식을 거행한 후, 이태원 공동묘지로 향했다. 미스 월터 교장과 교사 김활란이 뒤따르고, 몇 명의 교사와 친구들이 함께했다.

이태원에 있었던 유관순의 묘가 지금은 어디인지 알 수 없으며, 총독부는 유관순 일가의 호적도 없애버리고 말았다. 현재 천안 병천면에 유관순의 영정을 모신 추모각과 기념관이 있다.

그리고 1960년에는 유관순의 모교인 이화여자중고등학교 신봉조 교장이 작가 박화성에게 부탁해 유관순 일대기가 『타오르는 별』로 소설화되었고, 그 후 유지들에 의해 사대문 안에 그녀의 동상이 건립되었다. 이화여고 교정에는 1974년 유관순 기념관이 세워졌다. 1962년에는 독립유공자 독립장이, 2019년에 대한민국장이 추가 서훈되었다.

광복 70년, 여성 독립운동을 기억하자

2015년, 1945년 일제의 압제에서 해방된 지 어언 70년이 흘렀다. 그래서 여기저기서 광복을 기리는 기념사업이 한창이었다. 바로 우리가 일제의 압제에서 벗어나 내 나라를 찾아 편안한 숨을 쉬고 살 수 있는 것도 그 우물을 판 조상들의 독립의 투혼이 있었기에 가능했던 것이다. 독립투쟁의 대열에는 여성도 예외가 없었다.

독립운동은 총칼로만 쟁취하는 것은 아니다. 남자만 하는 것은 더욱 아니다. 남녀노소를 불문하고 자신이 처한 입장에서 자신의 잠재능력을 최대한 발휘할 때 조국광복과 민족독립을 쟁취하는 것이 독립운동이다. 더불어 독립운동은 국내뿐 아니라 해외 각지에서도 끊임없이 불굴의 의지로 전개되었기 때문에 한민족의 역량이 결집되어 드디어 해방의 감격을 맞이할 수 있었던 것이다.

독립운동에서 여성들의 광범위한 참여는 바로 남녀가 대등한 위치에서 구국의 전선에 서는 것이었으므로 항일독립운동 과정은 남녀평등으로 나가는 과정이 될 수 있었다.

그러나 2020년 12월 현재 국가보훈처에 등록된 여성 독립유공자는 493명(외국인 6명 포함)으로, 전체 독립유공자 16,410명(외국인 72명 포함) 중 3%에 불과하다. 이는 여성 독립운동가들의 활약상이 그동안 제대로 조명을 받지 못한 데 기인한다. 앞으로 더 많은 여성 독립운동가들을 발굴하여 그분들의 정신을 기리고 계승하는 노력이 더욱 강화되어야 할 시점이다. 그러할 때 비로소 독립운동의 전체상이 올바로 파악될 수 있으며 독립운동의 외연 역시 크게 넓어질 수 있을 것이다.

특히 독립운동에서 빠질 수 없이 돋보이는 특별한 역할은 어머니들의 강인한 의지와 굳센 나라사랑이다. 위대한 독립운동가의 성장 배경에는 늘 훌륭한 어머니가 있었다. 어머니와 가족들의 뒷바라지와 헌신이 없었다면 암울한 35년간 지속적인 민족정신과 나라사랑을 실천할 수 없었을 것이다.

안중근 의사의 어머니 조마리아 여사는 "너의 죽음은 한 사람의 것이 아니라 조선인 전체의 공분을 짊어지고 있는 것이다. 옳은 일 하고 받은 형이니 비겁하게 삶을 구하지 말고 대의에 죽는 것이 어미에 대한 효도이다"라고 하며 아들에게 당당하게 민족을 위해 목숨을 바치라던 강인한 어머니의 의지가 있었다. "나의 아들이 되기보다 나라의 아들이 되어라"던 김구 선생의 어머니 곽낙원 여사, "우리 봉길이는 당연한 일을 했을 뿐이다"라던 윤봉길(1908~1932) 의사의 어머니 김원상 여사의 불의에 굴하지 않는 담대함, 이 모든 숭고한 정신이 나라독립의 기초가 되었다.

한편으로는 독립투쟁의 대열에 직접 뛰어들어 당당하게 일제의 총칼 앞에 굴하지 않고 목숨 걸고 저항한 유관순 열사 같은 여성 독립투사들의 눈물겨운 활약이 나라를 찾는 길에 앞장섰다. 또한 광복군, 의열단에 가담하여 남성 못지않게 무장투쟁을 전개했던, 이루 다 열거할 수 없이 수많은 용감한 여성 독립투사들의 애국의 투혼이 있었다.

이러한 치열한 독립투쟁 과정에서 중국 상해 임시정부와 함께하면서 이동할 때마다 가재도구를 챙기고 가족들을 뒷바라지하면서 어려운 역경을 뚫고 나가게 한 버팀목이 된 그 힘이 끊임없는 독립운동의 열기를 불어넣었다.

임시정부가 있는 상해를 중심으로 국내외에 애국부인회가 조직되었다. 독립자금의 모금, 독립전쟁에 대비한 간호병 양성, 청소년 교육, 한글교육, 계몽활동, 첩보활동, 방송활동, 독립정신 고취 등 다양하고 포괄적인 독립투쟁을 펼쳐가면서 독립의 길을 굳건히 닦은 그분들의 희생과 공로를 잊어서는 안 된다.

우리 역사에는 아무리 어려운 시절이 닥쳐도 '하면 된다, 할 수 있다'는 희망과 도전의 정신, 긍정의 힘이 있다. 나라 찾는 열정과 애국심으로 남녀노소 신분계층을 가리지 않고 온 민족이 하나가 되어 이룬 광복의 초심을 잊어서는 안 된다. 대민족적 상생과 화합이 있었기에 다시 찾은 나라, 이어서 대한민국의 성취를 일군 감격의 자긍심과 그 정신으로 우리는 바람직한 통일의 시대를 열어가야 한다.

끝으로 임시 정부의 안살림을 도맡고 백범 김구 선생, 석오 이동녕, 성재 이시영 등 임시정부 요인들을 정성으로 뒷바라지한 여성 독립운동가 정정화 여사의 해방 후 귀국전야에 쓴 글을 소개한다.

"서신연락조차 닿지 못했던
중원대륙의 흙바람이 휘몰아칠 때,
손가락같이 굵은 빗줄기가
천형인 듯이 쏟아져 내려와
가슴을 갈가리 찢어놓을 때
그래서 서글프고 쓸쓸할 때마다
늘 생각이 사무치던 곳,
그곳이 내 나라였다. 내 조국이었다.
그렇게 조국은 항상 마음속에 있었다.
어린아이가 집 밖에 나가 놀 때도
어머니는 늘 집 안에 계시듯이
조국은, 잃어버렸던 조국은 그렇게 있었다."

- 정정화 여사 회고록 『녹두꽃』의 '해방 후 귀국전야'에서

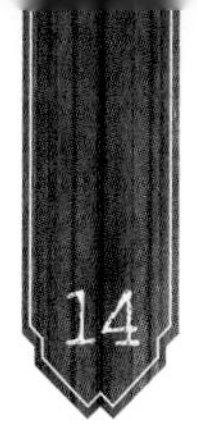

수려한 나무로 자란 여성들, 아직 숲은 못 이뤘다

<여성신문 인터뷰> (2020.06.26.)

18일 오전 서울 서초구 더리버사이드호텔에서 이배용 전 이화여대 총장은 "근본적이고 정신적 문화운동을 일으켜야 한다고 생각한다"고 말했다. ⓒ홍수형 기자

"세종 때 부모 출산휴가 160일 준 게 우리 '애민전통'"
21세기에는 당당하며 품어주는 어머니리더십 필요
여자대학, 여성연대 위해 꼭 있어야

이배용 '한국의 서원 통합보존관리단' 이사장은 역사학자인 동시에 이화여대 13대 총장(2006~10)과 국가브랜드위원장(2010~12), 한국대학교육협의회 회장(2009~10), 국립중앙박물관 운영자문위원장(2009~13), 한국학중앙연구원장(2013~16)으로 활동하며 우리 사회의 역사인식을 높이고 인문학을 실제 생활문화의 현장에서 피어나게 하는 데 앞장서고 있다.

2019년 현존하는 9개 서원의 유네스코 세계문화유산등재를 이끌었던 그가 윈(WIN)문화포럼에서 조선의 서원전통과 미래적 의미를 열정적으로 들려줬다. 서원은 조선이 남긴 위대한 문화유산이자, 한국교육의 핵심 자산인 사학의 근원이며, 미래에는 시민교육의 바탕이 될 수 있다는 것이 이 이사장의 '서원문화론'이다.

- 서원은 유교문화의 기반입니다. 유교문화라면 가부장제와 남녀차별을 먼저 떠올리게 되는데, 여성교육과 여성사를 오래 공부해 오신 이 이사장님은 유교전통을 어떻게 이해하십니까?

"제가 오는 9월 퇴계를 모신 도산서원 향사에 초헌관으로 참례합니다. 원래 지난 3월 하려던 게 코로나19 사태로 미뤄졌습니다. 여성으로는 첫 기록입니다. 그만큼 유교도 시절에 따라 탄력적으로 변화한다는 것이지요. 남녀차별을 없애는 데 투쟁만으로

가 아니라, 햇빛으로 얼음을 녹이는 방법도 있습니다.

조선의 서원은 근대 사립학교의 모태입니다. 서원을 세워 인재를 키웠던 전통이 근대에 들어 사립학교 설립으로 이어졌지요. 1909년에 사립학교가 전국에 3천 개였어요. 국권을 잃은 시기, 시대적 사명과 의무를 갖고 누가 시킨 것도 아니고 돈 댄 것도 아닌데 자립적으로 학교를 세웠어요. 또 하나 감동적인 것은, 서원의 교육 목표가 사람다운 사람을 만드는 것이었다는 점입니다. 과거시험 족집게 학원, 그런 게 아니에요. 가장 근본 뿌리가 제향이에요. 도산서원이라고 퇴계의 자손만 참여하는 게 아니라, 전국의 지성인들이 찾아옵니다. 지금 서원을 건축물로만 이해하는데, 서원과 인근 학교를 접맥해 인성교육에 활용했으면 합니다."

- 21세기 한국사회에서 조선의 유교사상은 여전히 뿌리 깊게 남아 있는 것 같습니다. 여성에게 출산-육아의 책임을 지우는 정부정책이 많은 여성들에게 비판받고 있습니다.

"유교의 근본정신으로 '애민(愛民)'이 있다고 강의에서 말씀드렸습니다. 대표적인 예가 세종대왕입니다. 세종이 아기를 낳는 여종(婢)에게 산전 30일, 산후 100일의 출산휴가를 주었습니다. 여종의 남편에게도 30일의 휴가를 주었습니다. 부부합산 160일 출산휴가입니다. 그런데 성종 때 경국대전을 정비하면서 그때 판관들이 노비에게 1년에 130일을 쉬게 하면 내내 애만 낳고 노는 거 아니냐고 문제제기를 해서 80일로 깎였어요. 그래도 출산휴가 80일은 성문법으로 남았어요. 국가가 출산과 보육에 대해 실제적인 고려를 해야 해요. 국가가 출산과 양육으로 인한 경력단절, 부부가 함께 가정을 꾸려나갈 방책 등에 대해 애민정신으로 정책을 수립하고 실천해야 합니다."

- 이사장께서는 이화여대 총장을 지내며 여성리더십을 육성했습니다. 21세기 사회에서 여성리더십의 특성은 무엇입니까?

"저는 어머니리더십이라고 생각해요. 어머니는 당당하면서 품어주는 리더십이 있어요. 제가 서원의 유네스코 문화유산 등재를 총괄했을 때 여러 사람들과 협력했습니다. 이런 협심을 이끌어내는 것이 어머니리더십입니다."

- 출산은 물론이고 결혼도 안 하겠다는 비혼여성이 많은데, 어머니리더십이라는 말을 받아들이기 어려울 수 있겠습니다.

"본질적으로 역지사지하는 리더십이지요. 일상에서는 어머니의 당당함이 가족을 지탱하고 자녀를 키워내는 힘이었지요. 이웃을 위해, 나라를 위해 헌신하고 당당했습니다."

- 한국에서 여성리더십의 산실로 여자대학의 역할을 빼놓을 수 없습니다. 이제 남녀 공히 대학진학률이 80%를 웃돌고, 여학생의 4년제 대학진학률이 남학생보다 더 높은데도 여자대학이 필요할까요?

"그럼요. 이제 2000년대 생들이 대학에 진학하고 있지만, 사회 전반에서 여성들의 능력만큼 기회가 열린 건 아니에요. 아주 예전에 이화여대 김활란 총장께 누가 여자대학의 필요성을 물었을 때 '여성국회의원이 50%가 될 때까지 여자대학이 필요하다'고 하셨답니다. 저도 공감합니다. 한국에서 여성대통령도 나왔고 이번에 여성국회부의장도 나왔습니다. 여성들 하나하나는 나무처럼 수려하게 자랐어요. 그러나 숲을 못 이뤘다고 생각해요. 21대 국회에 여성의원이 19%라는데, 아직 임계점에도 못 간 비율이지요. 품어주고 같이 이끌고 나가는 여성들의 연대가 더 크게 나타나야 해요. 여대를 잘 키우고, 남녀공학도 키우고 해야지요. 제가 총장일 때 많은 기자들이 물어보곤 했어요. '이화여대는 언제 남녀공학이 되나? 언제 남자총장이 나오나?' 그때 저는 '서울대학교 가서 언제 여자총장이 나오는지 먼저 같은 질문을 해보시라'고 했어요."

- 2020년의 여성들에게 꼭 필요한 콘텐츠는 무엇일까요?

"책임과 심지라고 생각합니다. 정당한, 공정한 줏대를 가지고, 잘못된 것은 바꿀 수 있는 담대함과 실력도 있어야 해요. 저는 인생은 속도가 아니라 방향이라고 생각합니다. 방향을 잘 잡아 역사에 책임을 갖고 미래에도 부끄럽지 않은 지도자가 되어야 합니다. 언제나 당대에서는 정치권력이 우세한 것 같지만, 저는 더 근본적인 것이 정신과 문화라고 봅니다. 정치로 가면 정파성을 갖지 않을 수 없습니다. 뜨거운 여성인권 이슈가 나와도 정파적 이해에 따라서 목소리가 커지거나 아예 입을 다무는 일도 많아요. 때문에 나는 여성들이 진정성을 가지고 더 많이 공부해야 한다고 봐요."

- 이사장님 자신은 생활에서는 어떤 여성, 어떤 리더십인가요?

> "며느리는 교사인데, 역지사지가 있어요. 서로 이해하고 지내면 어려울 일이 없지요. 나는 역지사지와 휴머니즘이 함께하면 이상적인 리더십이라고 생각합니다. 우리나라 여성리더십의 전형으로 종부를 들 수 있습니다. 실제로 종가를 유지하는 것은 종부에요. 수많은 제사나 집안 간 교류 모두 종부가 관리합니다. 그런데 그 큰살림을 종부 혼자 하겠어요? 정말 많은 조력자가 있어야 하는데 품 넓은 리더십이 없으면 누가 돕겠어요? 하회마을 최소희 할머니나, 윤증고택 종부를 뵈면 주변과 아주 잘 지내세요. 수직적인 관계가 어딨겠어요? 윤증고택 종부님은 시집와서 처음에 조심스럽게 걸으니 시아버지가 '너 그래서는 종가를 다스릴 수 없다. 두 팔을 넓게 흔들면서 당당함을 보여줘야 종가를 다스린다'고 하셨대요."

이 이사장은 자신을 '전통과 탈현대 중간에 낀 샌드위치 세대'라고 했다. 자신도 '시집살이' 20년을 하며 시부상 때 궤연을 모시고 조상식을 했다. "새벽에 일어나는 습관이 몸에 익어서 지금도 새벽 4시에 일어나요. 전화도 안 오고, 책 읽고 글 쓰는 데 최적의 시간이죠." 〈한국근대광업침탈사〉를 전공한 이 이사장은 『한국사의 새로운 이해』(공저), 『우리나라 여성들은 어떻게 살았을까?』, 『한국역사 속의 여성들』 등 많은 역사서를 썼다. 새벽의 산물이다.

유교 600년 역사에 최초의 여성 초헌관

2020년 10월 1일 추석날 도산서원에서 지낸 추계향사에 조선왕조가 건국된 후부터 600년 유교역사상 최초로 여성이 초헌관을 맡아 진행하였다. 그동안 남성 중심으로 제례를 올렸던 전통에 금녀의 벽을 허물어 언론의 주목을 받았다.

한국의 서원은 조선왕조가 치국이념으로 채택한 성리학을 사대부(士大夫) 계층이 차차 자신의 것으로 정착시키며 만들어낸 사립 고등교육기관이다. 조선시대 서원은 조선 중기 이후 향촌(鄕村)에 건립하기 시작하였고 1543년(중종 38년) 풍기군수 주세붕이 순흥에 세운 백운동서원(白雲洞書院)을 효시로 삼는다. 백운동서원은 퇴계 이황의 노력으로 1550년(명종 5년) 2월 조정으로부터 '소수서원'으로 사액을 받음으로써, 한국 최초의 사액서원이 되었다. 이후 서원은 전국적으로 확산되

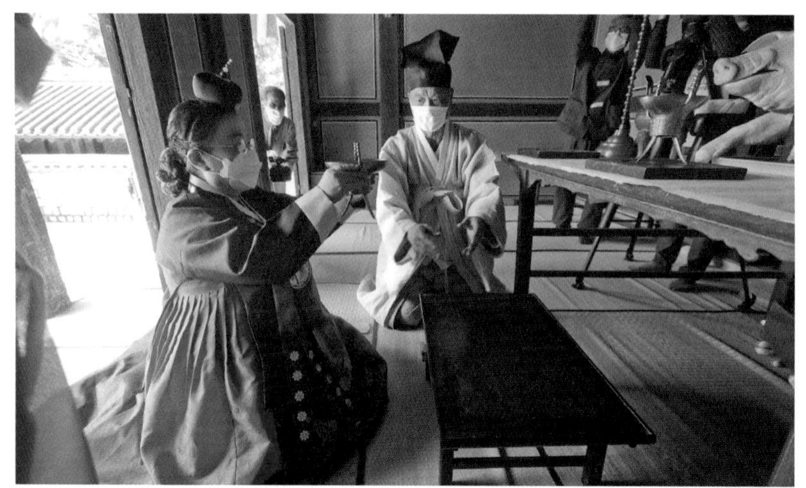

서원 역사상 처음으로 여성 초헌관을 맡은 필자가
경북 안동 도산서원 상덕사에서 예를 갖추고 첫잔을 올리고 있다.
[자료출처 : 이동춘 작가 제공]

도산서원 추계향사 초헌관
[자료출처 : 이동춘 작가 제공]

고 조선사회를 이끌어가는 주도적인 역할을 하게 되었다.

한국의 서원은 '자연과 인간의 조화', '소통과 화합', '나눔과 배려'의 정신과 교육적 이상의 귀중한 가치가 담겨져 있는 자랑스러운 우리의 문화유산이다. 이는 지성과 인성교육까지도 강조되었다는 점에서 오늘날에도 이어받을 뜻깊은 정신이다. 한국의 서원은 조선시대 선비의 학문과 도덕, 개성을 보여주며, 지역문화의 역사성과 한국문화의 정체성을 담고 있다. 나아가 서원에는 유·무형의 다양한 문화유산(역사·교육·제향의례·건축·기록·경관·인물 등)들이 존재하며 도서출판, 문화예술, 정치 등 복합적인 문화사가 이루어졌던 거점이었다.

향사란 춘계, 추계로 나누어 일 년에 두 차례 거행되는데 누가 세상을 떠나서 지내는 제사가 아니라 제향인물의 정신과 학문의 뜻을 후학들이 기리고 계승하는 일종의 길사(吉祀)에 해당된다. 춘계향사는 음력 2월 중순경에 정(丁) 자가 들어간 날을 택하여 지내고 추계향사는 음력 8월 중순에 정(丁) 자가 들어가는 날 지내게 된다. 마침 2020년은 추석날이 정축(丁丑)일이라 겹치게 된 것이다.

제사에는 초헌, 아헌, 종헌관이 차례로 술잔을 올리게 되어 있는데 종묘제례에서 초헌관을 임금이 맡고, 아헌관을 왕세자가, 종헌관은 영의정이 맡듯이 서원제례에도 초헌관의 역할이 가장 막중하다. 첫 잔만 올리는 역할뿐 아니라 이틀 동안 진행되는 향사를 총 주관하고 책임을 맡는 그날만은 원장의 위상을 대신 가지고 있다. 향사 전날 아침부터 분향(焚香), 집사분정(執事分定), 독약(讀約), 생간품(牲看品), 초헌관의 강의, 석미(淅米), 습례(習禮) 등의 여러 절차를 절도 있게 주관하고 제례의 위상을 높이는 것이다.

초헌관은 서원의 운영위원회에서 선정을 하는데 덕행, 학행과 공적을 가려 명망 있는 인사를 추대하는 것이다. 이번에 최초로 서원의 역사에 초헌관을 맡게 된 필자는 2010년 이화여대 총장을 마치고 국가브랜드위원장을 역임하면서 서원의 유네스코 세계유산 등재를 구상하고 총괄 추진하여, 10년 가까운 노력 끝에 한국의 서원 9곳이 2019년 7월 아제르바이잔 바쿠에서 열린 제43차 세계유산총회에서 등재되는 쾌거를 이루어내었다. 유네스코 세계유산으로 등재된 한국의 서원은 9곳으로 소수서원(영주), 도산서원(안동), 병산서원(안동), 옥산서원(경주), 도동서원(대구달성), 남계서원(함양), 필암서원(장성), 무성서원(정읍), 돈암서원(논산)이다. 우리나라 세계유네스코 유형유산으로는 14번째 등재된 것이다.

도산서원은 그동안 시대의 흐름에 맞추어 꾸준히 변화의 노력을 기울여왔다. 2002년에 여성에게 굳게 닫혔던 서원의 사당 문을 열어 서원 창설 426년 만에 처음으로 공개하였다. 예(禮)란 "현재와 합당해야 하고 과거에서 멀어져서는 안 된다(의어금이 불원어고(宜於今而 不遠於古))"는 퇴계의 가르침에 어긋나지 않고 시대의 흐름에 틀리지 않다고 판단하였기 때문이다. 그러던 차에 여성에 대한 문호개방을 알묘례에만 국한시키는 것은 문제가 있다는 각성이 근래 서원운영위원장인 퇴계 종손을 비롯하여 김병일 도산서원원장 등 구성원들 사이에 싹텄다. 그 결과 헌관도 남녀 구분을 없애기로 하고 합리적 선정 기준을 세우기에 이른 것이다. 도산서원의 발전과 퇴계학 현창, 나아가서 한국의 서원과 전통정신문화 창달에 공적이 뛰어나고 앞으로 활동이 기대되는 분 등이 그 기준이었다.

이러한 절차를 거쳐 초헌관으로 선정된 필자(한국의 서원 통합보존관리단 이사장)는 일찍이 선비정신과 서원의 참가치를 세상에 알려야 한다는 일념으로 세계유산으로 관철시킨 공로를 인정받아 도산서원 측에서는 감사로 화답한 것이다. 투쟁이 아니라 서로 존중하는 상생으로 역사의 새 장을 열었다는 데 의미가 크다. 처음으로 임하는 여성 초헌관이라 전례가 없어 복식을 정하는 데도 세심한 고려가 필요하였다. 궁중의례가 아니고 또한 종가의 제례도 아닌 서원의 향사라 지나치게 화려하지도 않고 너무 소박하지도 않은 품격 있는 복식을 마련하여 여성초헌관의 제관복으로 적합하다는 평가를 받았다.

한국의 서원 9곳이 세계유산으로 등재된 주요 요건으로는 건물의 보존이 잘되어 원형이 유지된 점이 부각된 것이다. 그러나 건물의 유지와 보존은 그것을 지키려는 사람의 마음이 함께해야 한다. 서원의 기능은 제향, 강학, 유식으로 자연과 함께 인간이 조화를 이루고 인격을 도야하고 존경하는 선현들을 기려 그의 학풍을 이어받고 진정한 정신을 계승하는 참뜻이 새겨져 있다. 교육기능은 근대 서양교육이 들어와 주도하면서 많이 뒷전으로 물러났지만, 제향기능은 설립 때부터 지극한 정성으로 경건한 절차를 거쳐 운영하는 것이 예나 지금이나 다름이 없다. 필자도 서원에 가서 가끔 제향하는 모습을 보면 역사 대대로 이어온 정성이 하늘에 닿아 유네스코 세계유산으로 등재되지 않았나 하는 감회가 새롭다.

01 종묘 (1995년)

02 석굴암과 불국사 (1995년)

03 해인사 장경판전 (1995년)

04 창덕궁 (1997년)

05 수원 화성 (1997년)

06 경주 역사유적지구 (2000년)

07 고인돌(고창·화순·강화) 유적 (2000년)

08 제주 화산섬과 용암동굴 (2007년)

09 조선 왕릉 (2009년)

10 하회마을, 양동마을 (2010년)

11 남한산성 (2014년)

12 백제 역사유적지구 (2015년)

13 세계유산 등재 산사 7곳 (2018년)

14 '한국의 서원 9곳' 유네스코 세계유산으로 등재되다 (2019년)

15 한국서원의 세계유산적 가치

제5장

가장 한국적인 것이 가장 세계적이다

—

유네스코 세계유산에 등재된 유형문화유산

도산서원 전도

종묘
(1995년)

<국군방송(라디오)-국방FM 국방광장 '역사랑 문화랑'> (2018년 4월~2019년 7월) ※국군방송 문성묵 준장과 함께한 우리나라 세계유산에 관한 인터뷰 내용입니다.

- 봄 개편과 함께 새롭게 마련한 코너 '역사랑 문화랑' 시간입니다. 매주 이 시간에는 유네스코 세계유산으로 등재된 우리 문화유산과 우리 역사 속 인물을 만나보게 될 텐데요. 가이드 역할을 해주실 분은, 역사와 문화를 사랑하는 분이죠. 문화재청 세계유산분과위원회 위원장이신 이배용 전 이화여대 총장님과 함께 하겠습니다. 총장님, 안녕하십니까?

"네, 안녕하세요."

- 사전에 조사를 좀 해보니까요, 총장님께서 우리 역사문화에 남다른 애정을 가지고 계시던데, 언제부터 관심을 갖게 되셨고, 그 계기는 어떤 것이었습니까?

“네, 우리 역사에 대한 관심은 초등학교 때부터인데요. 특히 문화현장에 대한 관심은 1965년에 이화여대 사학과에 들어가 문화현장을 찾아다니며 시작되었고 살아 숨 쉬는 생생한 유적·유물을 보면서 역사에 대한 애정을 더욱 더 깊게 가지게 되었습니다.”

- 아, 그러시군요. 아주 오래전부터 이런 관심과 애정을 가지고 계셨는데 이미 20여 년 전 대학교수와 총장들을 대상으로 역사문화 현장답사도 많이 하셨다면서요?

“네, 대학교수 총장님들뿐 아니라 장관 등 지도층부터 학생들까지 다양하게 인솔했습니다. 제가 문화현장이 머릿속에 상당히 많이 입력이 되어 있거든요. 그래서 스토리텔링을 해서 우리 선조들의 창의력과 발자취를 따라 감동을 전하는 역할을 오랫동안 해왔습니다.”

- 정말 기대가 많이 됩니다. 아마 서울 고궁 같은 데서 총장님의 해설을 직접 들어본 일반시민들도 많으셨을 텐데, 매주 여행하는 기분으로 이 시간 함께하시면 되겠죠?

“네, ‘오래된 미래’라고 시간여행을 통해 선조들의 시대정신과 열정을 만끽하면서 우리가 미래의 창의력과 상상력을 키워갈 수 있다고 생각합니다.”

- 역사랑 문화랑, 오늘 첫 시간 소개해 주실 문화유산은 무엇인가요?

“종묘입니다. 잘 아시다시피 조선왕조가 1392년에 건국되면서 제일 먼저 건축한 건물이 종묘하고 경복궁이에요. 그런데 이 종묘를 무덤이라고 생각하는 사람도 많잖아요. 왕실의 무덤은 왕릉이라고 하고요. 일단 돌아가시면 혼백이라고 해서 혼은 종묘라는 사당에 모시지요. 위패 신위를 모시는 곳이 종묘고요. 육신을 백이라고 하는데 육신을 묻는 곳은 왕릉이죠. 그래서 우리나라에는 42기의 왕릉이 있고요, 종묘는 서울의 중심, 종로 한복판에 있는 왕실의 사당입니다."

- 그렇지요, 위치로 보면 서울시 종로구 경복궁에서 그 왼쪽입니까?

"경복궁의 왼쪽이지요. 창덕궁의 바로 앞에 있고요."

- 네, 역사교과서에도 나오고 그래서 이 종묘를 무덤이라고 생각하는 분들도 많이 있지만 지금 총장님 말씀 들어보니 무덤은 왕릉이고, 종묘는 임금님의 혼을 모신 사당이다 이렇게 이해하면 되겠군요. 그러면 종묘는 1395년에 경복궁과 함께 만들어졌다는 이야기죠?

"조선왕조가 1392년에 건국되어서 1394년에 서울 한양으로 도읍을 정하잖아요. 그러자 종묘를 건립하는데, 우리가 왜 '신주단지 위하듯이 한다'는 얘기가 있잖아요. 신주를 모시는 종묘가 제일 우선이고요. 그리고 임금이 정치도 하고 생활도 하셔야 되니까 궁궐이 만들어지는 제일 첫 번째 건물이 경복궁이라, 1395년 9월에 이 종묘와 경복궁이 완성됩니다."

- 1395년 9월에 완성된 이 종묘가 세계문화유산으로 등재가 됐잖습니까? 그 배

종묘
[자료출처 : 유네스코 세계유산센터(http://whc.unesco.org)]

경은 어디에 있습니까?

"종묘가 1995년에 우리나라 문화유산 중에서 최초로 유네스코 유산에 등재가 됩니다. 그때 석굴암, 불국사도 함께 됐는데요, 종묘는 사실 우리나라 사람들보다 외국인이 상당히 관심을 크게 갖고 아주 신비하고 장엄한 건축과 정신적 의미에 감동을 느끼는 곳이에요."

- 아, 그래요.

"그러니까 유교적 정신세계를 이 우아하고 장엄한 목조건축으로 구현해 낸 것 아닙니까? 그냥 종묘 앞에 서면 저절로 인간의 영혼이 안정되는 느낌을 갖게 됩니다. 그래서 유네스코 유산에서 유교정신을 가장 장엄하게 건축으로 구현한 천·지·인의 조화의 공간, 이런 것을 통해 우리가 등재하는 데 상당히 순조롭게 됐던 거죠."

- 그렇군요.

"임진왜란으로 불탔어도 다시 복원하면서 조선왕실에서 제례를 지내다가 일제강점기에는 이왕직에서 담당하고 지금은 전주이씨 대동종약원과 문화재청에서 관리하면서 제례를 진행하고 있습니다."

- 조선을 배경으로 한 드라마 같은 데 보면, "전하, 종묘사직이 위태롭나이다. 부디 종묘사직을 보존하소서." 이런 대사가 나오는데 이 종묘라는 장소가 어떻게 보면 조선이라는 나라를 상징하는 것이라고 봐도 되는 것입니까?

"네, 흔히 임금이 즉위하면 '종묘사직(宗廟社稷)에 고한다.' 이런 말을 하잖아요. 바로 종묘는 정통성이에요. 어떤 나라나 기둥의 역할을 하는 구심점이 있어야 단결도 하고 가치를 공유할 수 있잖아요. 그래서 종묘는 국가 정통성의 상징입니다. 그것을 우리가 이렇게 얘기를 해요. '뿌리가 깊은 나무는 바람에 흔들리지 않는다.' 나라에 굳건하게 뿌리를 내려 어떤 시련도 이겨낼 수 있는 정신적으로 가장 든든한 공간이 되는 것입니다. 또한 사직은 경복궁의 우측 서쪽에 있는데 민생을 안정시키는 역할을 해요. 사단은 안보의 신을 제사 지내서 백성들을 외침에서 보호하고, 직단은 오곡의 신에 제사를 지내서 풍년을 기원하는 거예요. 종묘를 통해 정통성을 구현해서 백성들에게 나라의 기본적인 가치를 심어주고, 사직을 통해 안보와 민생을 안정되게 하는 것이 임금의 필수덕목인 것입니다."

- 와, "종묘사직이 위태롭나이다, 부디 종묘사직을 보존하소서"라는 말에 그런 깊

은 뜻이 담겨 있다는 것은 아마 우리 애청자도 처음 들으시는 것 같습니다. 종묘에서 중요한 건물이 있다고 하던데요?

"네, 종묘에 들어가면 건물이 많지는 않아도 우리에게 아주 경건함과 신성성을 줘요. 우선 정전이 있고요, 본전이죠. 신전이라고 보시면 돼요. 정전이 본 건물이고 또 하나 제2건물이 영녕전이에요. 그래서 정전에는 신실이 19실이 있고, 영녕전에는 16실이 있어요. 임금의 신위가 그곳에 모셔져 있는데, 조선왕조 27대 임금이 계세요. 그런데 연산군과 광해군 두 분은 거기에 못 들어갔어요. 임금을 안 했던 분 중에서도 추존이 돼서 들어가신 분들이 있습니다. 성종의 아버지 덕종이라든가 정조의 아버지 사도세자라든가, 이렇게 해서 정전에는 19실이 있고 왕비가 바로 옆에 계십니다. 임금은 한 분이라도 왕비가 돌아가시면 또 계비를 모셔요. 그렇게 해서 왕비의 신위가 더 많습니다. 종묘에 가보면 아무리 가부장적인 남성의 공간 같아도 왕비도 대등하게 그곳에 모셔져 있어요. 그래서 정전에는 49위 중에 왕이 19위이고 왕비가 30위 계시고, 영녕전에는 왕이 16위이고 왕비가 18위 계십니다."

- 정전과 영녕전을 구분해서 모시는 이유가 어디 있습니까?

"임금이 돌아가시면 처음에는 7칸이었다가 계속 늘어나서 19실이 된 거예요. 19칸이에요. 우리 목조건물이 굉장히 미래 지향적인 것이 못을 안 치니까 건물을 계속 늘릴 수가 있다는 점이에요. 그래서 7칸이 세월이 지나면서 19칸이 됐는데 돌아가신 왕이 늘어나니까 자리가 조금 모자라잖아요. 그러면 여러 가지 면으로 평가해서 영녕전으로 물러가는 분이 계신 거죠. 결국 살아생전에도 정치를 잘 해야 되고, 또 후계자도 잘 둬야 그 자리에 모셔질 수 있는 거예요."

- 그렇군요. 종묘제례, 종묘악이라는 것도 있잖아요?

"네, 2001년에 종묘제례와 종묘악이 유네스코 무형문화유산으로 등재돼 있어요. 이 공간은 슬픔의 공간이 아니라 축제의 공간이에요. 왜냐하면 돌아가신 조상들이 하늘에 올라가셔서 그 은덕이 자손에게 대대로 내려 조선왕조의 안녕과 왕실의 복을 이어받을 수 있다 해서 여기는 슬픔의 공간이 아닙니다. 이른바 축제예요. 그래서 춤도 추고 음악도 연주하고 노래도 하는데, 제례악이라 하면 음악과 무용이 함께하며 문무의 춤이 어우러집니다. 문화의 덕을 칭송하는 것은 '보태평'이라 하고 나라를 세웠거나 난을 진압하는 등 무공을 칭송하는 것은 '정대업'이라고 하는데 가서 보시면, '팔일무'라고 해서 팔팔이 육십사 명의 무용수들이 아주 절도 있게 문무의 동작을 합니다. 문신의 춤에서는 약적 꿩의 털과 피리를 가지고 춤을 추고요. 무무는 검과 창을 들고 하는데 일무라고 합니다. 이렇게 해서 유네스코 유산으로 등재가 된 겁니다."

- 그래서 제례와 종묘 제례악이 유네스코 무형문화유산으로 등재되었다는 이런 말씀이시죠?

"네, 제례에서 무용과 함께 음악이 연주됩니다. 유네스코 무형문화 유산입니다."

- 조선을 세울 때 가장 먼저 모습을 드러냈던 이 종묘…. 오늘은 조선왕조의 상징적인 문화유산인 종묘에 대한 이야기를 해주셨는데요, 종묘에 관해 전해 내려오는 이야기 중에 꼭 들려주고 싶거나, 조선왕조 사람들의 삶을 통해 우리가 꼭 기억했으면 하는 메시지가 있다면 마무리 말씀을 해주실까요?

"우리 조선왕조는 유교를 국시로 하는데 가장 근본은 도덕심의 구현과 조화의 지혜예요. 포용과 배려의 조화, 종묘는 '공신당'이라는 신하의 사당들도 있어요. 정치는 임금 혼자만 한 것이 아니고 함께 보필 행정한 신하들의 공로도 추앙한 것이지요. 이런 하늘과 땅과 사람의 조화, 과거와 현재와 미래의 조화, 임금과 신하와 백성의 조화, 이상과 현실의 조화, 산 자와 죽은 자가 서로 함께하는 조화의 기능이 우리가 종묘에서 꼭 이어받아야 할 정신이고 충효의 의리로 나라를 지키는 애국심이 여기서부터 비롯된다는 것입니다."

- 아, 그렇군요. 도덕과 조화, 충효의 정신 이런 것들을 꼭 기억했으면 좋겠다는 말씀이군요. 요즈음 나들이하기 참 좋은 날씨인데 오늘 총장님이 말씀해 주신 이야기들을 잘 떠올리면서 종묘를 들러 보신다면 새로운 기분이 들 것 같다는 생각이 듭니다. 총장님 오늘 말씀 감사드리고 다음 주 또 뵙겠습니다.

"네, 감사합니다."

석굴암과 불국사 (1995년)

- 오늘은 어떤 문화유산을 만나볼까요?

"석굴암과 불국사, 1995년에 유네스코 세계문화유산으로 지정된 가장 대표적인 사찰의 불교유산입니다."

석굴암

[자료출처 : 유네스코 세계유산센터(http://whc.unesco.org)]

- 경주로 수학여행을 가면 꼭 들르게 되는 곳이기도 한데, 먼저 석굴암 이야기부터 해볼까요. 언제 창건되었나요?

"석굴암은 통일신라시대 35대 경덕왕 때, 그러니까 751년이에요. 그때부터 김대성이 전세부모를 위해서는 석굴암을 지었고 현세부모를 위해서는 불국사를 건축했습니다. 신라인의 신앙과 예술적 지혜, 그리고 기술력이 만든 찬란한 문화유산의 금자탑입니다."

- 석굴암의 내부구조는 어떻게 돼 있고 특징할 만한 것이 있다면요?

"네, 석굴암은 3개의 영역으로 구성되어 있어요. 360여 개의 돌로 짜 맞추어 내부공간을 조성하고 바깥을 흙으로 덮은 인공석굴입니다. 맨 앞에 전실이 있어요. 거기에는 팔부신중이나 금강역사가 조각되어 있고요. 그리고 후실이 있습니다. 본존불을 비롯한 많은 불교적인 조각들, 범천제석천, 문수보살, 보현보살, 십대제자, 십일면관음보살상이 조각이 되어 있어요. 그리고 전실과 후실의 통로에는 사천왕 이를테면 부처님을 수호하는 문지기 수호신이라고 할 수 있는 존재가 있죠. 그렇게 구성이 되어 있습니다."

- 그렇군요. 말씀하신 대로 이 석굴암이 천연석굴이 아니고 인조석굴이라면서요?

"인공석굴로 맨 가운데 석가모니불이 계신데 본존불이 3.5m입니다. 모든 악마의 유혹을 물리치고 깨달음을 얻는 순간의 석가모니불을 형상화한 것이에요. 그리고 광배가 있는데 바로 붙어 있지 않고 1m 떨어져 있어 매우 입체적이고 여러 가지 형상을 잘 배려해 조각한 인류 최고의 불상이고 자랑스러운 문화유산입니다."

- 그럼 이렇게 석굴이 유지되려면 사실 습도조절이라든지 공기정화라든지 이런 것들이 잘 되어 있어야 하는데 이렇게 오랜 기간 동안 보존될 수 있었던 그런 힘이 어디에 있는 겁니까?

"원래 우리 조상들의 예술은 자연과 함께 자연의 순리를 이용한 조각이 상당히 많아요. 자연통풍, 채광, 온도, 습기조절이 아주 자연적으로 잘되어 있는데 일제강점기에 이것을 해체하면서 인위적인 손길이 들어간 거예요. 이를테면 원래는 내부에 습기가 차면 안 되니까 지하수를 이용해서 온도조절을 했단 말이죠. 그런데 잘 몰라서 이 지하수를 밖으로 빼니 자꾸 결로현상, 누수현상이 생기는 거예요. 그리고 콘크리트로 외벽을 감싸면서 원형의 자연적인 여러 가지 조화의 기능이 많이 훼손되어 버린 거죠. 우리가 다시 해체 복원할 때도 이미 손을 댄 거고 그 시기의 정성과 모든 기술력을 재현하기는 상당히 어렵습니다. 현대인들은 너무 기계라든가 물질문명에 익숙해있고, 그 당시에 국가사상이었던 불교정신이 시대정신이 아니기 때문에 온갖 정성을 기울이기는 어려운 시대성도 있는 거죠."

- 그렇다면 이 석굴암이 갖는 역사적 의미는 무엇일까요?

"석굴암은 신라인들이 만든 임금과 백성들의 협력, 조화의 창조물입니다. 가장 찬란하게 융성했던 시기가 통일신라시대거든요. 토함산은 호국과 군사적 요충지에요. 동해바다에 '내가 바다의 용이 되어서 나라를 지키겠다'는 문무대왕의 능, 대왕암도 있잖아요. 융성기에도 내적 안정을 도모하며 백성들의 삶을 편안하게 살펴주는 대화합의 정신이 함께 있는 것입니다."

- 네, 석굴암이 갖는 역사적인 의미를 설명해 주셨습니다. 이제 두 번째로 설명해 주실 불국사로 가 보겠습니다. 불국사는 언제, 어떤 배경에서 만들어진 곳인가요?

"마찬가지로 35대 경덕왕 때 김대성이 751년부터 774년까지 조성하는데요, 현세부모를 위해서 건축한 불교유산의 금자탑입니다.

- 불국사의 전체구조는 어떻게 되어 있습니까?

"불국사는 들어가시면 연화교, 칠보교가 있고 청운교와 백운교가 있어요. 대웅전으로 통하는 곳이 청운교, 백운교이고 극락전으로 통하는 곳이 연화교, 칠보교입니다. 들어가 보시면 법화경에 근거한 석가모니불의 사바세계와 무량수경에 근거한 아미타불의 극락세계, 화엄경에 근거한 비로자나불의 연화장세계 이렇게 크게 3개의 영역으로 아주 장엄하게 배치되어 있습니다."

- 앞서 석굴암도 3개 영역이라고 말씀하셨는데 불국사도 3개 영역으로 구성되어 있다는 말씀이잖아요. 불국사에 가면 제일 먼저 볼 수 있는 것이 사찰의 높은 계단입니다. 방금 총장님께서 말씀해 주신 연화교, 칠보교, 청운교, 백운교 이런 다리들인데 불국사에는 이런 계단으로 이루어진 다리가 많은 걸까요?

"불경에 의한 33계단이 있는데요, 특히 아래에는 냇물이 흘렀습니다. 왜냐하면 속세에서 번뇌를 씻고 이상의 세계, 진리의 세계로 들어가는 세심의 의미에서 연화교, 칠보교, 청운교, 백운교가 거기에 배치되어 있는 거예요. 또 대웅전이 석가모니의 자하, 붉은 광신, 붉은 빛의 안개다 해서 자하문으로 들어가는 거잖아요. 그리고 극락전으로는 안양문을 통해서 들어가는 연화교와 칠보교가 함께 있는 거죠."

- 그렇군요. 불국사 하면 석가탑과 다보탑을 빼놓을 수 없는데, 탑을 나란히 마주 보게 지은 것도 참 인상적이더라고요.

"통일 전에는 보통 대웅전(금당) 앞에 탑이 하나였어요. 일 금당 일 탑인데, 통일 이후에 금당 앞에 쌍탑이 조성돼요. 감은사에도 쌍탑이 있고요. 불국사도 쌍탑인데 이질탑이거든요. 석가탑과 다보탑의 형태가 달라요. 석가탑은 간단하게 이야기하면 석가모니탑입니다. 즉 석가여래탑이고 다보탑은 다보여래탑이에요. 그 두 탑이 함께 있는 것은 아주 의미가 깊은 거예요. 석가모니께서 영취산에서 법화경을 설법하실 때 그 설법이 진리에 맞다고 인증해 준 증명탑이 다보여래탑입니다. 칠보의 탑이 올라와 다보여래가 석가모니에게 함께 앉자 해서, 석가탑이 있는 곳에 다보탑이 있게 되고 그것이 권위의 증거와 인증이 되는 것입니다. 그리고 가장 중요한 게 석가탑 해체, 복원 수리할 때 무구정광대다라니경이 나왔잖아요. 길이가 6.2m인데 현존하는 세계 최고의 목판인쇄물입니다. 8세기경에 만들어진 것이지요."

- 지금 석가탑, 다보탑을 말씀하실 때 석가여래, 다보여래라고 '여래'라는 표현을 쓰셨는데 그건 왜 붙이신 거죠?

"여래는 부처인데요, 불교의 세계는 유일신이 아니라 다신불이에요. 여러 부처가 있어요. 법신이라는 비로자나불, 보신의 아미타여래, 약사여래 그리고 석가여래는 인간으로 태어났다가 부처가 되신 석가모니의 현신불이에요. 이 불국토라는 것이 이제 신라가 다음에 석가모니처럼 인간으로 태어났다 부처로 될 미륵보살이 부처가 되는 땅이라는 것, 그래서 이 불국토를 지키자 하는 염원과 희망이 함께 있는 거죠."

석가탑

다보탑

[자료출처 : 저자 제공]

- 아, 그렇군요. 석가탑, 다보탑 역사시간에 참 많이 외우기도 하고 중요하다고는 하는데, 실제로 왜 중요한지 설명을 듣기 전에는 막상 가서 뭘 봐야 할지 사실은 잘 몰랐어요. 끝으로 불국사가 갖는 의미와 문화유산으로서의 가치도 짚어주세요.

"네, 흔히 예술은 시대를 반영한다고 하죠. 오랜 전쟁을 통해 통일하고 100년 후의 안정된 국가기반, 경제적 뒷받침과 최고의 문화적 역량을 발휘할 수 있는 힘을 보여주죠. 군신 간, 백성 간의 혼연일체 정신과 화합의 성취감, 이것이 이상향인 불교세계를 이 땅에 완성한 아시아 불교문화권에서 독창적이면서도 아름다운 예술의 걸작품입니다."

- 결국 이런 통일신라의 불교시대 전통이 고려시대로 이어지는 걸로 봐야 될까요?

"그렇죠. 그런데 이제 시대가 다르니까, 사람의 생각이 달라지고 신앙은 같다 하더라도 또 종파가 있고 해서 또 다른 양상으로 불교유산이 창조되게 되는 거죠."

- 그렇군요. 신라 백성의 정성이 없었다면 만들어지지 못했을 거라는 생각도 듭니다. 총장님 고맙습니다.

"네, 감사합니다."

해인사 장경판전 (1995년)

- 오늘은 어떤 유산을 소개해 주실 건가요?

"1995년 세계유네스코 유산으로 등재된 해인사 장경판전입니다."

- 해인사 하면 주로 팔만대장경을 먼저 떠올리게 되는데, 장경판전은 처음 듣는다는 분들도 계실 것 같아요. 장경판전이 뭔가요?

"세계에서 가장 일정하고 정확한 목판으로 된 불교경전이 대장경이잖아요. 팔만대장경을 보관하기 위해서 지어진 목조건축물을 일컫는 것이죠. 그러니까 이게 대장경의 수장고라고 볼 수 있는 거예요. 목판 보관을 목적으로 지어진 것으로는 세계적으로 유일한 건축물이에요."

- 팔만대장경이 처음부터 장경판전에 보관돼 있었던 건 아니라고 하던데, 장경판

해인사 장경판전
[자료출처 : 유네스코 세계유산센터(http://whc.unesco.org)]

전은 언제부터 이 팔만대장경을 보관하게 됐나요?

"1231년에 고려 때 몽골이 쳐들어오잖아요. 그래서 이듬해에 강화도로 피난을 가게 돼요. 그때가 불교와 유교가 공존하던 시대인데 야만적인 몽골의 침략을 불력, 즉 부처님의 힘으로 물리칠 수 있다는 희망의 힘이자 정신적인 의지로 1236년부터 16년을 조판한 겁니다. 남해에서 제작해서 강화도에 보관됐다가 고려 말에 왜구가 침략을 거듭하자 위험해져서 1398년 서울로 옮겨 해인사로 들어간 것입니다."

- 목판 하나의 무게도 적지 않은 걸로 아는데, 팔만 장이 넘는 목판을 강화도 선

원사에서 경남 합천 해인사까지 옮긴 것도 대단하네요.

"네, 임금도 서울을 지날 때는 행차를 하셨다는 거예요. 그 소중함을 알고요."

- 이즈음에서 팔만대장경의 제작 동기와 내용도 설명해 주세요.

"팔만대장경에는 약 팔만 이천의 경판이 수장되어 있고 그 목판은 앞뒤로 판각이 되어 있어요. 그래서 650자 정도가 각판이 되어 있고요. 그것을 다 합치면 팔만대장경에 수록된 글자는 약 오천 이백만 자가 됩니다. 그리고 팔만 사천의 법문이 실려 있어요. 그 속에는 우리가 정신적인 합심을 통해서 몽골의 침략을 물리치고 평화를 만들자는 의지와 신앙적인 힘이 있는 거예요."

- 팔만대장경이 수백 년이 흘러도 대부분 원형 그대로를 보존할 수 있었던 데는, 대장경의 까다로운 제작과정도 있었지만 장경판전에 그 비결이 있다고 하는데, 자세하게 소개를 해주시겠습니까?

"팔만대장경에는 세계인이 정말 놀랄 정도의 과학성과 지혜, 예술성 그리고 인간의 가장 극치의 열정과 정성이 깃들어 있어요. 해인사는 대장경 속 부처님의 가르침을 보존하는 법보사찰로 해인사의 가장 높은 곳에 있어요. 삼보사찰 중에 해인사는 법보사찰, 통도사는 부처님의 진신사리가 보관되어 있어서 불보사찰이고, 송광사는 그 가르침을 전하는 승려들의 승보사찰이에요. 해인사는 법보사찰이니까 대장경의 장경판전이 가장 위에 있다는 위상도 있지만 제일 위에 있어 햇빛을 가장 많이 끌어들여요. 서남향이라 햇빛이 여름이나 겨울이나 상당히 긴 시간 비춰주니 나무가 눅눅해지고 썩는 것을 막고요. 또 이끼나 곰팡이, 곤충의 번식을 예방하고 습기 조절도 됩니다. 가장 위대한 게 이 토질이에요. 배수가 잘되는 토질 위에 많은 양의 숯과 소금 그리고 석회를 바닥에 뿌려서 기초를 다지는 건데 이 부분이 습기를 빨아들이는 탁월한 성질이 있어요. 우리 선조들의 놀라운 지혜가 숨어 있는 거예요."

- 정말 자연환경을 이용한 선조들의 지혜가 느껴지는 대목인데요.

"네, 자연환경을 최대한 이용한 보존과학의 극치라 볼 수 있어요."

- 이것도 연관된 내용인지 모르겠는데, 일반적으로 절에서 가장 높고 중요한 자리는 부처님을 모시는 법당이 있기 마련이잖아요. 그런데 해인사에는 장경판전이 부처님을 모신 법당보다 높은 곳에 위치해 있다면서요? 이유가 있나요?

"아까 말씀 드렸듯이 법보사찰에는 부처님의 가르침을 기록한 법문이 수록되어 있잖아요. 여기는 그야말로 목판을 모시기 위해서 특별히 지은 건물이에요. 해인사가 법보사찰이기 때문에 장경판전이 가장 높은 곳에, 법당보다 높은 곳에 위치해 있는 거죠."

- 팔만대장경 자체도 인류의 중요한 기록유산이지만, 팔만대장경만큼이나 장경판전도 놀랍고 아름다운 유산이라는 걸 오늘에야 알게 됐는데, 두 개의 문화유산을 품고 있는 해인사, 그리고 이 해인사 팔만대장경과 장경판전을 통해 우리가 기억하고 되새겨야 할 교훈이 있다면 강조해 주시겠어요?

"네, 이 장경판전은 1995년 유네스코 유형유산으로 등재됐고, 팔만대장경이 2007년에 세계기록유산으로 또 등재가 됐어요. 이렇게 위대하고 찬란한 문화예술이 지금까지 잘 보존된 데에는 그 당시에 보존의 과학적 지혜도 있었지만, 저는 인간의 정성이 들어 있다고 봅니다. 이를테면 전쟁을 겪으면서도 피해 갈 수 있었던 거예요. 과거 이곳은 한국전쟁의 격전지로 해인사에 빨치산들이 들어갔을 때 위에서 폭격을 해야 됐지만 공군대령이었던 김영환 장군이 이곳은 정말 우리의 소중한 문화유산이기 때문에 폭탄을 터뜨리면 안 된다고 해서 보존이 된 것입니다. 바로 문화에 대한 인식, 역사에 대한 소중함 이런 정신이 있어야 지킬 수 있는 거예요. 안보에는 사람도 지키고, 땅도 지키고, 문화도 지켜야 되는 우리의 사명이 있는 거죠. 더불어 물질적인 것뿐 아니라 정신적인 힘의 위대함을 가장 존중했던 선조들의 지혜, 높은 문화정신과 예술성, 완전성, 정확성 등이 인류 최고의 문화유산으로 선정되는 데 큰 원동력이 된 것입니다. 우리가 자긍심과 애국심을 갖게 되는 자랑스러운 찬란한 유산입니다. 또 한 가지를 덧붙인다면 공기순환을 고려하고 채광을 고려하여 창 높낮이가 다 달랐던 점 등 지금도 우리가 생각할 수 없는 조상들의 과학적 지혜가 매우 놀랍습니다."

- 우리가 지혜로운 조상을 가지고 있다는 것은 참 감사한 일입니다. 오늘도 감사합니다.

"감사합니다."

04 창덕궁 (1997년)

- 오늘은 어떤 문화유산을 만나볼까요?

"오늘은 유네스코 유산으로 등재돼 있는 창덕궁 후원을 가보시죠."

창덕궁 후원 규장각, 주합루

[자료출처 : 저자 제공]

- 드디어 궁궐이 나오는군요. 도심에서 한 나라의 5대 궁궐을 볼 수 있는 곳은 세계적으로도 유례를 찾아보기 힘들다고 하는데, 궁전과는 또 다른 궁궐의 묘미에, 세계인들도 많은 감동을 받는다고 해요. 실제 그런 경험이 이배용 총장님께도 있다고요.

"네, 많이 있습니다. 특히 G20 정상회의 때 15개국의 영부인들이 참석하셨어요. 제가 창덕궁 후원의 규장각, 주합루, 영화당, 부용지, 과거시험장, 연경당을 설명했는데 너무 감동하시고 나중에 대통령들께서 부인들을 통해 그 이야기를 듣고 우리는 왜 그런 좋은 곳을 안 보여줬냐 하실 정도였습니다."

- 먼저 그럼 창덕궁에 대한 간단한 소개와 함께 창덕궁 후원은 언제 세계문화유산에 지정이 됐는지 알려주시겠어요?

"네, 조선왕조가 1392년에 건국되지 않았습니까? 그래서 1394년에 한양으로 천도를 지정하고 1395년에 경복궁과 종묘가 지어져요. 거기서 1398년 왕자의 난이 일어났잖아요. 그러면서 1400년 조선왕조 제3대 임금으로 즉위한 태종이 1405년에 창덕궁을 새로운 궁궐로 짓게 됩니다. 창덕궁은 5대 궁궐 중에서 임금이 많이 계시던 곳이에요. 가장 유서 깊은 곳이지요. 1997년 12월 유네스코 세계문화유산으로 지정되었습니다."

- 창덕궁의 후원을 다른 말로 비원이라고도 하는데 왜 이렇게 이름이 붙여졌습니까?

"이게 바로 일제식민지 잔재예요. 조선왕조를 흔히 이조라고 부르잖아요. 저는 꼭 그 부분을 고쳐드리는데 조선이라는 국호가 있음에도 일본이 멸망시킨 왕조가 조선왕조이지 않습니까? 그래서 조선을 전주 이씨의 정권쟁탈로 이루어진 왕조라고 해서 이씨 왕조, 즉 이조라고 했어요. 마찬가지로 경복궁 앞에도 총독부를 지었잖아요. 우리의 민족의식을 훼손시키는 것이죠. 그리고 창덕궁은 이름이 있음에도 비원이라고 명명했어요. 비원이라는 것은 후원의 관리사무실 명칭인데 꼭 무슨 비밀이 있는 정원 같은 의미를 주잖아요. 이것도 쓰지 말아야 됩니다. 후원은 금원이라든가 후원이라든가 그런 명칭이 있는 거고요. 또 창경궁은 창경원으로 전락시켰잖아요. 식물원, 동물원을 설치해서 궁궐의 권위를 훼손시킨 것이지요. 우리가 우리 역사를 제대로 정리하고 함께 인식하고 세계에 알려야지요."

- 이제는 이조나 비원 이런 말은 쓰지 말아야 되겠습니다. 후원, 창덕궁의 후원은 어떤 용도로 사용되었나요?

"보통은 후원 하면 '임금들의 놀이터' 이렇게 생각하는데 그것은 아니고요. 업무에 시달리다 보면 휴식도 있어야 되지만 특히 제일 중요한 것은 왕자들의 정서 함양의 기능입니다. 그곳에 규장각이라고 왕실의 도서관이 있는데 임금도, 신하도, 왕자들도 공부하는 장소이고, 우리가 지켜야 할 가치들을 함께 배우는 곳이기도 해요. 그래서 세자교육에 인성을 함양시키기 위한 구조물들이 꽤 많습니다. 이를테면 폄우사 앞에 팔자걸음 연습하는 박석이 있어요. 존덕정에서 폄우사 가는 곳에 돌 박석을 팔자걸음 모양새로 박아놓았어요. 그것은 임금이 되려면 움츠러들지 말고, 보폭을 넓히고 가슴도 넓히면서 위풍당당하게 걷게 하기 위한 장치인데 아주 감동적입니다. 가장 중요한 것은 이곳이 자연의 순리, 인간과 자연의 조화를 깨닫고 배우는 장소라는 점입니다."

- 창덕궁은 조선의 왕들이 가장 오래 머물렀던 궁궐이라고 하는데 건축가들은 그 이유를 후원에서 찾는다는 이야기도 들었습니다. 뭔가가 있었다는 건데, 먼저 그럼 후원의 어떤 곳부터 만나볼까요?

"후원에 일단 들어서면 부용지, 연못이 나와요. 부용이라는 것은 연꽃이라는 뜻입니다. 연꽃이 피어 있는 연못이라는 뜻이지요. 부용정은 여러 각도에서 다양하게 볼 수 있는 독특한 구조를 가지고 있어요. 앞을 바라보면 규장각이라고 밑에는 장서가 소장되어 있고 위에는 열람을 하는 주합루가 있어요. 그리고 옆을 보면 영조의 친필로 현판이 쓰여 있는 '영화당'이라고 바로 앞에서 과거시험을 시행했습니다. 임금이 마지막 친시를 하시면서 장원급제자를 고르는 절차가 진행되는 곳입니다. 부용지 돌에는 잉어가 새겨져 있는데, '어변성룡'이라고 물고기가 급류를 뚫고 올라가면 용이 된다는 뜻이에요. 그것이 '등용문'입니다. 과거시험을 봐서 합격하면 규장각에 들어갈 수 있는 자격을 얻는 것이지요. 결국 과거시험에 합격해서 관리가 되는 절차들이 자연과 함께 아주 잘 어우러져 있습니다."

- 청취자 여러분도 후원에 가셔서 부용지를 둘러보실 때, 잉어찾기 꼭 해보시기 바랍니다. 부용지 북쪽으로 가면 숙종 때 지어진 애련지가 있다고요. 애련지라는 이름 자체가 아름답게 들리는데, 뭔가 사연이 있는 것 같기도 하고요. 어떤

곳인가요?

"이제 그 문을 드나들면 늙지 않는다는 불로문(不老門)이 있어요. 바로 그 문을 들어가면 애련정이 있습니다. 연경당을 가는 곳인데요. 이 연꽃이라는 것은 불교에서도 가장 대표적으로 사랑하는 꽃이고 또 유학자들도 주희(주자)의 애련설 시가 있을 정도로 연꽃을 사랑합니다. 연꽃은 진흙에서 피어도 때 묻지 않고 고고하고 맑은 것, 세속에 유혹되지 않는 것, 가까이서 도취시키는 것이 아니라 멀수록 그윽한 향기가 있는 것이에요. 결국 진리의 길은 그런 자세가 있어야 하잖아요. 아름다운 애련지 앞의 애련정은 정말 하나의 화폭입니다. 곳곳에 이런 아름다움이 있습니다."

- 지나가면 늙지 않는다는 불로문도 인상적이고 부용지와는 달리 애련지는 조선 선비의 단아함을 보여주는 공간들이 많네요. 부용지에서 조금 더 올라가면 존덕정이라고 하는 장소가 있다고요. 여기엔 또 어떤 이야기들이 기다리고 있을까요?

"네, 존덕정이라든가 관람정이라든가 정자가 많이 있는데요. 특히 존덕정은 눈썹지붕이에요. 아주 아름다운 이중지붕이지요. 그곳에 정조임금의 현판이 있는데 '만천명월주인옹'이라고 해서 '달은 하나뿐이고 물의 종류는 일만 개나 되지만 물이 달빛을 받으면 앞산에도 달이요, 뒷산에도 달이다. 그러나 하늘에 떠 있는 달은 하나다'라는 뜻이에요. 임금이 골고루 백성들에게 사랑과 덕을 나눠주지만 오직 하늘에 떠 있는 하나의 달이 되어야 한다는 것으로 정조임금 자신의 초월적인 군주의 자세, 자연과 인간의 조화로운 지혜,

이런 것들을 우리가 배울 수 있습니다."

- 각양각색의 정자들이 늘어선 존덕정 일대의 풍경이 빨리 보고 싶어지는데요.

"그 앞에 팔자걸음 연습하는 박석이 있어요. 세자들의 마음자세와 행동거지를 반듯하게 가르치는 장치이지요."

- 하하, 아까 말씀하신 그 박석 말이군요. 그리고 후원의 가장 깊숙한 곳에 옥류천이라는 곳이 있고, 그 옥류천 가장 깊숙한 곳에는 초가지붕을 한 정자가 있는데 여기에 또 감동적인 이야기가 많다면서요?

"네. '옥류천'은 인조의 글씨고요, 숙종의 시가 있어요. 정말 감동인 것은 그 앞에 아까 말씀하신 초가지붕으로 된 '청의정'이라는 정자가 있어요. 청의정 앞에는 논이 있습니다. 한 2평 정도의 논인데, 궁궐 끝이 초가지붕이라는 게 굉장히 경이롭지 않습니까? 바로 임금이 왕자들과 함께 농민들의 수고로움과 고달픔을 직접 체험하는 체험장인데 직접 농사를 지으셔서 추수하면 농민들에게도 조금씩 나누어 주십니다. 그리고 이엉을 엮어 만든 초가지붕 정자가 나옵니다. 바로 애민정신, 민본의식의 실천이라고 말할 수 있습니다."

- 그러네요. 깊은 의미가 담겨져 있다고 생각됩니다. 역사와 우리 문화유산은, 오래된 미래라고 하셨잖아요. 창덕궁 후원에 담긴 우리 조상들의 마음에서 배우고 새겨야 할 정신은 무엇일까요?

"보통 궁궐을 보면서 가장 세계화해야 할 정신은 자연에 대한 경이로움을 우리가 인간 순리의 조화로 받아들인다는 거예요. 특히 창덕궁은 크게 장엄하다기보다는 매우 자연스럽고 소박하고 안정된 곳입니다. 응봉산 자락을 그대로 이어 일직선으로 가는 것이 아니라 동쪽을 향하여 계속 산세에 맞게 자연스러운 배치가 되어 있어요. 우리가 이곳에서 꼭 배워야 할 점은 항상 하늘과 땅과 인간, 그리고 신하와 백성과 임금의 조화이며, 이런 모든 측면들을 지혜로 받아들이는 마음이 바로 창덕궁 후원에서 느낄 수 있는 마음입니다."

창덕궁 후원 불로문

[자료출처 : 저자 제공]

수원 화성 (1997년)

- 총장님도 일평생 어머니로 사시면서 어떤 부모가 좋은 부모일까, 어떻게 해야 좋은 부모가 될 수 있을까 하는 고민 많이 하셨죠?

"제일 어려운 것이 부모 되기지요. 항상 참고 기다려 주고 해야 되는데 그게 마음대로만 되지 않잖아요. 항상 칭찬해 주고 사리분별력을 키워주고 이러한 다짐이 필요하지 않은가 생각합니다."

- 아마 총장님께서는 좋은 어머니이실 것 같습니다.

"아하~ 그렇지는 않아요. 우리가 패밀리 하면 Father & Mother I Love you 이런 말이 있잖아요. 오늘 어버이날을 맞이해서 부모와 자녀들이 서로 화목하고 효도하고 사랑하는 그런 분위기가 더 조성됐으면 좋겠습니다."

수원 화성 방화수류정
[자료출처 : 수원시]

- 오늘 소개해 주실 문화유산도, 조선의 한 임금의 깊은 효심이 서려 있는 곳이라고요. 어디인가요?

"네, 바로 수원 화성입니다. 정조임금이 아버지인 사도세자를 기리고 명예를 회복하기 위해서 화성을 건설했다는 효의 도시입니다."

- 그렇군요. 정조임금이 수원 화성을 만들었다고 말씀해 주셨는데 언제 만들어졌습니까?

"정조임금은 조선왕조 22대 임금으로 1776년에 임금이 되셨어요. 그런데 사도세자로 불리는 아버지가 1762년 정조가 11세 때 임오화변으로 뒤주 속에서 참담한 생을 마감했잖아요. 그래서 항상 어린 마음에 아버지에 대한 연민이 있었어요. 사도세자인 아버지의 지위를 복권하고 자신의 정통성을 확보함으로써 분열되고 추락한 왕실의 권위를 강화하려는 정치적·군사적·경제적 목적도 함께 있었던 거죠."

- 그러니까 당시 정조가 수원에 화성을 건설한 이유는 아버지에 대한 효심과 함께 추락한 왕권을 강화하고 또 여러 가지 안보, 국방 목적이 담겨져 있다 이런 말씀이신가요?

"화성이란 지역이 서울과 가까운 요새지예요. 서울의 남쪽 요새지죠. 성곽을 지어야 한다는 주장은 일찍부터 있었는데 정조께서는 안보와 국방, 군사적인 효율성, 그리고 서울 인근에 대규모 시장을 개설해서 경제력을 키우는 목적도 있었습니다. 수원에 가면 갈비가 유명하잖아요. 이게 바로 소시장이라든가 인삼, 갓 등 무역을 통해 경제적인 도시로 활성화시키려는 신도시적 개념이 있었던 거죠."

- 그러니까 수원 하면 서울의 남쪽 관문이라고 볼 수 있고 과거 임진왜란 당시에 일본군들이 결국은 부산을 통과해서 한양까지 파죽지세로 올라왔는데 역시 그런 것들도 염두에 둔 그런 조치라고 볼 수 있겠군요.

"그럼요, 그렇습니다."

- 화성을 지은 이유가 사도세자를 기리기 위한 것만은 아니었다는 이야기를 해주신 거네요. 실제로 새로운 도시를 통해 정조가 이루고자 했던 궁극적인 꿈은 무엇이었을까요?

"그 시기가 18세기로 당쟁이 제일 심각했던 시대잖아요. 영조임금께서는 탕평책까지 하실 정도였는데, 결국 사도세자의 죽음도 그런 당파의 일환으로 노론·소론의 대립이 치열해지면서 희생을 당한 거지요. 정조임금은 굉장히 반듯한 사람이에요. 연산군이 어머니의 죽음에 많은 사람을 대상으로 피바람을 일으킨 대신에, 정조는 화합과 통합의 시대를 모색한 분이에요. 서울 외곽 화성지역에서도 소론도 등용하고 노론, 남인도 다 등용해서 화합의 시대를 이루려는 꿈이 있으셨어요. 세상 물정이 많이 바뀌는 상황에서 새로운 시대로 가기 위해서 개혁해야 된다는 미래를 보신 분이지요. 그래서 서울을 보강하는 군사적, 행정적, 경제적, 문화적 신도시로 화성을 개발한 거예요. 정조의 제일 큰 치적은 문화 르네상스를 일으켰다는 것입니다. 바로 규장각의 이전에 있던 도서관 기능을 완전히 학술적 학문 연구기관으로 탈바꿈시키고, 초개문신 제도를 설치해서 새로운 인재를 등용하는 등 상당히 새바람을 일으킨 임금이에요."

- 화성을 지을 때 이전에는 없었던 새로운 기술이 사용됐다면서요?

"네, 화성 건축은 당대 과학기술이 총동원되어 완성된 것입니다. 법고창신의 정신에 따라서 전통적인 것과 새로운 과학기술을 임진왜란 이후에 상당히 축적했어요. 중국으로부터 들어오는 북학의 성과와 특히 정약용 같은 실학자들이 만든 거중기 등의 첨단 과학기술들이 총동원된 것입니다. 10년 계획이 2년 10개월 만에 완성되는, 공정기간을 엄청나게 단축시킨 것입니다."

- 그냥 겉으로만 보면 전혀 알 수가 없는데 지금 총장님의 말씀을 들어보니 그런 깊은 뜻들이 담겨져 있고 새로운 기술이 활용되었다는 생각이 듭니다. 그런데 당시로서는 좀 파격적이었다고 보이는데, 성을 쌓은 백성들에게 임금을 지불했다는 이야기가 있다면서요?

"네, 아주 치밀한 준비를 거쳐서 추진되었는데 조선의 모든 역량이 투입되었어요. 공사에 투입된 인원만 해도 70만 명이고요, 공사비만 해도 80만 냥이나 되는 대공사입니다. 10년의 계획이었는데 2년 10개월 만에 마무리가 돼요. 1794년에 시작해 1796년에 마무리가 된 것이지요. 이는 동원을 하면서도 즐겁게 하고, 민력을 가볍게 하고, 백성들이 병들면 안 된다는 임금의 배려와 사랑이 백성을 신바람 나게 만든 겁니다. 임금을 지불해서 그들의 생활을 보장해 줬고, 그렇게 백성을 사랑하는 임금에 화답하는 백성의 마음이 어우러져 성심을 다한 성과가 화성이라고 생각하시면 됩니다."

- 그런가 하면 신하들에게는 화성 공사보고서를 제출하라고 했다면서요?

"그러니까 성을 쌓는 작업을 고스란히 기록으로 남긴 『화성성역의궤』가 있었기 때문에 우리가 화성을 복원할 수 있었던 것입니다. 우리는 참 기록이 철저한 나라고요. 화성을 건설할 때 각 영역마다 보고서를 준비시킨 거예요. 과정 과정마다 결과물이 모여서 의궤로 정리가 된 것입니다. 그래서 화성이 완성되자마자 6개월 만에 『화성성역의궤』가 나옵니다. 물품을 얼마에 구입했고, 누구한테 임금을 얼마를 지급했고 등등, 여기에 평민들의 이름이 많이 등장해요. 박노랑놈이, 은새고치, 박삽살이, 김순놈이, 이시월새 등 참여한 백성들의 이름이 기록되어 있는데 이게 역사 아닙니까? 자기 책임을 다함으로써 더욱 신나게 일을 할 수 있었던 거죠. 그게 정조의 통치리더십의 가장 큰 장점이라고 볼 수 있습니다."

- 그 수원 화성 하면 각기 다른 기능과 멋을 간직한 곳들이 많을 텐데, 대표적인 공간들 중 몇 곳 소개해 주실까요?

"저는 화성에 가면 제일 먼저 가는 곳이 서쪽 화서문 쪽에 있는 방화수류정이에요. 화홍문 옆에 아주 아름다운 연못과 정자가 함께 있는데, 이런 이야기가 있습니다. 정조임금이 화성을 축조할 때 아름다움을 강조하니 신하들이 군사시설이 튼튼하면 됐지 왜 아름다움을 강조해서 공역만 늦어지게 하느냐고 투정했더니 임금께서 '아름다움은 모든 것을 이길 수 있느니라, 적도 이길 수 있느니라' 하셨대요. 이렇게 제일 총사령부인 서장대라든가 또 군사방어 기술에 치, 공심돈, 이런 것들이 함께 어우러져서 유네스코 문화유산으로 등재될 수 있었던 것입니다."

- 정조는 조선시대 어느 임금보다도 궁궐 밖 나들이가 많았다고 하죠?

"네, 제일 나들이가 많으신 임금이셨어요. 특히 아버지인 사도세자에 대한 연민과 아픔 때문에 화성 행차도 많이 하셨습니다. 그래서 총 11차례의 기록이 있습니다. 우리가 제일 주목해야 될 사례가 '상언'이라든가 '격쟁'이라는 것입니다. '격쟁'은 임금이 행차하실 때 억울한 백성들이 임금의 행차를 멈추게 해 꽹과리를 두드리면서 자기의 억울함을 호소하는 것이고요, '상언'은 행차 앞에 엎드려서 자기호소문을 제출하는 것입니다. 이는 정조임금이 백성들의 호소를 직접 듣고 마음을 어루만져 주는 굉장한 소통의 정치를 했다는 것입니다. 그런데서 백성들은 어려운 일도 해결하고 위로도 받게 되는 것이지요. 이런 제도는 중국이나 일본에서도 없는 사례입니다. '너희들은 나의 어린 자식이고 나는 너희들의 부모이다. 자식이 고생스럽고 원망스러울 수 있는데 부모 된 자가 듣지 못하면 어찌 구제할 수 있으며 어찌 마음이 편할 수 있겠는가'라고 말씀하셨어요. 정조임금에게는 항상 백성을 자식같이 생각하는 연민의 마음이 있었습니다. 아울러 아버지에 대한 효심으로 사도세자 능을 옮겨 화성에 융릉을 건설하고, 본인 자신은 돌아간 다음 바로 곁의 건릉에 묻히고, 정조 살아생전에 융릉의 원찰로 용주사도 새롭게 중창했습니다. 용주사에는 부모은중경의 탑이 세워져 있습니다."

- 갸륵한 효성과 치적으로 찬란한 조선역사의 부흥을 가져온 정조의 이야기, 여기까지 듣겠습니다. 고맙습니다.

"감사합니다."

경주 역사유적지구 (2000년)

- 오늘 소개해 주실 문화유산에 한 여왕에 얽힌 이야기가 있다고요. 어딘가요?

"선덕여왕이죠. 신라 27대 임금으로 통일의 기반을 닦은 빛나는 리더십을 발휘한 여왕의 이야기를 오늘 전해 드릴 겁니다."

- 경주 하면 신라, 신라 하면 선덕여왕이 떠오르는데, 이곳은 유네스코 문화유산으로 등재된 곳이지요?

"2000년에 유네스코 세계문화유산으로 등재됐어요. 경주 역사유적지구로 등재가 됐는데 유서 깊은 유적이 밀집되어 있어 역사적 의미가 큰 곳이지요."

- 그렇군요. 이 경주 역사유적지구가 5개 지구로 나눠진다고 하던데요. 한번 소개해 주세요.

"월성지구에 첨성대를 비롯해서 5곳, 황룡사지구에 황룡사 터와 분황사 2곳, 산성지구에 명활성, 경주명활성이라고 하죠. 남산지구에 37개 유적이 있는데요. 남산 하면 불상, 탑, 능, 박혁거세 탄생지, 나정, 포석정 등등 하루를 봐도 다 못 볼 유적들이 있고요. 그리고 대릉원 왕릉지구가 5개 등재되어 있습니다."

- 한반도가 약 천 년 동안 신라왕조의 통치하에 있었긴 하지만 경주에 이렇게 많고 다채로운 문화유산이 남아 있는 이유가 있나요?

"네, 말씀하신 대로 나라가 망하면 그때의 이뤘던 문화도 다 폐허가 될 수 있어요. 경주는 신라가 천 년을 통치한 긴 세월의 보존이 있었고, 또 하나 가장 중요한 것은 시대가 흘러도 진정한 장인 정신과 창의성으로 만들어낸 찬란한 예술품은 언제 누가 보아도 남기고 싶은 마음이 드는 것이거든요. 역사성, 예술성, 창의성이 돋보이는 유적은 계속 보존되고 남아서 전통이 살아 있게 되는 것입니다. 또

경주 역사유적지구

[자료출처 : 유네스코 세계유산센터(http://whc.unesco.org)]

하나는 인간이 지키고 보존하는 힘도 있지만 그 정성이 있으면 하늘도 도와준다는 것, 우리 역사에는 그런 정신성과 종교성도 함께 있는 것이지요."

- 그런 마음이 모아져서 오랜 세월 동안 소중한 유적들이 지금 보존되고 이어져 오고 있는데요. 특히 신라 최초의 여왕인, 선덕여왕에 얽힌 유적지에서는 백성을 사랑하는 마음, 통일 전 국란기에 나라를 다스렸던 선덕여왕의 리더십을 엿볼 수 있다고 하는데, 어떤 유적이 대표적인가요?

"지금도 경주 시내에 굳건히 서 있는 첨성대라든가, 황룡사 9층목탑이 있는데, 황룡사 9층목탑은 몽골이 고려 때 쳐들어와 불태워버렸으니까 터만 있어요. 저는 이것이 두 가지 의미를 가지고 있다고 봅니다. 우리의 역사에 신라에만 여왕이 세 분 계세요. 27대 선덕여왕, 28대 선덕여왕의 사촌여동생인 진덕여왕, 그리고 마지막에 신라가 기울어져 갈 때 51대 진성여왕이 있어요. 그중에서도 최초의 여왕인 선덕여왕은 정말 세종대왕 같은 리더로서의 역할이 돋보이는 분이에요. 무슨 얘기냐 하면 통일의 기틀을 닦고 신라가 주도권을 장악하는 데 선덕여왕의 지혜가 큰 역할을 한 것이지요. 제가 선덕여왕 리더십에서 말씀드리고 싶은 세 가지는 첫째, 사람을 볼 줄 알아서 좋은 신하들이 많았어요. 잘 아시다시피 통일의 역군들인 김유신, 김춘추의 능력을 알아보고 발탁해서 기회를 열어주고 밀어준 분이 당시 최고의 지도자인 선덕여왕이십니다. 자장율사 등 승려들도 정신적 지주가 되었지요."

첨성대
[자료출처 : 유네스코 세계유산센터(http://whc.unesco.org)]

- 그렇군요.

"둘째, 출중한 외교력을 발휘한 통합의 리더라는 점이에요. '무기보다 무서운 건 분열이다' 해서 백성들의 마음을 어루만지고 신뢰를 얻어서 이때 복지정책이 굉장히 많이 있습니다. 사료에 보면 선덕여왕을 사모하는 백성들의 이야기도 나오고요. 세번째로 가장 중요한 것은 문화창조의 리더십입니다. 첨성대는 민생의 탑이고, 황룡사 9층목탑은 안보의 탑입니다. 첨성대는 9.1m 정도 되는 동양 최초의 천문관측 기구이고, 황룡사 9층목탑은 80미터나 되는 거대한 목탑으로 신라를 쳐들어오는 9적을 멸망시킨다는 그런 의미에서 마음을 모으는 안보의 탑이에요. 분황사, 기림사, 통도사까지 선덕여왕 때 세웠는데 통일을 위해서는 무력과 정신도 함께해야 된다는 뜻입니다. 무력만 가지고는 통일이 되는 것이 아니라고 해서 정신사적인 금자탑을 세운 거지요. 지금까지 남아 있는 사찰들입니다."

- 신라의 수도였던 경주에는 절과 불탑이 많이 남아 있는데 특히 선덕여왕이 세운 황룡사 9층목탑, 여기에는 삼국통일의 지혜가 담겼다고 하는데 어떤 사연이 있나요?

"황룡사 9층목탑은 몽골이 쳐들어와 불을 질렀지만 현물은 없어져도 그 터에 서 있으면 역사적 상상력을 발휘해야 한다고 생각합니다. 탑이 서있던 곳에는 64개의 초석이 있고 가운데 큰 바윗덩어리의 심주가 있어요. 80m나 되는 9층 목탑을 세웠던 의미는 신라에 쳐들어오는 9적을 물리치겠다는 의지의 표현이며, 적들을 물리쳐서 복속시켜 신라를 섬기게 만들겠다는 마음으로 탑돌이를 하는 곳이에요."

- 황룡사와 더불어 호국의 사찰로서 명맥을 이어온 절이 또 있지요?

"네, 특히 대표적인 것이 감포 쪽의 대왕암이 있고, 바로 직전에 감은사 터가 있어요. 이곳도 상당히 유서 깊은 사찰인데 건물은 없어지고 터만 있지요. 그래도 다행인 것은 감은사지 쌍탑이 남아있는데 신라시대 가장 최초로 세워진 쌍탑이에요. 3층탑으로는 가장 높은 것입니다. 13m나 돼요. 통일을 이루고 문무왕이 바다용이 되면서 여기에 호국의 사찰을 세웠는데 이분이 완성하지 못하고 돌아가셨어요. 그래서 그 아들이 뒤를 이어 682년에 쌍탑을 완성하였습니다. 감은사라는 이름은 선대왕이신 문무왕과 무열왕의 나라를 지킨 은혜에 감사를 드린다는 뜻에서 감은사라고 지은 것입니다."

- 쌍탑의 기원이 되었다고 말씀해 주셨는데 삼국통일을 완수한 신라 문무왕(文武王), 특이하게 해변에서 떨어진 바다에 문무대왕릉이 있어요. 죽어서도 국가를 지키겠다는 호국의 마음이 담긴 거라고 하는데, 소개해 주시겠어요?

"문무왕은 이름만으로도 알 수 있듯이 문과 무를 겸비한 아주 특별하고 훌륭한 임금이에요. 660년에 무열왕이 백제 정벌을 달성하셨는데, 이어서 668년에 고구려를 멸망시키고 당나라를 축출하게 되지요. 문무왕의 나라를 지키고자 하는 염원이 통일을 완성하게 된 것인데, 여기에서 우리가 배워야 될 점이 두 가지입니다. 문무왕은 살아서도 죽어서도 나라를 지킨다는 투철한 사명감과 의지로 바다의 용이 되었잖아요. 쳐들어오는 왜적을 물리쳐 나라를 굳건히 하겠다는 강인한 정신을 배울 수 있습니다. 또 하나는 통일을 해서 풍요로워져도 검소하다는 것이에요. 왕은 '재물을 낭비하지 않고 인력의 수고로움을 덜면서 나를 화장시켜라. 화장해서 그 재를 바다에 뿌려라. 그래서 불법을 받들고 나라의 평화를 지켜서 나의 유해를 동해에 장사지내라' 라는 말씀을 유언으로 남기세요. 이런 배려와 정신이 신라가 삼국통일을 이룬 가장 정신사적인 동력이라고 생각합니다."

고인돌(고창·화순·강화) 유적 (2000년)

- 오늘은 어떤 유산을 소개해 주실 건가요?

"고인돌인데요. 2000년 유네스코 세계유산으로 등재됐습니다."

강화 고인돌

[자료출처 : 유네스코 세계유산센터(http://whc.unesco.org)]

- 고인돌이라면 청취자들께서도 돌로 만들어진 무덤 정도로만 알고 계실 텐데요. 전 세계에서도 특히 우리나라에 많이 분포되어 있다면서요?

"네, 그렇습니다. 고인돌은 쉽게 말하자면 돌을 고였다 해서 붙여진 이름이에요. 청동기시대의 대표적인 무덤 형식인데 전 세계적으로 많이 발견됩니다. 특히 중국, 우리나라, 일본 등 동북아시아에 많아요. 그중에서도 우리나라에 보존된 고인돌이 세계 고인돌의 40% 이상을 차지하고 있습니다. 남북한 통틀어서 4만여 개 이상이 발견되고 있어요."

- 제가 가장 많이 본 고인돌의 모양은 두 개의 받침돌 위에 한 개의 커다랗고 무거워 보이는 덮개돌이 얹어져 있는 그런 형태의 모습인데요. 종류나 크기, 구조는 어떻게 되어 있나요?

"아주 다양한데요. 우리가 교과서에서 봐서 잘 아는 탁자식이라는 게 있죠. 그동안엔 북방식이라고 불렀는데 한강을 중심으로 북쪽은 북방식, 남쪽은 남방식이라고 해요. 그러나 고창에서도 발견됩니다. 발견될수록 분포도가 넓어지고요. 탁자식은 그야말로 탁자 형태로 된 것입니다. 다음은 기반식이라는 건데 일종의 바둑판 형태로 올려서 땅속에 시신이 묻혀 있고 위에 개석이 덮여 있어요. 바둑판식(기반식)은 약간의 굄돌이 있는데 개석식은 밑에 시신을 안치하고 땅 위에 그냥 돌을 얹어놓은 형태에요. 아주 다양한 형태의 구조인데 고창이나 화순, 강화도의 고인돌이 세계유산으로 등재되어 있습니다. 지배층의 무덤인 동시에 족장이나 다양한 계층들이 농경생활을 하면서 지상의 가옥구조가 탄생했다 볼 수 있는 거죠."

- 그런데 청동기시대에 왜 그런 고인돌이 만들어졌고 또 그 무거운 돌들을 어떻게 옮겼는지, 고인돌의 역할은 또 무엇이었는지, 이런 점들이 좀 궁금한데요?

"우리가 보통 구석기, 신석기, 청동기 이렇게 얘기하잖아요. 그리고 다음이 철기시대인데 청동기는 말 그대로 청동제 유물들이 많이 나오잖아요. 생활용품과 제사용품, 그런데 거기에서 무기도 나오는 거예요. 그러니까 신석기시대에 토지도 많이 넓히고 인간의 노동력도 확보하려는 싸움이 청동기시대에 본격적인 정복전쟁으로 시작된다고 볼 수 있어요. 당연히 토지와 인간을 많이 확보한 세력이 지배세력을 탄생시키게 되는 거죠. 씨족의 공동체적인 소유에서 그 질서가 해체되고 힘 있는 자는 무기로 토지와 인간을 더 많이 정복하여 경제력과 노동력을 확보하는 것이지요. 인간의 노동력을 많이 확보한 세력이 권위를 갖게 되고 여기에서부터 분화가 일어나는 거예요. 그렇게 사회규모가 커지기 시작합니다. 큰 돌로 무덤을 축조할 수 있는 건 아무나 할 수 있는 건 아니죠. 최고 지배층부터 귀족이라든가 부족인 경우에는 부족장인데 그런 세력들의 무덤이에요. 원시시대라고 하지만 이 시대에도 문명이 발달한 겁니다. 여기에 더해 지배집단을 이끌어가게 하는 신앙으로서 제2의 기능도 있었다 이렇게 보는 거죠."

- 서두에 세계문화유산으로 등재된 고인돌 유적지는 고창과 화순, 강화 세 지역에 분포하고 있다고 하셨잖아요. 각각 특징들이 있을 것 같은데, 특히 고창에는 세계에서 가장 큰 고인돌이 있다면서요?

"지금 고창에서 제일 많이 나옵니다. 고인돌이 1,550여 개가 있다고 보는데요, 특히 고창의 중림리, 매산리 마을 쪽에는 447개가 1.8m로 쭉 군집이 되어 있어요. 아주 대단한 거죠. 세계적으로 가장 조밀하게 밀집된 지역입니다. 그러면서 옆에 농경지가 함께하는 거예요. 거기에 탁자식, 바둑판식, 개석식이 다 나옵니다. 다양한 형태의 고인돌은 다양한 계층들의 무덤이라고 볼 수가 있고 가족에게 세습이 될 수 있으니, 그 당시 권력구조상 지배집단의 가족 무덤도 나올 수 있는 거죠. 가보면 웅장합니다. 어떤 고인돌은 개석이 200톤 넘는 것도 있어요. 그러니까 우리가 원시시대라고 미개하다고 말할 수 없는 거예요. 여러 개의 통나무를 묶는데 수백 명이 동원되고, 또 돌을 채석해서 가지고 오는 행위에 신앙의 힘도 함께 있었다고 생각해요. 기술도 있고 서로의 단합적인 힘도 있지만 이걸 움직이지 않으면 너에게 재앙이 있다 이런 식의 신앙적인 힘이 그 추동력을 발휘할 수 있는 거죠. 무덤 위로 개석을 덮거나 올릴 때도 상당히 과학적인 지혜로 올립니다. 흙을 쌓고 거기에 통나무로 굴려서 올리는 거죠."

- 강화 고인돌 유적지의 특징으로는 어떤 게 있을까요?

"강화도 하점면 부근리에 있는 탁자식 고인돌이 아주 잘생겼어요. 이게 교과서에 나오는 고인돌인데요. 강화도 부근리, 삼거리, 고창리, 교산리 이렇게 굉장히 다양하게 있는데 70개가 유네스코에 등재되어 있어요. 강화도의 특징은 산기슭에도 있고 산마루, 평지, 구릉 이렇게 해서 어떤 것은 해발 350미터까지도 고인돌이 올라가 있습니다. 특히 부근리 고인돌은 개석이 50톤이나 되는데 어떻게 저 무거운 돌을 움직여서 무덤을 만들었을까 싶죠. BC 1000년에서 BC 500년 사이의 일이라면 3천 년 가까운 세월을 비스듬하게 굄돌이 있는 상태로 무너지지 않았잖아요. 상당한 과학적인 지혜가 발휘되었다고 볼 수 있는 겁니다. 꼭 한번 가보시기 바랍니다. 고인돌 앞에 서면 수천 년 전 그 시대를 살았던 시대인들에 대한 존중과 함께 신성함과 경건함을 느낄 수 있습니다."

- 화순 고인돌 유적지를 둘러보다 보면 고창, 강화 두 지역과는 또 다른 분위기를 느낄 수 있다고요?

"여기에도 100톤 이상의 고인돌이 수십 개예요. 핑매바위라는 곳에는 280여 톤의 돌이 괴석으로 올라가 있고, 효산리 화순 일대에 597개가 집중되어 있습니다. 농경지에서는 경작 단계도 볼 수 있고요. 가장 큰 특징은 채석장이 있다는 것인데, 산기슭에서 덮개돌을 채석한 흔적이 발견됐어요. 이것도 보통 과학적으로 암반에서 돌을 떼어낼 때 지혜가 없으면 못 떼어냅니다. 나무를 물에 불려서 돌을 쪼개는 형태인데 우리가 그 과정을 볼 수 있어요. 어떤 경우는 채석하다 중단한 석재도 널리 퍼져 있습니다. 그런 데서 화순만의 특별한 고인돌의 특징을 볼 수 있는 겁니다."

- 고인돌에서 발견된 유물 중에 살펴볼 만한 것이나, 이런 청동기 고인돌을 통해 선사시대의 어떤 모습을 짐작할 수 있는지 말씀해 주시겠습니까?

"네, 여러 형태의 돌칼이라든가 돌화살촉, 민무늬토기, 청동제 유물 등을 통해 선사시대의 생활상을 볼 수 있어요. 그런데 지금 세월이 오래되어서 부장품이 많이 들어가 있을 텐데도 사라진 게 많습니다. 여기서 우리가 생각해 보아야 될 것은 그 당시 아주 열악한 환경에서도 최선의 지혜를 발휘하며 엄청난 무게의 돌을 나르던 선사시대인들의 정성과 협력정신입니다. 시대정신, 시대의 발전은 물리적인 힘도 있지만 정신적인 힘이 함께 모아질 때 후대에게 물려줄 수 있는 유산이 남게 되는 것입니다. 항상 우리가 역사에서는 과학적이고 기술적인 부분과 선조들의 지혜를 바라볼 수 있지만, 정신세계의 맑고 숭고한, 꼭 이루어내겠다는 사명감을 읽어내야 합니다. 또 할 수 있다는 긍정의 힘, 상부상조의 정신, 이런 점들이 우리가 청동기시대에 많이 분포된 고인돌의 모습에서 찾아야 될 오래된 미래가 아닌가 하는 생각을 하게 됩니다."

제주 화산섬과 용암동굴 (2007년)

- 오늘 유산을 만나보기 전에, 반가운 소식이 하나 있었잖아요. 한국 전통산사 7곳이 유네스코 세계문화유산에 등재됐는데, 그 의미를 잠깐 설명해 주시면 좋을 것 같아요.

"정말 감개무량합니다. 2011년에 국가브랜드위원장으로 있을 때, 사찰의 중요성을 감지하고 그때 세계유산으로 등재하는 작업을 시작했어요. 그래서 7개 사찰이 유네스코 자격의 진정성이나 완전성에 부합돼 조계종과 계속해서 추진한 것이 오늘의 성과를 올리게 된 것입니다."

- 위원장님이 7년 전에 직접 제안한 것이 오늘에야 그 성과를 거두게 된 것이군요.

"네, 제가 위원장으로서 전문가들을 구성하여 시작한 계기가 연속유산을 만들게 된 것이지요."

- 우리의 전통산사 7곳이 세계문화유산에 등재된 것을 어떤 의미로 봐야 할까요?

"우리의 전통산사는 7세기 이후에 한국불교 전통을 오늘날까지 이어오고 있는 살아 있는 종합승원입니다. 신앙, 수도, 생활 기능과 문화예술의 타고난 보편적 가치가 이번에 심사에서 완전히 통과되고 성과를 올리게 된 것입니다."

- 나중에 기회가 되면 이 산사 소개도 한번 해주시면 좋겠네요. 계속해서 오늘은 어떤 유산을 만나볼까요?

"오늘은 2007년에 유네스코 유형유산으로 등재된 우리나라 최초의 유일한 자연유산을 소개하겠습니다. 세계자연유산으로 등재된 한라산 천연보호구역 성산일출봉, 거문오름동굴계는 지금 제주 전체 면적의 10%를 차지하고 있습니다. 뛰어난 자연미로 잘 알려져 있잖아요. 생태계, 지형학이나 자연지리학 측면의 중요한 특징을

제주 화산섬과 용암동굴

[자료출처 : 유네스코 세계유산센터(http://whc.unesco.org)]

인정받은 것입니다.

- 한라산 천연보호구역·거문오름 용암동굴계·성산일출봉 이 세 곳이 '제주 화산섬과 용암동굴'이라는 하나의 이름으로 세계자연유산에 등재된 곳인데 하나하나 만나보겠습니다. 먼저 한라산 천연보호구역은 어떤 특징을 가지고 있는 곳인가요?

"우리가 잘 알다시피 제주 중심부에 위치한 한라산 구역은 정상이 1,950m예요. 해발 600m 지점부터가 유네스코 유산으로 인정됐고요. 정상에 넓은 화구호인 백록담, 사라오름, 선작지왓, 영실기암 등은 국가지정 명승으로 아름다운 자연유산입니다. 특히 생태계의 보고로 높이에 따라 난대림, 온대림, 한대림의 차례로 분포하고 있어요. 멸종위기에 놓인 희귀동물을 포함해 수많은 동식물이 서식하고 있습니다. 그러니까 거대한 생태원이고 식물원입니다."

- 자생하고 있는 동식물의 종류가 많을수록 좋은 환경이라고 할 수 있을 텐데, 한라산에서만 볼 수 있는 동식물들 특히 자생식물들은 어떤 것들인가요?

"우리나라에서 자라는 4천여 종 중에 1,800여 종이 있는데 특히 소나무, 전나무와 비슷한 구상나무가 거대한 숲을 형성하며 장관을 이루고 있어요. 극지의 고산식물이 146종 있는데 흔히 불로초라고 알려져 있는 시로미라든가 크게 자라도 2cm밖에 안 되는 돌매화나무는 아주 희귀종입니다."

- 거문오름 용암동굴계, 세계에서도 가장 아름다운 동굴계로 손꼽힌다고 하는데,

소개 좀 해주세요.

“한라산이라든가 성산일출봉 산방굴은 위로 올라간 형태잖아요. 동굴은 지하의 거대한 궁전입니다. 20만 년 전에 거문오름에서 분출된 용암이 만든 신비스러운 지하궁전이에요. 정말 아름답습니다. 거문오름은 돌과 흙이 유난히 검은색을 띠고 있고 신령스러운 산이라고 해서 거문오름이라는 이름이 붙었는데, 상당히 많은 굴들 중에 유산에 등재된 것이 거문오름, 김녕사굴, 만장굴, 뱅뒤굴, 당처물굴, 용천동굴입니다. 용천동굴은 정말 아름다운 용암동굴이면서 석회동굴이지요.”

- 흔히 동굴이라고 하면 시원하다, 웅장하다 정도로만 생각하고 가게 되는데 오늘 이렇게 총장님 설명을 듣고 보니까 좀 더 새롭게 다가옵니다. 그리고 제주하면 으뜸 관광지로 꼽히는 성산일출봉 응회구도 자연유산이라고 하셨죠?

“그럼요. 성산일출봉은 수중에서 폭발한 화산으로 형성된 전형적인 응회(凝灰)한 장소로서, 마치 왕관 비슷한 형태를 띠고 있어요. 정상에는 넓고 평탄한 분화구가 있고 중앙화구를 중심으로 바다 쪽에 수십여 개의 바위봉우리가 있죠. 분화구 안에는 대나무와 억새가 군락을 이루고 있고요. 특히 새벽에 분화구 정상에서 조망하는 해를 보면 정말 아름다워서 우리가 성산일출봉에 많이들 가지 않습니까.”

- 오늘 제주 화산섬과 용암동굴에 대해 설명을 해주셨는데요. 이러한 자연유산 외에 제주에서 꼭 가봐야 할 유적지가 있다면 그 의미와 함께 소개해 주시겠어요?

"네, 항상 제주에서 인솔할 때 꼭 들르는 곳이 추사 김정희 선생의 유배지입니다. 제주도 서귀포 대정리에 있는 추사 적거지인데, 이분이 55세인 1840년 억울하게 정치적 음모에 연루되어 유배를 가시게 돼서 9년을 위배 안치되셨는데, 이런 좌절의 시기를 고통으로 보낸 게 아니라 최고의 불후의 명작인 『세한도』라는 소나무, 잣나무가 그려져 있는 그림을 그리셨잖아요. 늘 푸른 한결같은 소나무의 의리와 절개, 서로 간의 역지사지하는 따뜻한 공동체 정신, 그야말로 사상과 정신이 살아있으면서 우리에게 설레는 마음을 주는 불후의 명작이에요. 또 하나 소개하고 싶은 곳은 항몽 유적지입니다. 몽골이 쳐들어왔을 때 끝까지 항쟁했던 삼별초의 김통정 장군이 항쟁했던 항파두리성이 있어요. 이곳은 애국심의 오래된 미래로 꼭 가봐야 하는 곳이라고 생각합니다."

- 제주여행을 하시는 분들은 세계자연문화유산으로 등재된 이곳 한라산 천연보호구역을 포함하여 지금 추천해 주신 추사 김정희 선생의 유배지, 항몽 유적지도 꼭 한번 들러 보시기 바랍니다. 오늘도 이야기 잘 들었습니다.

"네, 감사합니다."

조선 왕릉 (2009년)

- 첫 시간에 종묘에 대해서 알려주셨잖아요. 몰랐던 내용을 알게 돼서 그런지, 이 시간이 더 기다려지더라고요. 오늘 소개해 주실 문화유산은 무엇인가요?

"오늘은 조선왕릉인데요. 조선왕조가 1392년에 건국되고 태조임금이 1408년에 돌아가신 후 능을 조성하는데, 1966년까지 27대 왕과 왕비의 능이 있습니다."

- 현재까지 보존되어 있는 조선 왕과 왕비의 무덤, 모두 몇 기나 되나요?

"총 42기인데 2기는 현재 개성에 있어요. 태조의 비인 신의왕후 한씨와 정종임금과 왕비의 능이에요. 그리고 40기가 남한에 있습니다. 이렇게 조선왕릉 40기가 2009년 유네스코 세계유산으로 등재됐어요."

조선왕릉(건원릉)
태조릉인데 봉분 위에 억새풀이 심어져 있다.
[자료출처 : 유네스코 세계유산센터(http://whc.unesco.org)]

- 서울 지역에 8기, 경기도 일원에 32기, 북한에 2기…. 한 왕조를 이끈 왕과 왕비의 무덤이 이렇게 오랫동안 보존되고 또 관리되는 경우가 있나요?

"역사 속에서 500년 이상 유지된 조선왕조가 세계적으로도 유일하고, 또 500년 이상 계속 이어진 채 왕릉이 조성된 경우도 없습니다. 그래서 인류의 탁월한 보편적 가치를 인정받아서 세계문화유산 및 자연유산 보호에 관한 협약에 의해 세계유산으로 등재된 것이지요. 백제나 고구려 고분을 발견해도 들어가 보면 부장품이 모두 도굴당해서 아무것도 없잖아요. 그런데 조선왕조는 겉은 흙으로 되어 있고 속에는 부장품을 별로 안 넣어서 도굴을 안 당한 점도 있고, 또 하늘이 보호해 준 측면도 있는 거지요. 인간의 정성과 함께…."

- 조선왕릉은 우리만이 가질 수 있는 독특한 문화유산이라고 할 수 있겠네요. 그

런데 총장님, 우리 선조 대대로 조상 모시는 것을 가장 중요시했다지만 조선왕의 능을 이렇게 중요하게 여기고 또 왕과 왕비의 죽음을 기린 이유가 있습니까?

"네, 물론이지요. 왕이 곧 나라 아닙니까? 나라의 최고 지도자이고, 그 당시에는 특히 더욱더 충효정신이 강조되었잖아요. 충과 효의 정신이 어우러진 것에 더해 우리의 전통사상에서 돌아가신 분의 은덕을 정성을 들여 받들면 '추원보본(追遠報本)'이라 해서 그 은덕이 자손에게 복이 돼서 번영을 이룬다는 의식이 있지요. 극진히 섬기는 것이 정신적인 안보도 됩니다. 그렇게 나라를 지키는 측면과 자연과 인간의 조화, 천지인(天地人)의 공존의 정신 이런 부분들이 계속 우리가 지향해야 될 인간의 도덕적·정신적 가치라고 생각을 하는 것이죠. 아울러 뿌리 깊은 나무는 바람에 흔들리지 않는다고 하는 정통성도 있는 것이죠."

- 조선왕릉의 형태, 구조는 어떻게 되어 있고, 왕이 묻힌 능침공간은 어떤 방식으로 조성이 됐는지 궁금하군요?

"모르면 능이 다 똑같다고 생각들 하는데 그렇지는 않습니다. 처음에 들어서면 진입공간이 있습니다. 제례준비를 하기 위해서 재실이라든가 앞에 홍살문의 입구가 있고, 제향공간은 우리가 흔히 얘기하는 정자각이라고 해서 정자 모양의 건물에서 제사를 지내는 곳이지요. 그리고 주인공이 누워 계시는 능침공간이 있어요. 그런데 형태는 아주 다양해요. 한 분이 모셔지는 단릉이 있고, 봉분이 두 개인 쌍릉이 있어요. 그리고 한 봉분 속에 두 분이 계신 합장릉과 봉분 세 개가 나란히 있는 삼연릉이 있어요. 또한 동원이강릉이라고 해서 양쪽 능역 속에 즉 한 울타리 속에 왕과 왕비가 계시는 경우와 동원상하릉이라고 해서 아래위로 계시는 경우 등 여러 형태가 있습니다."

- 무덤을 조성한 지역과 또 곁에 묻힌 인물을 통해서 당시 정치적 상황과 입장도 좀 살펴볼 수 있는 겁니까?

"그렇죠. 시대가 다르고 주인공이 다 다르지 않습니까? 그리고 또 한 가지 우리가 미처 생각하지 못하는 게 왕릉과 왕비릉을 차별하지 않았다는 것이에요. 또 능의 주인공에 따라서 조성되기 때문에 동구릉이나 서오릉이나 함께 계셔도 다 독자성을 가지고 있어요. 예를 들어 세종대왕 하면 세종대왕의 시대적인 정신과 통치리더십이 거기에 스며 있는 것이고, 또 능은 정신적, 형태적인 기능도 있지만 예술과 당시 최고의 기술들이 동원된 곳입니다. 능의 주변에는 석물들이 에워싸고 있는데 양(석양), 호랑이(석호), 말(석마), 문인석, 무인석 등 이것들이 굉장한 조각품이에요. 형태가 시대마다 달라요. 어떤 무인은 벙글벙글 웃는 얼굴을 하고 있고, 어떤 문인은 근엄한 표정을 짓고 있기도 해요. 어떤 때는 간소화해서 많은 것이 생략되기도 하고, 어떤 때는 아주 호화롭게 만들어지기도 하고 여러 형태가 있습니다."

- 42기의 능이 있으나 특이한 능이나, 사연이 있는 능 소개를 해주신다면요?

"네, 우리가 능에 가서 얻을 수 있는 역사적인 교훈은 살아 있을 때의 권력이 사후까지 연결되지 않는 경우도 상당히 많다는 것이에요. 묻히고 싶은 곳이 있어도 다른 곳에 묻히기도 해요. 이를테면 문정왕후는 중종의 계비이신데 지금의 강남 선릉 근처에 있는 정릉, 즉 중종 옆에 묻히고 싶어 하셨어요. 그런데 돌아가신 후 그곳에서 물이 나오는 바람에 못 들어가시고 태릉으로 가셨어요. 서오릉에는 영조의 비인 정성왕후가 모셔져 있는데, 영조께서 돌아가시면 왕비 옆에 모시려고 빈터가 있었어요. 나중에 계비인 정순왕후가 들어오셔서 영조임금이 돌아가신 다음에 동구릉의 원릉으로 모셨고 정순왕후 사후에 원릉으로 들어가신 것이지요. 그래서 서오릉에 홍릉이라는 정성왕후 능 옆에는 항상 빈터가 있어요. 지금도 기다리는 마음이 있는 거죠. 이렇듯 여러 이야기가 있어요. 소혜왕후와 후에 추존된 덕종처럼 부부의 위치가 바뀐 경우도 있어요. 소혜왕후는 아들인 성종이 왕이 된 다음에 왕비로 추존된 이후 성종의 아들인 연산군 때 돌아가셔서 훨씬 호화롭게 왕후로 대우를 받은 것이지요. 이렇게 형태가 상당히 다양하고 스토리도 재미있습니다."

- 그렇군요. 하나하나 살펴보면 정말 깊은 내용들이 담겨 있을 것 같은데요. 왕릉하면 크기만 크지 뭐가 볼 게 있냐며 그냥 쓱 지나가는 공간 정도로 생각했는데, 총장님 이야기를 듣고 보니까 그렇게 지나칠 일이 아니라는 생각이 듭니다. 조선왕릉의 가치를 더욱 빛나게 하는 게 또 왕릉 제례의식이라고 하던데, 이건 어떤 겁니까?

"네, 능 기신제라고 해서 제례를 지내는 거죠. 돌아가신 날이라든가 이러한 특별한 날에 제례를 행하는데 매우 정성스럽게 진행을 합니다. 조선왕조 때는 국가에서 운영하였고 지금은 전주 이씨 대동종약원에서 모시고 있어요. 그래서 왕릉이 외침, 즉 임진왜란, 병자호란 이후 일제강점기를 겪으면서도 이렇게 온전하게 보존된 것은 우선 하늘과 땅의 조화라고 생각됩니다. 인간이 하늘과 땅에 대한 감사를 드리고 돌아가신 분에 예를 다하면 도와주는 힘이 있다고 봅니다. 제가 제일 강조하는 것이 능에 들어갔을 때 보이는 소나무인데요. 홍살문에서부터 소나무들이 바람의 방향에 따라서 몸짓을 하고 있는 게 아니고, 능침이 바라보이는 가운데를 향하여 양쪽으로 마주 절하는 모습입니다. 저는 나무가 인간보다 낫다는 생각이 들어요. 능에 올라가 보시면 전부가 왕릉을 에워싸고 있어요. 호랑이는 담장 밖에서 들어오는 나쁜 기운을 지키고, 양은 땅속을 내려다보면서 사악한 것을 지키고 이렇듯 다 지키는 힘들이 있는 거예요."

- 그렇군요. 아, 정말 능에 가면 소나무를 유심히 봐야겠습니다.

"보시면 굉장히 경건한 마음이 들 것입니다."

- 오늘은 이렇게 519년 지속된 한 왕조의 왕과 왕비의 무덤이 완벽하게 보존되어 있는 조선왕릉에 대해서 알아봤는데요. 조선왕릉이 넓게 흩어져 있어서 둘러보려면 시간이 많이 필요할 것 같은데, 효과적으로 둘러보는 방법이 있을까요?

"네, 위치가 흩어져 있는 것 같아도 또 모여져 있는 게 왕릉입니다. 제일 대표적인 동구릉, 서오릉, 서삼릉이 있고 헌인릉이나 선정릉은 거의 같은 위치에 있어요. 서울에 8기가 있고 대개 100리 안에 있어요. 그리고 수원에도 융건릉에 사도세자의 융릉과 정조대왕의 건릉이 있어요. 왕릉을 보시면 우선 자연이 눈에 들어오고 우리를 지켰던 조상들의 지혜와 힘 이런 점들을 느낄 수 있기 때문에 상당히 감동적이고 친근하게 다가갈 수 있습니다."

- 이제 맘만 먹으면 그렇게 먼 거리에 있지 않기 때문에 갈 수 있겠어요.

"100리 안에 있는데요, 뭐."

- 그러게요. 사실 우리가 무덤에 대해서는 친근하다는 생각을 잘 안 하게 되잖아요. 우리 국민과 세계인들에게 조선왕릉을 좀 더 친근하게 다가가게 하려면 어떻게 하면 좋을까요?

"우선 우리 왕릉에는 그 시대를 지켜온 최고 지도자들의 시대정신과 리더십의 지혜가 있거든요. 우리는 과거를 통해서 오늘을 보고 오늘을 통해서 미래로 나아가는 과거와 현재의 조화, 하늘과 땅의 조화, 이런 순리와 조화를 배울 수 있는 것입니다."

- 아마 그런 마음자세를 갖는다면 더욱더 다가갈 수 있는 계기가 될 수 있을 것 같습니다. 오늘 말씀을 들으면서 조선왕릉에 대한 생각을 새롭게 할 수 있는 시간이 되었습니다. 총장님 귀한 말씀 감사하고 다음 주에 또 뵙겠습니다.

"네, 감사합니다."

하회마을, 양동마을 (2010년)

- 오늘은 어떤 유산을 소개해 주실 건가요?

"2010년에 유네스코 세계유산으로 등재된 하회마을과 양동마을을 소개할 것입니다."

하회마을, 양동마을

[자료출처 : 안동시, 유네스코 세계유산센터(http://whc.unesco.org)]

- 사실 이 두 마을은 몇 백 년 동안 이어져온 씨족공동체로서 그 시대의 삶을 지금 이 순간에도 만나볼 수 있다는 것이 다행이라는 생각이 드는데요. 두 마을 중 먼저 하회마을부터 소개해 주실까요?

"네, 하회마을은 1999년에 엘리자베스2세 영국여왕이 방문해서 더 유명해진 곳이에요. 그리고 양동마을은 1992년에 찰스황태자가 방문했을 때 가장 한국적인 모습을 간직한 곳이라고 감동의 말씀을 하셨는데, 이 두 마을은 유교의 전통사상이 잘 반영되어 있고 자연경관 속에 건축양식이 아주 탁월하게 조성된 15세기를 전후한 조선시대의 가장 대표적인 전통마을입니다."

- 그렇군요. 하회마을은 어느 씨족마을입니까?

"풍산 유씨 씨족마을이죠. 원래는 김해 허씨, 광주 안씨가 터전을 잡았는데 풍산 유씨가 들어가면서 완전히 전통 씨족마을의 집성촌이 된 거죠."

- 하회마을을 대표하는 곳은 어디가 있나요?

"여러 군데로 정말 우리의 뿌리라든가 우리의 전통을 만날 수 있는 곳이 많습니다. 하회마을은 물돌이동이라고 물이 강을 돌아나가는 강촌마을입니다. 하회마을의 대표적인 인물로 서애 유성룡 선생이 있죠. 유성룡 선생과 관계된 충효당이라든가, 원지정사라든가 여러 유산들이 많이 있습니다. 풍산 류씨의 양진당이 종가예요. 그래서 겸암 유중영 선생의 저택이 종가가 되었고요. 유성룡 선생은 겸암 선생의 동생인데, 바로 앞에 서애 선생의 제자들이 충효당을 만들어 준 거죠. 그리고 대표적인 곳이 병산서원이에요. 이제 앞으로 9개의 우리 서원이 연속유산으로 유네스코에 등재될 막바지 준비를 하고 있는데 자연경관과 어우러진 대표적인 교육문화유산입니다."

- 네, 유성룡 선생 하면 선조가 바라보기만 하여도 저절로 경의가 생긴다고 했을 정도로 존경받은 인물이었는데, 유성룡 선생을 모신 서원이 바로 병산서원입니까?

"그럼요. 유성룡 선생을 주향으로 모셨고 아들 유진이 그 옆에 계시죠. 가장 대표적인 것이 만대루라고 하는데 앞에 병산을 바라보는 입교당에서 소통과 강학의 공간이 아주 수려한 한국을 대표하는 건축공간입니다."

- 하회마을을 한눈에 조망할 수 있는 곳도 있다면서요?

"하회마을에 부용대라는 곳이 있어요. 거기서 내려다보면 하회마을이 다 보이는데 그곳에 만송정이 있습니다. 만송정이라는 것은 소나무가 만 그루가 있다는 뜻인데 서쪽의 하회마을을 보호해주는 곳이에요. 바람을 막아주고 수해를 방지하고 또 찬 기운을 방지하는 하회마을의 방파제 역할을 합니다. 가장 중요한 것이 유성룡 선생의 구국의 정신인데 『징비록』에서도 볼 수 있지 않습니까? 그뿐 아니라 전통을 간직한 모습은 하회 별신굿 탈놀이와 선유 줄불놀이를 통해서도 볼 수 있어요. 그때는 신분사회였기 때문에 계층이 있지 않습니까? 양반도 있고 평민도 있고 노비도 있는데 이 하회마을이 임진왜란이나 6·25 때 훼손을 당하지 않은 것은 서로 간에 공존과 화합의 질서와 조화가 있었기 때문이에요. 그래서 탈놀이는 탈을 쓰고 양반을 욕하고 조롱해도 풀어주잖아요. 그날 탈춤놀이 비용도 양반이 대주고요. 또 그다음 날(대보름날)에는 선유 줄불놀이라고 양반들이 강에서 부용대에 줄을 걸고 일종의 불꽃놀이를 하죠. 그러면서 하층민들은 배에서 노 젓는 것을 조력하는 거예요. 그러니까 결국은 상부상조, 배려와 화합의 정신이 하회마을이 지금까지 남아 있을 수 있는 가장 큰 정신적인 힘이 되었고, 더불어 자연의 힘이 도와준 것이 아닌가 그런 생각을 합니다."

- 그렇군요. 총장님 말씀대로 부용대 정상에서 물이 휘돌고 산이 감싸는 하회마을을 보는 것도 굉장히 멋스러울 것 같네요.

"『징비록』을 오늘날에도 꼭 기억해야 되는 것이, 임진왜란이 끝나자 1599년부터 1604년에 『징비록』이 완성됐는데 지난 일의 잘못을 징계하여 뒤에 환란이 없도록 조심하고 후환을 경계한다는 내용이지요. 징비록은 일본까지 건너가게 돼 일본은 이것을 출판까지 합니다. 바로 당대에는 징계의 채찍이고 후손들에게는 경계의 교훈이라고 볼 수 있는 거죠."

- 이번에는 경주에 있는 양반촌, 양동마을로 가보겠습니다. 역시 마을형성 배경부터 소개해 주시겠어요?

"네, 하회마을이 강촌마을이라면 양동마을은 일종의 산촌마을이라고 할 수 있어요. 깊은 산은 아니어도 설창산 줄기에서 갈라져 나온 산등선에 지은 집이에요. 그래서 종가일수록 높은 곳에 있습니다. 월성 손씨, 손소가 처가로 왔는데 그것이 양동마을의 시작입니다. 손소 공이 결혼을 하면서 회재 선생이 외가에서 태어났어요, 여강 여주 이씨 집안에. 회재 이언적(1491~1553)은 동방오현 중의 한 분으로 우리나라 유교의 대표적인 학자 아닙니까? 어머니의 동생 손중돈 선생이 회재 선생을 키운 거죠. 그러면서 월성 손씨와 여강 이씨, 여주 이씨가 모였고 여주 이씨의 집성촌이 됩니다. 손중돈 공의 종가 서백당(書百堂)이라고 있어요. 이 서백당이라는 이름이 또 우리에게 귀감을 주는데 모든 어려운 일도 하루에 참을 인 자 100번만 쓰면 된다, 즉 '쓸 서(書)' 자와 백(百) 자를 합친 거죠. 이렇게 하면 모든 것이 해결된다, 뭐든 인내하라는 거죠. 여강 이씨 종가는 무첨당이라고 바로 그 아래에 있습니다."

- 지금 자연스럽게 마을을 대표하는 집 서백당의 손씨 종가, 이씨 종가의 무첨당 두 개의 장소를 소개해 주셨습니다. 하회마을을 대표하는 학자, 유성룡 선생이 있었다면 양동마을을 대표하는 학자는 이언적 선생이신가요?

"네, 바로 옥산서원의 주향인물이에요. 이 옥산서원도 유네스코 잠정목록으로 등재됐고 9개 유산의 대표적인 교육유산입니다. 가보시면 서원을 들어갈 때 큰 너럭바위가 있어요. 개울을 흐르는 '세심대'라고 하는데 '학문을 깊이 하려면 마음을 씻은 상태로 비워야 한다'는 뜻이에요. 자연경관이 아주 아름다운 곳으로, '세심대'는 퇴계 선생의 글씨입니다. 그리고 '역락문'이라고 옥산서원으로 들어가는 첫문을 지나 무변루, 동재인 민구재와 서재인 암수재, 강당인 구인당, 사당인 체인묘를 볼 수 있습니다. 회재 선생은 1538년 당시 중종 임금에게, 임금은 이런 마음의 자세를 가져야 한다는 '일강십

목소'라는 아주 귀감이 되는 상소를 한 것으로 유명하신 분이죠. 동방오현 중 한 분입니다. 이를테면 첫째 집안 단속 잘하고, 둘째 세자를 바르게 키우고, 셋째 조정의 기장을 바로잡고, 넷째 인사를 신중하게 하고, 다섯째 천심을 헤아려 하늘 무서운 줄 알고, 여섯째 백성의 인성을 바르게 하고, 일곱째 언로를 개방하고, 여덟째 사치와 욕심을 경계하고, 아홉째 군정(軍政)을 잘 닦아서 안보와 민생을 챙기고, 열째 기미를 잘 살펴 위태롭지 않을 때에 오히려 위태로움의 징조가 있는 것이니 미리 감지하고 대비해야 한다는 것이지요. 중종 임금도 극찬한 시대를 초월하는 리더십의 중요 덕목입니다."

- 이언적 선생을 모신 옥산서원, 이곳도 양동마을에서 꼭 둘러봐야 할 곳이란 말씀이죠?

"네, 옥산서원에는 서책이 많은데 그중에 국보로 지정된 『삼국사기』 원본이 있습니다. 그리고 '심원록'이라고 서원에 방문하는 유명한 인물들의 방명록이 있어요. 서원을 찾아온 인사들의 친필이 있는데 거기에 보면 이 서원이 다른 서원들과 소통을 많이 했다는 것을 알 수 있습니다. 많은 분들이 찾아와서 서로 교육프로그램을 공유하고, 또 역사의 이상을 토론하며, 인재를 가르쳐 인성교육의 기틀을 잡아주는 일들을 함께 소통하면서 화합의 길로써 모색했다는 거죠."

- 참 하나하나에 담겨진 의미가 깊이가 있다는 생각이 듭니다. 오늘 말씀도 잘 들었습니다.

"네, 감사합니다."

남한산성
(2014년)

- 오늘은 어떤 유산을 소개해 주실 건가요?

"네, 오늘은 2014년에 유네스코 세계문화유산으로 등재된 남한산성을 소개하려고 합니다."

남한산성
[자료출처 : 유네스코 세계유산센터(http://whc.unesco.org)]

- 남한산성은 정말 나라를 지키기 위하여 마지막까지 분투했던 그런 장소인데 남한산성은 왜 쌓게 됐는지 축조배경과 당시 산성이 갖는 의미에 대해서 먼저 소개해 주시겠습니까?

"우리가 애국심과 호국보훈의 정신을 기르기 위해서도 남한산성의 의미는 매우 크다고 생각합니다. 남한산성은 서울에서 얼마 멀지 않은 한강을 지키는 산성으로 자연의 산세를 최대한 활용한 초대형 규모의 산성이자 조선시대에 유사시에 대비해서 임시수도의 기능을 할 수 있도록 한 계획형 성곽도시라고 할 수 있습니다."

- 그런데 이 성을 쌓는 과정에서 '이회'라는 사람의 억울한 죽음이 있었다면서요?

"네, 이회 장군이 남한산성을 쌓을 때 아주 꼼꼼하고 단단하게 쌓았는데 아무래도 시간도 걸리고 공사비도 더 들어가 자금조달이라든가 공정이 느려지니까 음모에 말려들었어요. 이회가 공사비를 떼어먹었다고 해서 취조하는 중에 결국은 사형에 처해지게 되는데 이회 장군이 '나는 결백한데 만일에 나를 죽여서 내가 결백하면 매가 날아와서 지켜볼 것이고, 내가 정말 그런 나쁜 짓을 했다면 매가 안 나타날 것이다'라고 했습니다. 결국 억울하게 죽임을 당할 때 매가 바위에 날아와서 이 장면을 지켜보고 있었어요. 나중에 보니 오히려 공정을 차근차근 하기 위해서 그랬던 것이 판명 난 거죠. 이회 장군의 부인이 남편을 돕기 위해 공사비를 염출하려고 전국을 뛰어다니면서 마련해 왔는데 남편이 죽은 거예요. 얼마나 억울하겠어요. 비통한 마음에 강에 몸을 던져 죽었는데 이 뜻을 기리기 위해 지금 남한산성의 수어장대 밑 청량사에 이분의 넋을 위로하는 사당이 있습니다.”

- 남한산성은 조선왕조 어느 임금 때 만들어진 것인가요?

“인조임금 때입니다. 원래 남한산성은 백제시대에 온조왕이 산성을 쌓았다는 설도 있고, 또 그때 그 건물 터가 나옵니다. 백제시대 이후 신라 문무왕 때도 주장성을 쌓았다는 이야기가 있는데, 약 20kg이나 되는 엄청나게 큰 기왓장들이 많이 나왔어요. 고려시대에도 마찬가지로 수호지역이고 선조 때 임진왜란을 겪고 1624년부터 2년 동안 이곳을 더 탄탄하게 큰 규모로 개축하며 계속 역사 대대로 이어지는 요새지입니다. 남한산성의 둘레가 12.3km에요. 여장, 옹성, 암문, 사대문이 있고 굉장히 단단하게 축조돼 있어요. 특히 행궁과 아홉 개의 사찰이 이 성 안에 자리잡고 있어요. 여장(女墻)을 하나 소개해 드리면 성벽 위에 마지막 담처럼 쌓아올린 축대 같은 건데요. 방패의 역할과 동시에 활이나 총을 쏘기 위한 구멍도 있지요. 여장은 가까이 있는 적을 파괴하는 각도가 다 달라요. 양쪽은 먼 곳에 있는 적을 향하여 그러니까 총이나 화살을 쏠 때도 이 각도에 따라서, 가까이 있을 때는 수직으로, 먼 데 있을 때는 평면으로 조성하는 등 다양하게 수비하고 공격하는 장치가 잘돼 있습니다.”

- 산성 안에는 문화유산도 가득하다고요. 특별히 살펴볼 문화유산으로는 무엇이 있나요?

“매우 많은데요. 남한산성이 수비지역이어서 수어장대라고 네 곳에 장대가 있어요. 서쪽의 서장대가 수어장대라고 하는 총사령

부인데 잘 보존되어 현존하고 있죠. 여기서 지휘를 하고 정보를 집산해서 총전략을 세우는 것인데, 앞에는 '수어장대'로 쓰여 있고 속에는 '무망루'라고 쓰여 있어요. 무망루는 병자호란 때 인조가 겪었던 참혹한 시련들, 효종 때의 북벌 그러면서 실현은 안 됐던 아픔들을 다시는 잊지 말자 해서 영조께서 2층 누각으로 지어서 무망루라는 현판이 달려 있는 거죠. 그때의 역사를 잊지 말자는 의미에서요."

- 지난번 종묘를 소개해 주셨습니다만, 종묘와 사직을 뜻하는 곳이 바로 이 남한산성의 행궁이라고요.

"그렇습니다. 우리나라 전국에 한 20여 곳의 행궁이 있어요. 남한산성의 행궁은 인조께서 병자호란 당시 생활하던 곳인데 임금께서 도성 밖을 행차할 때 머무르는 임시궁궐입니다. 남한산성의 특별한 점은 이곳은 다른 행궁과 달리 종묘, 사직이 있다는 거예요. 외행전이 있고 내행전이라고 실제로 내전으로 활용하는 곳이 있어요. 좌전이라는 곳이 조상신의 위패를 모신 종묘이지요. 그리고 우실이 사직당, 사직이라 하여 안보와 민생, 오곡의 신에게 제사를 지내는 곳인데 그렇게 종묘, 사직이 함께 있어요. 행궁이 복원된 곳에 가보시면 상당히 웅장합니다. 꼭 보실 만한 곳이에요."

- 남한산성에는 사찰이 또 많습니다. 9곳이나 되는데, 왜 이렇게 사찰이 많았을까요?

"망월사, 장경사 등이 원래 있었는데 지금은 장경사가 제일 잘 보존되어 있어요. 이곳은 승려들의 역할이 컸어요. 임진왜란 때부터 승려들이 병력에 크게 기여하지 않았습니까. 그래서 승병의 역할 중 산성을 축조하는 부역도 많이 합니다. 왜냐하면 이분들이 산세와 지형을 잘 알기 때문에 산성축조에 대단한 역할을 해요. '항마군'이라고도 이름을 붙여서 싸우고 또 산성을 쌓으면서요. 또 하나는 부처의 힘으로 외적을 막는 정신적인 구심점도 있는 거죠. 바로 유교문화와 불교문화가 합치된 곳이에요."

- 그리고 또 어디를 둘러보면 좋을까요?

"또 보셔야 될 곳이 '현절사'라고 해서 우리가 왜 삼학사 얘기 많이 하잖아요. 청나라에 절대 항복할 수 없다고 끝까지 항거했던 홍익한, 윤집, 오달제 이분들이 일단 삼학사예요. 청나라에 끌려가 굉장히 의기 있게 대항하다가 처형당하는데요. 거기에 덧붙여서 김상헌도 잘 아시잖아요. 절대로 우리는 항복문서를 쓸 수 없다고 하며 국가의 자존심을 지키고자 했던 김상헌 그리고 항복할 수 없다는 의기를 펼치셨던 정온 그래서 오학사라고 얘기를 합니다. 그분들의 사당이 있고요. 우리가 참 시대적, 민족적 아픔이 크죠. 척화파, 주화파가 있잖아요. 최명길을 대표하는 주화파와 김상헌을 대표로 하는 척화파인데 이게 참 비극이죠. 우리가 어떻게 따라야 할지가 참 막막할 때예요. 한편은 진보다, 보수다 하지만 나라를 위한데서 실리를 찾느냐, 명분과 국가의 위신을 지키느냐 하는 데서 이분들에게는 모두 충정 어린 아픔이 있었고, 또한 방법론의 측면에서 서로 간에 생각이 달랐던 부분도 있었던 거죠."

- 끝으로 남한산성을 둘레길 정도로, 혹은 서울을 지키는 외각요새 정도로 생각했는데 정말 오랜 역사만큼이나 수많은 사연을 안고 있네요. 우리가 남한산성을 지켜야 할 이유, 또 남한산성이 갖는 문화유산으로서의 가치, 역사적 가치는 무엇인지 강조해 주신다면요?

"오늘날 우리의 역사가 이어진 중심에는 목숨 바쳐 나라를 지킨 호국의 영령들이 계십니다. 그분들을 추모하고 그 정신을 기려서 우리가 애국심을 가지고 내 나라 내가 지킨다는 철저한 주인의식과 사명을 가져야 된다고 생각해요. 또 하나 문화유산으로의 가치는 자연지세를 아주 잘 따르면서 조화롭게 군사시설을 만든 살아있는 아름다운 곳이라는 데 있습니다. 초대형 산성도시이기 때문에 인류 보편적인 문화유산으로 등재될 수 있었고요. 마지막으로 준비 없는 미래는 없다고 국력의 뒷받침 없는 국방과 안보가 있을 수 없습니다. 바로 우리가 힘을 기르고 모아서 굳건히 자유 대한민국을 지켜야 될 사명이 있다고 봅니다. 그 점이 남한산성이 갖는 가장 큰 정신적인 의미라고 생각합니다."

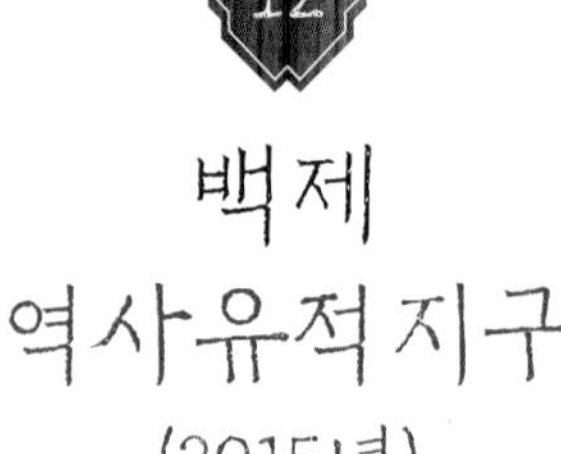

백제 역사유적지구 (2015년)

- 오늘은 어떤 유산을 소개해 주실 건가요?

"2015년에 세계유네스코 문화유산으로 등재된 백제 역사유적지구를 소개하려고 합니다."

- 백제 역사유적지구, 구체적으로 어디를 백제 역사유적지구라고 하는 겁니까?

"백제 영역권의 공주의 공산성과 송산리 고분군 두 곳, 부여의 관북리 유적과 부소산성, 나성, 정림사지, 능산리고분 네 곳, 그리고 익산의 왕궁리 유적과 미륵사지 이렇게 여덟 곳이 등재되어 있습니다."

- 그렇다면 무엇이 특별해서 이곳이 유네스코에 등재될 수 있었던 건지 등재배경을 좀 알려주시겠어요?

"이 유적에는 왕궁이나 성곽, 사찰, 왕릉이 포함되어 있거든요.

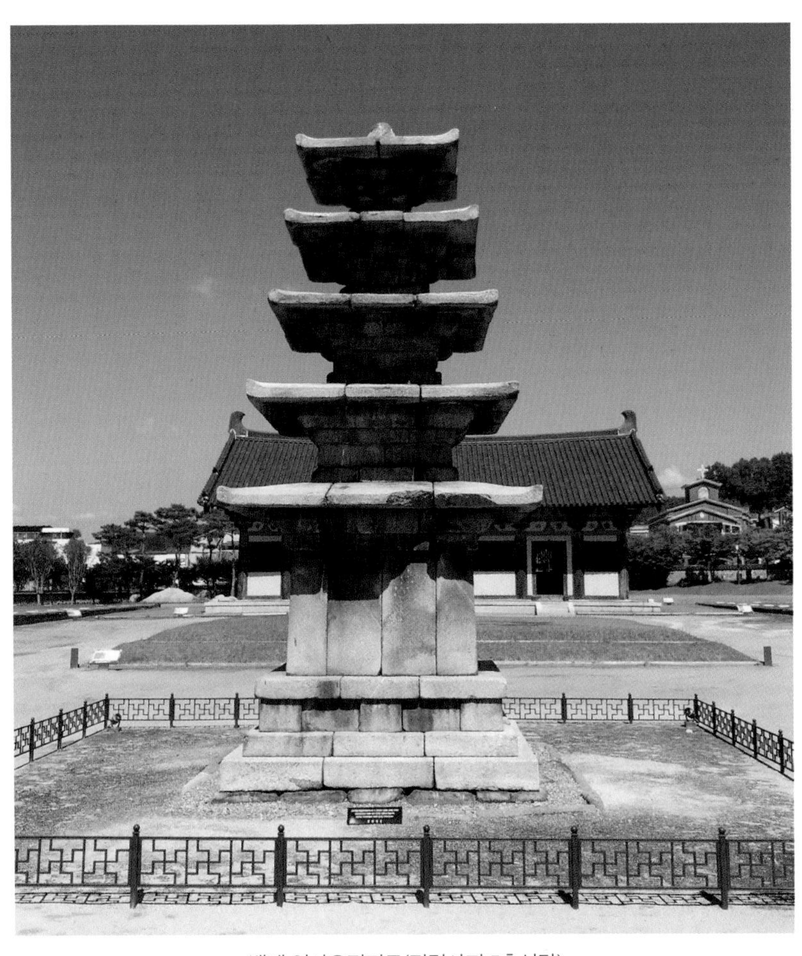

백제 역사유적지구(정림사지 5층석탑)
[자료출처 : 저자 제공]

그래서 5세기에서 7세기에 동아시아의 도성을 대표하는 유적이에요. 특히 중국, 한국, 일본을 중심으로 상호 교류할 수 있는 동아시아 문화의 흐름을 잘 보여준다는 의미가 높이 평가되었어요. 그리고 5세기에서 7세기 동아시아에서 살았던 인류의 자취를 의미 있게 구성해 낼 수 있다는 점에서도 우리의 세계적 유산으로 높게 평가된 것입니다."

- 그럼 백제왕국의 역사를 대표하는 유산들에 대해서 하나하나 알아보죠. 먼저 공주 지역부터 만나볼까요. 어떤 유적들이 있나요?

"먼저 공산성과 송산리 고분군인데요. 백제의 공주시대는 그렇게 오래 가지 않아요. 475년에서 538년까지 63년이 수도가 돼 있었습니다. 그런데 꼭 한 번씩 우리 국민들이 찾아가 봐야 할 곳이 송산리 고분군이에요. 7기의 고분이 모셔져 있는데 특히 1971년에 무령왕릉이 누구의 손길도 닿지 않은 처녀분 상태로 드러난 곳이거든요. 예를 들면 백제나 고구려는 고분의 내부가 돌이나 벽돌이기 때문에 입구만 찾으면 다 도굴을 당하든지 일제강점기에 총독부가 정책적으로 다 일본으로 가져가고 그랬잖아요. 그런데 이 무령왕릉은 뒤켠에 있어 전혀 사람의 손길이 닿지 않고 1971년 장마철에 배수로 공사를 하다가 발견되어서 내부구조 등 많은 역사가 밝혀지게 되었어요. 이곳에서 백제 25대 무령왕릉이라는 지석도 나오고요. 재미있는 게 왕이라도 무덤을 쓸 때는 토지신에게 돈을 주고 땅을 사는 매지권도 있고 동전도 나오고 그랬어요."

- 이번에는 부여로 가보죠. 백제의 멸망을 맞이한 마지막 수도였는데, 이곳의 역사유적과 특징으로는 무엇이 있겠습니까?

"백제가 660년에 멸망을 해서 사실은 슬픈 역사이고, 나라가 망했기 때문에 찬란한 유산들이 땅속에 파묻혀서 없어진 것도 많지만

드러난 것을 보면 아주 세련돼서 이렇게 말합니다. 검소하되 누추하지 않고 화려하되 사치하지 않다고요. 지금 봐도 정말 우리가 많은 것을 배울 수 있는 창의적인 아이디어가 되살아나는데요, 특히 부여에는 능산리 고분군이 있어요. 또 정림사지 5층석탑이라는 아주 우아하고 세련된 석탑이 남아 있어요. 그중에 금동용봉향로라고 이것도 망할 때 파묻힌 것 같은데, 1993년 능산리 고분공원 앞의 능산리 사지의 터를 발굴하다가 발견된 거예요. 대략 520~534년 사이에 만든 것으로 추정되는 금동 향로입니다. 오래도록 묻혀있다가 1,400여 년 후 드러난 건데요. 이것도 국보 287호로 아주 우아한 61.5cm 정도 되는 용과 봉황이 날렵하게 날아가는 불교와 도교의 융합적인 하모니가 이루어진 세계적인 향로입니다."

- 공주와 부여를 거쳐서 전라북도 익산시, 이곳은 백제의 두 번째 수도였죠. 여기엔 어떤 문화유산이 자리하고 있나요?

"네, 이제 왕궁리 유적과 미륵사지인데요. 백제가 26대 성왕 때 다시 부여에서 부흥을 하려고 했지만 자꾸 신라나 고구려에 밀렸잖아요. 그럴 때 30대 무왕이 백제를 중흥시키기 위해서 익산이라는 아주 널따란 평야지대를 새로운 도읍지로 정하려고 했던 것 같아요. 금강과 만경강을 낀 아주 넓은 땅이거든요. 미륵사 터만 해도 오만여 평입니다. 목탑은 이미 없어지고 거기에 석탑이 두 개가 있는데, 이 석탑을 복원할 때 실제로 그 당시의 기술을 재현 못했어요. 그래서 동탑이 새롭게 재현이 됐는데 아주 이상한 모습으로 복원이 되어 있고, 서탑은 아직도 완성을 못했습니다. 국보 11호로 화려하면서도 우아하고 세련된 석탑의 모양이에요. 또 국보 9호인 정림사지 5층 석탑의 경우, 그곳 터에 사찰은 없지만 탑만 봐도 백제인들의 문화적인 상상력과 창의력, 기술력과 건축, 예술적인 미의식에 깊이 감동받을 수 있는 아름다운 문화유산들이 많이 있습니다."

- 오늘같이 과학기술이 발전한 상황에서도 당시의 석탑 복원이 어렵다는 게 이해가 가지 않네요.

"지금은 너무 기계, 기술에만 의존하잖아요. 그때는 그냥 한 치 두 푼도 다 손동작으로, 익숙한 경험과 감각 그리고 진정성으로 문화유산을 만든 거예요. 경주에 있는 황룡사 9층 목탑은 높이가 무려 80m나 됩니다. 고려시대 몽골이 불태워 버려서 지금은 없지만 재현을 하기가 어려운 거죠. 그 시대의 시대정신을 따라갈 수 없는 겁니다."

- 그리고 백제에서 꼭 알아야 될 체계적이고 특별한 유산이 있다고 하던데 어떤 것입니까?

"여러 곳이 많지만 저는 정말 이것이야말로 우리가 유네스코 세계유산으로 등재하는 작업을 해야 한다고 생각하는데, 바로 서산의 마애삼존불입니다. 전국에 마애불이 많지만 서산 산중턱에 7세기 백제의 이름 모를 석공이 백제가 스러져 가는 암울한 시대에도 희망의 미소로 아주 아름다운 조각을 해놓았어요. 여기에는 부처님이 세 분 계신데 동향을 하고 있어서 아침 해가 뜰 때는 더 방글방

글 아주 함박꽃 같은 웃는 모습을 하시고요. 해가 기울 때까지 조명과 각도가 달라도 하루 종일 웃으시고 1,400년 내내 미소로 오는 이를 맞이하는 희망의 미소, 평화의 미소 그리고 백제의 미소라고 하는 세계적인 미소의 부처님이 그곳에 계세요. 백제시대 우리 조상들의 마음이 서려 있는 아름다운 미소이자 희망입니다."

- 오늘 이렇게 주변국들과의 활발한 교류를 통해 문화적 발전이 절정에 이른 백제 후기의 유산들을 만나봤는데요. 오늘 시간을 계기로 우리 청취자 여러분에게도 공주, 부여, 익산이 역사와 문화가 살아 있는 격조 있는 공간으로 다시금 기억될 것 같단 생각이 드네요. 오늘 이야기도 잘 들었습니다.

"네, 고맙습니다."

능산리 고분

[자료출처 : 문화재청]

세계유산 등재 산사 7곳 (2018년)

(1) 양산 통도사

- 오늘은 어떤 유산을 소개해 주실 건가요?

"네, 이번에 세계유네스코 문화유산으로 등재된 경상남도 양산에 있는 통도사(通度寺)를 소개해 드리겠습니다."

- 산사, 한국의 산지승원은 모두 천 년 넘게 한국의 불교문화를 이어온 사찰이라는 점에서 그 가치를 인정받았다고 말씀해 주셨죠. 특히 오늘 소개해 주실 양산 통도사가 지니고 있는 유산적 가치라면 어떤 점을 들 수 있을까요?

"통도사는 대한민국에서 가장 규모가 큰 대표적인 사찰입니다. 일주문으로 들어서면 '국지대찰 불지종가'라고 쓰여 있습니다. 나라의 큰 대찰이고 불교의 종가집이라는 뜻이에요. 영축산 통도사

양산 통도사 일주문
[자료출처 : 통도사 박물관 제공]

현판은 대원군이 쓰신 건데요. 규모뿐 아니라 불교교리에 관한 모든 신앙의 상징성이 담겨져 있어요. 그리고 19개의 암자를 거느리고 있고요. 가장 유명한 게 삼보사찰 중에 부처님의 진신사리를 모신 불보사찰로 아주 유명한 곳이지요."

- 통도사의 창건시기와 배경은 어떻게 되나요?

"선덕여왕이 신라 27대 임금이신데요, 632년에 즉위한 여왕으로 최초이죠. 그분이 통일의 기초를 닦은 분이에요. 김유신, 김춘추 같은 화랑도들을 통일의 역군으로 키우면서 통일이라는 힘은 무력적인 힘과 함께 정신적인 단결이 필요하다는 인식 아래 대통합을 강조하신 분입니다. 특히 그 당시는 불교시대 아닙니까? 불교를 통한 일체감, 애국심 그래서 호국불교의 사찰을 건립한 것입니다. 선덕여왕이 가장 절감한 것은 무기보다 무서운 게 분열이라는 거예요.

불교의 정신적인 힘으로 단합을 해서 신라가 통일의 주도권을 닦는 데 큰 기여를 하신 분입니다. 그 역할의 가장 중심에 자장율사라는 승려가 계신 거예요. 이를테면 황룡사 9층 목탑은 자장율사가 중국에서 돌아와 세우시고 통도사도 선덕여왕의 뜻을 받들어서 중국에서 부처님의 진신사리를 모시고 와 세우신 사찰입니다."

- 지금 방금 총재님께서 부처님의 진신사리를 모신 불보사찰(佛寶寺刹)이라고 말씀하셨는데 여기에 대해서 추가로 말씀해 주세요.

"자장율사가 계율종을 연 개조인데요, 636년에 당나라로 유학을 가세요. 그러다가 643년에 돌아올 때 석가모니의 머리뼈, 어금니, 사리 백 개를 가지고 오지요. 그래서 통도사에 들어가면 대웅전에 불상이 안 계시고 유리를 넘어서 적멸보궁이라고 진신사리를 모신 석종형 부도가 불상을 대신하는 겁니다."

- 통도사, 이 사찰의 명칭에 담긴 뜻은 뭔가요?

"네, 통할 통 자의 얘기인데 우선 첫 번째는 영축산이라 하면 독수리 모양으로 영취산이라고도 합니다. 산의 모양이 석가모니께서 법화경을 설법하신 인도의 영축산과 통도사의 영축산이 같은 모습이라 해서 석가모니의 법화경의 설법과 통도사의 법이 통한다는 의미에서 통도사고요. 또 하나는 승려가 되려는 사람은 모두 석가모니의 진신사리를 금강계단을 통해서 수계를 해야 해요. 그래서 통도사라고 하고요. 그리고 또 하나는 모든 진리를 통달해서 일체 중생을 계도한다, 이를테면 '중생과 부처는 일체다'라는 뜻이 담겨져 있는 거죠."

- 통도사의 구조적 특징에서 눈여겨볼 점도 많다고요?

"네, 통도사는 대찰답게 모든 전각이 다 영역 안에 체계적으로 배치가 돼 있어요. 이것을 가람배치라고 하는데 그런 의미에서 아주 특별한 곳이에요. 규모가 큰 것뿐 아니라 배치에서도 진리로 통하는 곳으로 동쪽에서 서쪽으로 통하면서 자연스럽게 영역이 하로전서부터 중로전에서 상로전 세 개로 구분되어 있어요. 특히 눈여겨보실 점은 이 영역들이 서로 가로막히는 것이 아니라 활이 펼쳐지는 것 같은 모습으로 서로 통해 있어요. 저는 감동을 느끼는 부분이 여러 전각들이 충돌하지 않고 가로막지 않아서 올라서면 다 보이는 배려, 그러면서 진리의 세계를 쉽고 친근하게 인도하는 아주 자연스러운 배치구도라고 봅니다. 잘 보시면 볼거리가 상당히 많아요. 하로전에서 특별히 볼 것은 영산전에 있는 부처님의 팔상도라고 부처님의 일생을 8개의 장면으로 그린 불화가 있어요. 그리고 다보탑은 다보여래탑이고 석가탑은 석가여래탑인데 석가모니가 법화경을 설법할 때 진리에 맞다고 인증해 준 분이 바로 다보여래예요. 그래서 다보탑에 나란히 있는 모습이 아주 찬란한 색감으로 친근감을 줍니다. 불이문을 들어가면 대들보에 대들보 대신 호랑이와 코끼리가 마주 보며 들보를 들고 있는 형상이 아주 정다워요. 특히 상로전의 가장 중심 법전인 대웅전이 있는데 현판 명칭이 동서남북 다 다릅니다. 동쪽은 대웅전이라는 현판이 있고, 남쪽은 금강계단, 서쪽은 대방광전이라고 쓰여있고, 북쪽의 적멸보궁에 진신사리가 모셔져 있어요. 금강계단이라는 것은 영원히 깨지지 않는 다이아몬드 같은 불멸의 계율을 잘 지킨다는 뜻이 함께 들어 있는 것이에요. 여기저기를 하나하나 살펴보시면 정말 우리의 국보급 유물이 많이 있습니다."

- 아까 총장님께서 가람배치라는 용어를 쓰셨는데 가람배치라는 게 좀 생소한 용어인 거 같은데 어떤 뜻입니까?

"아, 가람은 사찰을 뜻하는 것이고요. 사찰의 구도, 구성, 구조를 배치라고 하는 것이지요. 불교의 전각들의 배치, 이것을 가람배치라고 하는 겁니다. 특히 통도사에는 들어가면 첫 번째 좌측에 가람각이라는 것이 있어요. 이것은 불교신앙보다는 토속신앙에서 터를 지켜주는, 즉 가람의 터를 지켜주는 가람신에게도 예우를 하는 한 평짜리 자그만 가람각입니다."

- 그렇군요. 하로전, 중로전, 상로전에 있는 여러 유물들과 건물들, 문화재 등을 설명해 주셨는데 그 밖에 중요 유물이나 통도사에서 챙겨볼 것들이 있으면 소개해 주세요.

"통도사에는 몇 시간을 둘러보아도 감동이 넘치는 정말 다양한 불교문화유산이 있는데요, 그중에 저는 전통유산이 세계화되었지만 21세기 이후에도 우리의 전통이 되어야 하는 게 있어야 된다고 생각합니다. 그래서 미래유산을 만드는 일도 매우 중요한데, 현재 통도사의 방장스님이신 성파스님께서 1990년부터 10년을 통일 기원하

통도사 서운암 16만 도자기 대장경
[자료출처 : 통도사 박물관 제공]

시면서 팔만대장경을 도자기로 조판을 하셨어요. 혹시라도 목판이 만에 하나 유실될 우려에 대비해 영구적으로 보존할 수 있는 방안을 창안하여 도자기로 구웠어요. 목판은 양면인데 도자기는 앞면만 뜨니까 16만 장의 도자기에 8만 2천 경판이 수록이 되어 있어요. 그래서 영축산의 장엄한 산세를 마주 보면서 장경각이라는 한옥건물에 16만의 도자기 대장경이 지금 수장되어 있어요. 장경각도 전부 옻칠을 하고 단청도 옻칠을 했어요. 옻칠은 불에 타지 않아요. 영구 보존하는 미래유산을 만들기 위해 불화도 옻칠을 했습니다. 미래를 위해서 전통을 새롭게 창조해 내시는 훌륭한 스님이 계십니다."

- 통도사의 세계유산 등재를 계기로 더 많은 관광객들이 찾아갈 텐데, 제대로 잘 보존해서 후세에 물려주는 일도 중요한 만큼 관광예절도 잘 지켜서 문화재의 가치를 더해 가면 좋겠습니다. 오늘 이야기도 잘 들었습니다.

"네, 감사합니다."

(2) 해남 대흥사

- 지난주부터는 우리나라의 13번째 유네스코 세계유산에 이름을 올린 산사 7곳을 알아보고 있는데요. 오늘은 어디로 가볼까요?

"오늘은 한반도 남쪽 끝인 해남 두륜산에 있는 대흥사(大興寺)를 소개하려 합니다."

- 대흥사라고 하면 '대둔사'로 불리기도 하던데요?

"네, 대흥사는 일제강점기에 붙인 이름이고요. 원래는 두륜산 대둔사인데 두륜산 하면 크다라고 해서 한듬으로 시작을 해요. 한듬, 크다 둥글다 해서 대듬이라고 하다가 대둔사라고 하고, 곤륜사라는 이름은 중국 곤륜산으로부터 백두산으로 이어져서 두륜산으로, 우리가 백두대간이라고 하지 않습니까? 그것이 이어져서 백두의 '두'

해남 대흥사
[자료출처 : 저자 제공]

곤륜의 '륜' 해서 두륜산으로 불려왔지요. 그러다가 일제강점기에 대흥사라고 이름이 바뀌어서 오늘날 그것이 더 알려져서 그렇게 부르고 있습니다."

- 두륜산에 있는 대흥사에 관한 말씀이신데 이 사찰이 갖는 유산적 가치라면 어떤 점을 들 수 있을까요?

"우리가 7개의 산사들을 다 승원이라고 하잖아요. 모두 산세가 빼어난 명산에 있고요. 또 승려들의 생활공간이고 예불의례, 강론을 듣는 신도들의 수행공간입니다. 그런 데서 민족유산으로서의 탁월한 보편적 가치를 인정받은 것입니다."

- 그렇다면 이 대둔사 원래 대륜사의 창건배경과 시기는 어떻게 되나요?

"여러 자료에 보면 시작에 여러 학설이 있어요. 진흥왕 때 아도화상이 전했다, 헌강왕 때 도선국사가 전했다 등 여러 가지 검증을 하면 맞는 것도 있고 맞지 않는 것도 있고 그래요. 대체로는 신라 말에서 고려 초, 신라 말 선종 때 시작되었다고 보는데요. 제일 융성한 시기가 서산대사가 1604년에 금란가사와 발우를 삼재와 병화가 들지 않는 대둔사에 보내시면서 자신의 법을 전파할 때 대둔사가 크게 번창을 합니다."

- 지난번에 소개해 주신 통도사의 경우 가람배치가 특이했는데, 대흥사도 구조적으로 특이할 만한 점이 있을까요?

"네, 들어가 보시면 아주 특이한 것이 일주문을 들어서면 먼저 대웅전이 나오지 않고 왼쪽으로 북원이라고 해서 대웅전이 있고, 정면에 남원이라고 해서 천불전 공간이 있고, 잘 아시다시피 여기가 서산대사가 임진왜란 때 승병을 일으킨 호국의 사찰 아닙니까? 그런 데서 표충사 영역이 있고 또 비로자나불을 모신 대광명전의 영역으로 나뉘어져 있습니다. 한마디로 우리의 가람배치는 산세와 어그러지지 않고 자연스럽게 수행공간과 신도들의 친근함을 잘 구성하면서도 배려의 공간이라고 항상 말씀을 드리는 거죠."

- 정말 산세를 거스르지 않았다고 하는 점이 특이하다고 생각이 드는데요.

"산을 잘 올려다보시면 두륜산에 부처님이 누워 계신 형상도 보입니다."

- 그리고 대웅보전 현판 글씨, 이런 것들도 특이할 만한 점이라고 하는데요.

"그렇습니다. 대웅보전에는 원래 원교 이광사 선생이 쓰신 글씨가 있는데 그분이 아주 명필이시잖아요. 추사 선생께서 제주도로 유배가실 때 거기 계신 초의선사하고 가까워서 그곳에 들르셨어요. 그런데 글씨가 맘에 들지 않으셨어요. 그때 추사 선생은 모함에 의해 유배를 가시게 되어서 마음이 들끓고 분노가 있으실 것 아니겠어요? 그래서 단정한 이광사 선생의 글을 치우게 하고 '무량수각'이라고 쓰셨는데 나중에 9년을 유배생활 하다가 해배되시고 돌아오셔서 다시 대둔사에 들렀을 때 자신의 글씨는 너무 기름지기 때문에 그래도 이광사 선생의 글씨가 더 좋다고 다시 걸었어요. 유배기간 고통의 세월을 보내면서 더 겸손해지시고 세상을 관조하신 거죠. 그래서 '대웅보전'이라는 현판을 다시 붙이고 추사 선생의 글씨는 백설당에 걸려 있습니다."

- 대흥사가 다른 사찰과 구별되는 점이 또 있다고 들었어요. 어떤 건가요?

"아주 특별한 건데요. 호국정신이 깃든 도량이라는 것입니다. 서산대사께서는 1520년에 태어나셨는데 1592년에 임진왜란이 일어났잖아요. 선조께서 서산대사에게 부탁을 했어요. 왜군을 막는 데 힘을 합해 달라 해서 이분이 승병을 일으킨 것이지요. 이때 나이가 73세입니다. 그래서 선조께서 팔도선교도총섭의 직위를 내리셨는데, 서산대사께서 '그런 직위보다 우리나라를 구하기 위해서 앞장서겠다' 하시면서 늙고 병든 승려들은 기도하고 젊은 승려들은 왜군에 맞서서 아주 용감하게 저항하는 승병의 총대장이 되십니다. 이로 인해 제자인 유정 사명대사, 처영대사 등 여러 승병들이 전국에서 일어나게 되고 서산대사의 구국정신을 기려서 특별히 대흥사에 표충사라는 사당이 세워집니다. 거기의 현판을 정조께서 쓰셨고 서산대사, 사명대사, 처영대사의 영정이 걸려 있습니다. 그리고 표충사는 밀양에도 표충사 사당이 있지요. 대흥사에 가시면 제일 먼저 가보셔야 될 곳이 표충사 사당입니다."

- 그리고 이 대흥사가, 차(茶) 문화가 유명하다고요?

"네, 불교의 선(禪) 수행에서 일상생활에 텃밭도 가꾸고 차밭도 가꾸고 하는데 초의선사께서 선 수행은 일상에서도 해야 한다고 하시며 일지암에 차밭을 가꾸면서 다도를 일깨우십니다. 그런 것도 일종의 수행이지요. 초의선사는 추사 선생과 동갑이라 가까웠지요. 일지암에 올라가시면 차, 다도를 통한 마음의 수행 부분이 경건하게 다가옵니다."

- 대흥사에 가서 꼭 보고 와야 할 보물과 문화재들도 소개해 주세요.

"특히 북미륵암에 마애여래좌상이 있어요. 이게 국보입니다. 국보 308호인데 고려시대에 세워졌고 높이가 4미터입니다. 가서 보시면 항마촉지인(降魔觸地印)을 하고 계신데 아주 우람하고 근엄하면서 우아합니다. 자세히 보시면 얼굴에 미소가 흘러요. 대둔사를 지켜주는 넉넉한 마음, 미래의 희망을 느낄 수 있습니다."

- 그 밖에 또 알려주실 내용이나, 강조하고 싶은 부분이 있으시면 마무리 부탁드릴까요?

"네, 제가 제일 강조하고 싶은 것은 자연의 산세와 어우러지는 곳이라는 거예요. 입구에 들어서면 울창한 나무숲이 있어요. 계곡이 십 리나 이어지는데 적송, 벚나무, 참나무, 느티나무 등 500여 종의 수목들이 장엄하게 터널을 이루고 있는 자연이 어우러진 수려한 공간입니다. 서산대사께서 '여기는 삼재가 들어오지 않고 난세에 파괴되지 않고 종통의 소귀처이기 때문에 내 법을 전수한다' 하시면서 가사와 발우를 보내시잖아요. 그런 데서 우리가 보존정신을 이어받을 수 있습니다. 부도밭과 13대강사와 대종사가 계신 부도비도 특별히 보실 만한 공간입니다."

(3) 영주 부석사

- 올해 유네스코 세계유산에 등재된 산사 7곳에 대한 투어를 해보고 있습니다. 라디오로 하는 투어죠. 산사 7군데 중 어딘가요?

"네, 오늘은 영주 부석사(浮石寺)를 소개해 드리려고 합니다."

- 부석사 하면 봉황산 자락에 있는 절이죠? 부석사는 가는 길이 정말 예쁘더라고요.

"아주 아름답지요. 은행나무라든가, 사과나무 밭이 유명합니다.

영주 부석사 안양루 공포불
안양루 윗면 처마 속으로 나타나는 여섯 분의 부처상
[자료출처 : 저자 제공]

그리고 영주에는 사과나무 외에도 장뇌삼, 인삼밭, 가을에 특히 단풍이 들 때는 빨간 카펫 같아요. 비단길 같습니다."

- 부석사는 누구에 의해, 언제 세워진 건가요?

"네, 부석사 하면 의상대사(625~702)를 연상하게 되죠. 의상대사께서 중국의 당나라에 가셨어요. 유학을 가신 거죠. 그런데 나라가 위태로워진다는 소식을 듣고 귀국하세요. 통일은 했는데 당나라가 계속 압박을 해오잖아요. 670년에 귀국을 해서 이듬해에 낙산사를 세우시고 676년에 영주 부석사를 세우신 거죠."

- 부석사 이름의 뜻은요?

"그게 아주 특별한 창건설화인데요. 의상대사가 유학하실 때 중국에 가서 어떤 신도의 집에 머물렀는데, 워낙 준수하다보니 신도의 딸인 선묘라는 여인이 사모하게 된 거예요. 이분은 수도를 하는 승려시니까 구도를 하러 떠나시고 선묘낭자는 사모하는 마음에 의상대사의 옷을 다 지어놓았어요. 다시 귀국을 하실 때 바닷가에서 떠나는 배를 향해 그 옷 바구니를 던졌는데 그게 의상대사의 배에 던져졌고 선묘낭자는 죽어서 용이 되었어요, 죽어서나 살아서나 의상대사를 지키는. 그래서 의상대사께서 부석사를 지으실 때 500여 명의 아주 나쁜 무리들이 저항을 하는데 그때 선묘낭자가 엄청난 바위가 되어서 그 무리를 압박을 하니 다 도망을 가는 거예요. 일종의 사랑과 영혼의 이야기이죠. 그 돌이 무량수전 뒤에 놓여 있습니다. 나중에 실학자인 『택리지』를 쓴 이중환(1690 ~ 1752) 선생이 바위

사이에 틈이 있어 돌 밑을 실로 쭉 펼쳤더니 걸림없이 다 지나가는 거예요. 바위가 뜬 거죠. 그래서 부석은 뜬 돌이라는 뜻입니다."

- 부석사가 돌계단 식으로 독특한 형태를 띠고 있던데, 돌계단이 많은 이유도 궁금하더라고요. 구조와 건물 특징 좀 소개해 주세요.

"이게 대석단이라고 석축인데요. 9세기 신라 말기에 쌓았다는 거예요. 아주 아름답습니다. 과학적이면서 자연스러워요. 막돌을 쌓은 것 같은데도 크고 작고 모나고 둥근 것이 절묘한 조화를 이루고 있어요. 그래서 어떤 것은 높이 4.5미터에 길이가 75미터인데 천 년 이상을 굳건히 지키고 있는 석축이 굉장히 여러 곳에서 보이게 됩니다. 특히 우리가 부석사에 가면 느끼고 보실 것이 아래에서 위로 상승하는 구도가 올라가는데 그게 일직선이 아니라 계속 비껴가요. 한눈에 다 들어오지 않고 한 건물에 도달해야 그다음이 보여요. 저는 이게 배려와 조화라고 생각하는데 주인공이 항상 한곳에 머무르는 게 아니잖아요. 주인공이 다음 주인공을 인도하고 계속 이어서 무량수전의 극락정토세계까지 올라가는 이런 모습은 흔하게 어느 사찰에서도 보기 어려운 것입니다."

- 배려와 조화의 의미를 담은 구조와 건물의 특징을 설명해 주셨는데, 금방 말씀해 주신 부석사에는 무량수전이라는 한국건축의 백미를 자랑하는 오래된 목조 건물이 있잖아요?

"무량수전의 '무량'이라는 건 '헤아릴 수 없는 지혜와 영원한 생명'이라는 뜻이고 그곳에는 아미타여래가 계십니다. 불교는 다신불이에요. 가장 높은 법신불이 비로자나불이고, 보신불에는 아미타여래, 약사여래 그리고 인간으로 태어나신 현신불인 석가모니가 계세요. 지금 아미타여래는 서방정토, 극락정토에 계세요. 사찰에 들어가 보시면 항상 정면에 불상이 계시잖아요. 그런데 이곳 무량수전은 서쪽에 앉아 계십니다. 왜냐하면 아미타여래는 지금도 서방 극락정토에서 모든 것을 구도하는 역할을 하시는 것이거든요. 그래서 서쪽에 앉아 계세요. 그리고 '무량수전'은 공민왕의 친필 글씨죠, 공민왕께서 홍건적의 난을 피해서 여기까지 오신 거예요. 안동 쪽에 가셨다가 영주 쪽으로 오신 거죠. 그래서 친필 글씨가 있습니다."

- 부석사의 아름다움을 이야기하는 많은 학자들이 계시던데요.

"가장 유명한 글이 최순우 선생의 『무량수전 배흘림기둥에 기대서서』라는 책이잖아요. 배흘림이라는 것은 아래로부터 3분의 1 정도 배가 불러져서 건물에 안정감을 주는 거예요. 그래서 최순우 선생께서 무량수전 배흘림기둥에 기대서서 사무치는 고마움으로 아름다운 뜻을 몇 번이고 자문자답하셨는데, 바로 자연과 이 구조물의 조화를 말씀하신 거예요. 거기에서 보면 소백산 자락이 아래로 펼쳐져요. 저는 이게 발아래 있다고 얘기하지 않고, 우리 가슴에 함께 다가오는 포용과 조화의 지혜 그런 데서 오는 사무치는 고마움을 느끼게 된다고 얘기합니다. 자연에 대해서요."

- 정말 목조건물로서 천 년을 넘게 이어져 오는 것은 놀라운 일이 아닐 수 없지요.

"네. 이게 중수기에 보면 1376년 중창할 때 상량문이 나왔어요. 그래서 가장 오래된 목조건물이라 하는데 봉정사(鳳停寺) 극락전도 1363년 기록이 있어요. 이렇게 두 곳이 가장 오래된 목조건축이라고 할 수 있는 것이지요."

- 안양루에서 바라보는 태백산맥의 풍경이 가히 장관을 이룬다고 하는데, 무량수전의 아름다운 건축미를 감상하고 안양루에서 전경을 보면 마음도 편안해지고 가슴이 탁 트일 것 같네요. 부석사에 가서 또 어떤 걸 보고 오면 좋을까요? 보물들이 많다고 하는데.

"안양루라고 하는 것이 극락인데요. 특별히 보셔야 할 것이 범종각에서 비켜서 올라갈 때 여섯 분의 공포불이 보여요. 무량수전의 노란색, 붉은 주색을 빛이 끌어서 여섯 분의 부처님이 보이시는데 올라가서 안양루에 가보면 그냥 빈 공포입니다. 정말 신비한 우리 건축 기술의 절묘함이 있다고 볼 수 있고요. 또 의상대사의 영정을 모신 조사당도 있어요. 특히 부석사에는 국보가 많습니다. 무량수전은 국보 18호이고, 아미타여래불은 국보 45호예요. 그리고 특별히 보셔야 하는 게 국보 17호인 석등인데, 이 공양불이 무척 예쁘고 아름다워요. 모습도 다 다르면서 따뜻함과 친근함을 주고요. 조사당은 국보 19호인데 의상대사 지팡이가 골담초가 됐다는 선비화가 있는 곳이죠. 그래서 이 부석사는 호국의 사찰이면서 인간에게 이상과 안정과 영감을 주는 특별한 신앙적인 것뿐 아니라 예술적인 조화의 지혜도 함께 보실 수 있습니다."

무량수전 앞 안양루에서 내려다보이는 전경
[자료출처 : 대한불교조계종 총무원 문화부 제공]

- 끝으로 영주 부석사가 갖는 유네스코 세계유산의 가치에 대해 한 번 더 강조해 주시고요, 덧붙여 소개해 주실 내용 있으시면 마무리해 주세요.

"부석사는 사철 어느 때 가도 맛과 멋이 달라요. 맞이할 때마다 감회를 주는 새로운 명찰이고 명승지인데요. 유네스코 가치로 가장 중요한 것은 종교적 신념에 따른 창건의지가 분명하고, 그 터를 1,300년을 넘게 지켜온 의지라든가 잘 보존되어 온 점 그리고 오늘날까지 이어져 온 한국의 불교전통이 살아 있는 종합승원이어야 한다는 점으로 부석사는 산사, 한국의 산지승원으로서의 탁월한 보편적 가치를 가지고 있습니다."

(4) 보은 법주사

- 계속해서 오늘도 올해 유네스코 세계유산에 등재된 산사 7곳 중 한 곳을 만나 봐야겠죠. 어디로 가 볼까요?

"네, 오늘은 충청북도 보은에 있는 속리산 법주사(法住寺)입니다."

- 충북 보은에 있는 법주사. 이 법주사가 세계유산 산사 7곳에 함께 이름 올릴 수 있었던 가장 큰 이유는 어디에 있었나요?

"아주 산세가 빼어난 명산에 자리 잡아서 주변의 자연과 아름다운 조화를 이룬 산사로서의 완전성을 가지고 있어요. 그리고 창건 당시의 정신이 오늘날까지 이어져서 유형유산적 관점에서 문화적

보은 법주사 팔상전

[자료출처 : 유네스코 세계유산센터(http://whc.unesco.org)]

전통이 지속되고 있는 진정성이 유네스코 문화유산으로서의 적합한 자격을 가질 수 있게 된 것입니다."

- 그럼 조금 더 자세히 법주사를 살펴볼 텐데 법주사의 창건 시기와 배경에 연관된 재미있는 설화가 있다던데요?

"법주사는 진흥왕 때 의신조사가 천축(인도)으로 구법여행을 떠났다가 백나귀에 불경을 싣고 돌아와 절을 지을 터를 찾아다니셨는데, 흰 나귀가 바로 이 법주사 터에 머무른 거예요. 그래서 산세를 보니 사찰을 짓기에 적절한 곳이라 '거기에 법이 머무는 곳이다'라고 해서 '법주사'로 이름을 붙이게 되었습니다."

- 진흥왕이라 하면 신라시대를 말씀하시는 거죠?

"그렇지요. 신라 24대 임금이신데 553년에 지어졌다는 창건기가 있습니다."

- 지난 몇 주에 걸쳐 살펴본 바에 의하면 가람배치라고 해서 사찰마다 독특한 건물배치와 구조들이 있었잖아요. 법주사 건물은 어떤가요?

"네, 법주사는 그야말로 불교의 종합박물관이라고 할 수 있어요. 들어가면서부터 일주문이라든가 천왕문이 다 함께 배치되어 있지만, 특히 팔상전이라는 5층 목탑과 뒤에 대웅전이 있고 주변에 구조물이 있는데 국보만 해도 3개가 있습니다. 좌우에 사찰의 위용을 자랑하는 우리가 꼭 봐야 될 석조물과 목조건축물 이런 것이 굉장히 많은 곳입니다."

- 법주사에 가면 꼭 봐야 할 유명한 건물이 있다죠?

"팔상전이라는 국보 55호입니다. 현재까지 남아 있는 목탑으로는 유일해요. 5층인데 22.7m나 되는 높은 탑입니다. 이 팔상전이라는 것은 석가모니의 일대기를 8개의 장면으로 그림을 그려놓은 것입니다. 팔상도라고 해서 석가모니가 도솔천에서 내려오는 장면을 도솔래의, 룸비니 동산에서 마야부인에게서 태어나는 장면을 비람강생, 궁궐의 사문으로 나가서 세상을 관찰하는 장면을 사문유관이라고 해요. 그리고 성을 넘어서 출가하는 장면을 유성출가상, 설산에서 고행하는 설산수도상, 보리수 아래에서 마귀를 항복시키는 수하항마상, 성불하신 후에 처음으로 녹야원에서 설법하시는 녹야전법상, 마지막으로 사라쌍수 아래서 열반하는 쌍림열반상이 있는데 이처럼 석가모니의 일생이 아주 장엄하게 펼쳐져 있습니다."

- 총장님, 그렇다면 설명해 주신 5층목탑 팔상전은 처음 법주사가 창건될 때부터 있었던 것인가요?

"그렇다고 볼 수는 있지만, 이게 정유재란 때 불탔어요. 임진왜란이 일어나고 1597년 정유재란 때 충청도 승병의 거점이라고 해서 왜군들이 일부러 방화를 한 거예요. 그래서 사명대사께서 다시 복원을 하신 거지요."

- 그리고 법주사는 종합박물관이라고 말씀해 주셨습니다. 야외박물관이라는 별칭에 걸맞게 다양한 국보급 유물을 보유하고 있다고 들었는데 소개해 주세요.

"네, 특히 쌍사자 석등이라고 팔상전에서 대웅전 가는 길에 있는

데 이것도 국보 5호입니다. 사자 두 마리가 가슴을 마주 대고 머리를 젖히면서 앞발과 주둥이로 상대석을 받드는 아주 귀여우면서 열심히 석등을 이고 있는 모습이 정말 아름답습니다. 이렇게 보면 동물들도 자기 역할을 충실히 하고 있는데 우리 인간도 열심히 해야겠다는 염원을 갖게 됩니다. 또 하나가 국보 64호 석련지인데 화강암을 그릇 모양으로 깎아서 팔각받침돌, 연꽃받침돌 위에 물을 담는 일종의 석곽이지요. 석연지라 하고요. 그 외에도 희견보살상이라든가, 금동미륵대불이라든가 우리가 꼭 봐야 될 유물들이 많습니다."

- 법주사로 들어서면 왼편에 바위에 새긴 불상도 있다면서요?

"네, 금강문을 들어가면 왼쪽에 마애여래좌상이 있습니다. 바로 추래암이라고 떨어지는 바위 같은 곳에 6.18m 정도의 불상이 새겨져 있어요. 의자에 걸터앉은 모습인데 좌상으로는 아주 독특한 것입니다. 잘 보시면 옛날 이름 모를 석공들이 우리 마음에 깊이 새길 수 있는 그런 조형물을 만들었다는 것에 또 하나의 감동이 일어나는 불상입니다. 꼭 보셔야 합니다."

- 그러면 금동미륵대불은 언제 만들어진 건가요?

"그건 예전에 있었던 것 같은데 원래는 돌로 만들었는데 지금은 금동으로 되어있어요. 1990년에 새롭게 조형한 것이고요. 특히 대웅보전은 1층이 아니고 2층으로 굉장히 우람해요. 그런데 들어가서 보면 통층입니다. 몇 개 안되는 2층으로 된 대웅전입니다."

- 끝으로 법주사를 재미있게 보는 방법이나, 법주사 둘러보는 길에 함께 생각해 볼 것들이 있으면 소개해 주시겠어요?

“네, 특히 법주사 하면 정2품송이 생각나시잖아요. 법주사 들어서서 입구에 보면 정2품송이 나오는데 우리나라에서 제일 지체 높은 소나무입니다. 세조께서 말년에 병이 있으셨어요, 피부병. 그래서 법주사에 오셔서 복천암을 가시는데 소나무 가지가 늘어져있어 임금께서 ‘연(輦)에 걸린다’ 하는 한마디에 가지가 올라갔다는 거예요. 나무가 너무 말을 잘 듣고 임금에게 섬김의 자세를 보여 그 자리에서 정2품을 하사하셨고, 오시는 길에 비가 왔는데 비를 피하는 역할도 해주었다는 아주 영험한 소나무인 정2품송이에요. 지금 가지가 옆이 조금 잘려 있어서 안타까움을 주고 있습니다. 또 하나 보셔야 할 것이 그 옆에 삼년산성이라고 있어요. 삼년산성은 신라가 삼국통일의 요새지로서 3년을 쌓았다고 해서 지어졌고, 진흥왕 때 쌓았는데 석축으로 된 산성입니다. 거기도 올라가다 보면 주위가 다 보이는 방어용의 산성입니다.”

- 법주사가 템플스테이로 유명하던데요, 사시낙락이라고 해서 오는 10월까지 사찰의 전통 자기반성법인 점찰과 또 전통산사의 문화재를 재미있게 돌아보는 기회들을 마련한다고 하니, 여름방학과 휴가를 이용해 경험해 보는 것도 좋을 듯 싶습니다. 오늘 이야기도 잘 들었습니다.

“네, 고맙습니다.”

(5) 안동 봉정사

- 올해 유네스코 세계유산에 등재된 산사 7곳을 만나보고 있는데, 벌써 오늘이 다섯 번째 절이네요. 어딘가요?

"오늘은 경북 안동 서후면에 있는 봉정사입니다."

- 얼마 전 문재인 대통령이 휴가를 다녀온 곳이기도 한데, 이 봉정사(鳳停寺)는 창건설화가 한 편의 시 같다고 하던데 어느 시대 때의 절이고, 창건설화에는 어떤 배경이 전해지나요?

"흔히 영주 부석사를 지으신 의상대사가 삼국통일 이후인 682년에 창건했다고 알려져 있는데요. 종이로 봉황을 만들어서 도력으로 날려 보내자 이 종이로 만든 봉황이 앉은 곳이 바로 이곳 봉정

안동 봉정사 극락전

[자료출처 : 대한불교조계종 총무원 문화부 제공]

사였어요. 봉정사는 '봉황이 머무른 곳'이라는 뜻입니다. 의상대사께서 기도드리려고 이 산에 오르셨는데 선녀가 등불을 밝히고 천마가 길을 인도해서 이 자리에 다다르게 했다고 해요. 그래서 천등산 봉정사라고 하잖아요, 바로 이곳에 절을 지으셨어요. 한편으로는 이 의상대사의 제자 능인대사가 창건했다는 역사적인 설화도 있습니다."

- 봉정사는 사진을 보니까, 다른 사찰들에 비해 규모가 크지는 않아도 좀 품위가 있다고 해야 되나요? 단정하면서도 고풍스러움이 느껴지는 것 같아요.

"네, 대개 산사를 보면 아래가 부석사같이 환하게 내려다보이는데 봉정사를 보면 아늑하게 산에 둘러싸여 있어요. 나름대로 건물의 특징이 있습니다. 석가신앙과 미타신앙을 병행하는 산사에요. 들어가다 보면 대웅전 영역이 있어요. 그곳에는 석가모니불이 주전으로 모셔져 있고, 옆에 있는 극락전에는 아미타불이 모셔져 있어요. 이것을 양원식 병립구조라고 해요. 두 개의 마당을 형성해서 아주 격조 있고 품위 있는 건축의 구조미를 갖고 있죠."

- 석가신앙, 미타신앙을 말씀하셨는데 좀 더 이해하기 쉽게 설명해 주시겠어요?

"그러니까 기독교는 유일신이잖아요, 불교는 다신불이에요. 그래서 제일 높은 부처가 법신이라고 해서 태양불 같은 비로자나불입니다. 그리고 보신은 우리가 잘 아는 아미타여래, 약사여래인데 기원할 때 여러 가지 찬불을 하지 않습니까? 그다음에 화신불, 현신불이라고 해서 유일하게 인간으로 태어났다가 부처가 되신 불, 그분이 석가모니불이시죠. 그리고 앞으로 다시 인간세계에 태어났다가 부처가 되실 미륵불이에요."

- 봉정사에 가면, 부석사 무량수전과 함께 우리나라에서 가장 오래된 목조건축물을 볼 수 있다면서요?

"네, 우리가 교과서에서 본 가장 오래된 목조건물이 그동안 부석사의 무량수전이었잖아요. 그런데 지붕을 중수하다 보니 상량문이 나왔어요. 봉정사 극락전은 1363년에 중수했고 무량수전은 1376년이에요. 실제로 지어진 것은 그 시기로부터 150년 전, 200년 전 이렇게 헤아릴 수 있습니다. 그래서 부석사 무량수전보다 13년 차이로 극락전이 지금 현재 가장 오래된 목조건물로 알려져 있습니다. 가보시면 단아해요. 주심포 양식의 맞배지붕으로 크고 우람하지는 않아도 절도 있고 소박한 미를 가지고 있어요."

- 그러니깐 봉정사 극락전 목조건물 외에도 많은 보물들이 숨어 있다는 말씀이지요?

"그렇지요. 지난번 신문에서 보셨겠지만, 대웅전 툇마루에 난간이 있어 사대부 집에 들어간 것 같은 느낌을 줍니다. 대웅전에는 석가모니불이 계신데 그 뒤에 후불탱화, 석가모니께서 영축산에서 법화경을 설법하시는 영산회상도가 봉정사의 보물입니다. 고금당이라고 옛날의 금당이라는 뜻이에요. 금당은 불교사찰의 중심 법전이었어요. 그 자리가 초기에 시작한 법당이라는 뜻입니다. 고금당도 아주 단아한 모습을 지니고 있습니다. 그리고 또 하나 중요한 것이 개울 건너에 있는 영산암이에요. 응진전 구역인데 송암당, 우화루, 산신각 이렇게 구성돼 있고 〈달마가 동쪽으로 간 까닭〉이라는 영화 촬영장으로도 유명해요. 들어가 보면 소나무와 더불어서 아늑한 안정감을 주는 특별한 장소입니다."

- 깊은 산속에서 이렇게 수백 년간 이어진 사찰 건축양식의 변화를 한곳에서 볼 수 있다는 점도 참 의미 있게 다가옵니다. 또 더 소개해 주실 내용이나 볼거리가 있나요?

"특히 봉정사는 임진왜란 때 피해를 별로 입지 않았어요. 그래서 고려시대의 주요 건축물이 보전될 수 있었고요. 대웅전도 조선 초기의 것이고 후기에 화엄강당 등을 중창한 것을 볼 때 봉정사는 역사적으로 목조건축물의 계보를 찾아볼 수 있는 곳이에요. 그리고 태조의 원당으로 지정이 된 70칸 규모의 큰 사찰이었어요. 이곳에 퇴계 이황 선생께서 공부하셨다는 명옥대 정자도 있고요. 1999년에 영국의 엘리자베스2세 여왕이 찾아오셨잖아요, 그런 면으로도 특별한 의미가 있는 곳입니다. 특히 봉정사는 경내의 텃밭을 운영해 승려들과 신도들이 수행의 여가에 채소를 키워서 식생활을 하는 공동체 생활을 실천했던 사찰이에요. 작물을 가꾸는 것도 수행의 한 부분이고, 자연과 일체화되는 생활을 영위했던 전통을 확인할 수 있다는 것에서 유네스코 유산으로 진정성의 증거가 되는 거죠. 또 불교 출가자와 수행자의 신앙생활이 이루어지는 종합승원으로서 위대한 가치가 있는 사찰입니다."

(6) 순천 선암사

- 올해 유네스코 세계유산에 등재된 산사 7곳을 만나보고 있습니다. 양산 통도사, 해남 대흥사, 영주 부석사, 보은 법주사 그리고 지난주 안동 봉정사까지 만나봤고요. 두 곳이 남았는데 오늘은 어디로 가 볼까요?

"전라남도 순천 조계산 자락에 자리한 선암사(仙巖寺)로 가보겠습니다."

- <만다라>, <아제아제바라아제> 등의 영화 촬영지로도 유명하고, 1년 내내 발길이 끊이지 않는 사찰 가운데 한 곳인데, 많이들 찾는 이유가 있겠죠?

"네, 아주 아름다운 절이에요. 조계산이라는 명산 앞자락에 있고 바다가 가까워서 고온다습한 기후인 데다 활엽수로 뒤덮여 있는데, 특히 꽃 박물관 같아요. 산철쭉이라든가 왕벚꽃나무, 선암매화 등 많은 꽃이 사시사철 만발해 있어요. 특히 가람배치가 정감 어린 아기자기한 여염집 들어가는 그런 느낌도 줍니다."

- 그런 아름다운 모습 때문인지, 선암사를 '자연의 붓질로 경영한 수묵화의 절집'이라고 표현한 것도 봤는데, 이 선암사가 여러 번 화재를 겪었다면서요?

"정유재란 때도 불탔었고 영조 때도 화재가 났었어요. 특히 6·25 때 전쟁으로 많이 소실되었지요. 여순사건도 있었고요. 65동 대가람이 25여 동으로 줄었지만 계속 끊임없이 중창하는 노력이 있었고요. 목조건물을 보존하기 위한 염원으로 심검당이라는 환기창에 불이 나지 말라는 물 수(水) 자, 그리고 물이 있는 바다 해(海) 자를 박

순천 선암사 승선교
[자료출처 : 대한불교조계종 총무원 문화부 제공]

아서 상징성뿐 아니라 정신적으로도 불을 끄는 그런 역할의 여러 가지 모습들을 볼 수 있습니다."

- 선암사의 창건시기와 배경은 어떻게 되나요?

"원래 자료에 보면 진흥왕 때 아니면 백제 성왕 때 아도가 비로암으로 창건했다는 설이 있는데, 가장 유력한 것은 신라 말기 875년에 도선국사가 창건했다는 것이 신빙성 있는 창건설화로 알려져 있어요. 특히 위에 바둑판 같은 높고 큰 바윗돌이 있어요. 선인이 바둑을 두었다, 신선이 내린 바위다 해서 선암사라는 이름이 붙여졌다는 것이죠."

- 선암사는 유무형의 많은 문화유산을 간직하고 있잖아요. 사찰 입구부터 아름답던데요.

"네, 들어가면서 큰 무지개 모양의 다리가 나오는데 이것을 승선교라고 합니다. 규모도 매우 클 뿐 아니라 아름답고 신비감을 주는데요, 승선이라는 것은 불국, 선경의 세계로 오르는 다리라는 뜻이에요. 특히 다리 중간에 용머리 조각이 삐죽 나와 있어요. 그 모습도 아름답지만 이걸 뽑으면 다리가 무너진다는 뜻도 있고 모든 재해를 막는 역할의 상징성도 있어요. 직접 가서 다리가 계곡에 비칠 때 보면 무지개니까 반원 같은데 둥근 원이 되는 거예요. 이 둥근 원 속에 내가 있다는 신비로움도 갖게 되는 강선루가 있어요."

- 유명한 보물과 함께 전해오는 이야기도 소개해주시지요.

"가람배치가 아기자기한데 맨 처음이 대웅전 영역이고, 그 다음이 원통전 영역, 그 다음이 응진전 영역, 각황전 영역인데 이게 서로 가리지 않고 맞물리듯이 엇비슷하면서 다 보입니다. 그중 원통전을 소개하면 원통전은 관음보살을 모신 곳인데 조선왕릉의 정자각과 비슷해요. 이를테면 한자로 고무래 정(丁) 자 모양이에요. 숙종 때 호암대사가 관음보살의 모습을 보기 위해 백일기도를 했는데 이루어지지 않으니까 벼랑에서 몸을 던져 죽으려고 했어요. 그랬더니 한 여인이 나타나서 죽으면 끝인데 하면서 대사를 구하고 사라지자 그분이 관음보살임을 깨닫고 원통전을 세운 거죠. 그리고 무지개다리 승선교를 세웠어요."

- 원통전에는 조선왕조 정조임금과 얽힌 사연도 있다는데요.

"정조께서 조선시대 22대 임금이신데 아들을 못 낳아 선암사의 스님을 통해서 백일기도를 하셨어요. 그래서 태어난 아드님이 23대 순조임금입니다. 순조임금께서 12세 때 '대복전'이라는 현판을 하사해서 거기에 걸려 있어요. 또 하나 보실 것은 꽃창살이 아주 아름다워요. 그 밑에 토끼 두 마리가 방아 찧는 모습 그리고 예쁜 파랑새도 새겨놓은 아름다운 전각도 있습니다."

- 지금 총장님 말씀을 들으면서 모니터를 보고 있는데 정말 아름다운 사찰이네요. 승선교도 물빛을 비추는 걸 보니 둥근 모양으로 보이고요. 다리 사이로 정자도 보이는 것 같아요.

"그곳이 신이 올라가셨다, 선인이 올라가셨다 하는 설화가 있는 강선루에요. 팔각지붕에 2층 누각입니다."

- 그런데 선암사에 가면 문화재로 인정받은 화장실이 있다고요?

"네, 아주 품격 있는 화장실입니다. 대각암 가는 길에 해천당 옆 '뒷간'이라고 쓰인 간판이 걸려 있어요. 그것도 재미있고 애교스럽게 '깐뒤'라고도 부르고요. 대변소, 대평소 이렇게도 쓰여 있어요. 흔히 해우소라고 부르는 곳이지요. 그런데 아주 깔끔하고 냄새도 없고 고풍스러운 아름다움까지 겸비한 정자형 한옥건물 뒷간이에요. 선암사의 단아한 분위기를 고스란히 대변하고 있어요. 그곳에서 보면 바깥 숲속의 정경도 아주 좋습니다. 우리나라에서 가장 크고 아름다운 사찰식 화장실로 꼽히는 뒷간입니다."

- 정승호 시인이 '눈물이 나면 기차를 타고 선암사 해우소로 가서 실컷 울라'고 하더니, 이런 시를 쓴 이유가 있군요. 선암사의 보물들, 또 무엇이 있을까요?

"각황전에 철불좌상이 있어요. 도선국사께서 신라 말기에, 이분이 풍수지리의 대가잖아요. 선암사의 북쪽이 기가 약하다 해서 기를 올리기 위하여 철불을 묻었다 하는데, 바로 선암사의 모든 지세의 균형을 잡아주는 장엄한 철불좌상이 모셔져 있습니다."

- 네, 선암사에 대해 말씀해 주셨습니다. 1년 중 어느 날에 가도 좋지만, 매화꽃 필 때 가면 그야말로 꽃대궐을 누릴 수 있겠네요. 오늘 선암사 이야기도 잘 들었습니다.

"고맙습니다."

(7) 공주 마곡사

- 일곱 차례에 걸쳐 올해 유네스코 세계유산에 등재된 산사 7곳을 만나보고 있는데요, 마지막 한 곳은 어디인가요?

"공주에 있는 마곡사(麻谷寺)입니다."

- 마곡사, 이름 뜻이 뭔가요?

"원래가 '춘마곡 추갑사(春麻谷秋甲寺)'라고 해서 마곡은 봄이 매우 아름다운 곳이에요. 선덕여왕 때 자장율사가 약 200결을 하사받아서 통도사, 월정사를 지으시면서 마곡사도 지으셨어요. 유학할 때 스승인 마곡보철화상의 이름을 땄다는 설도 있고, 낙성식을 할 때

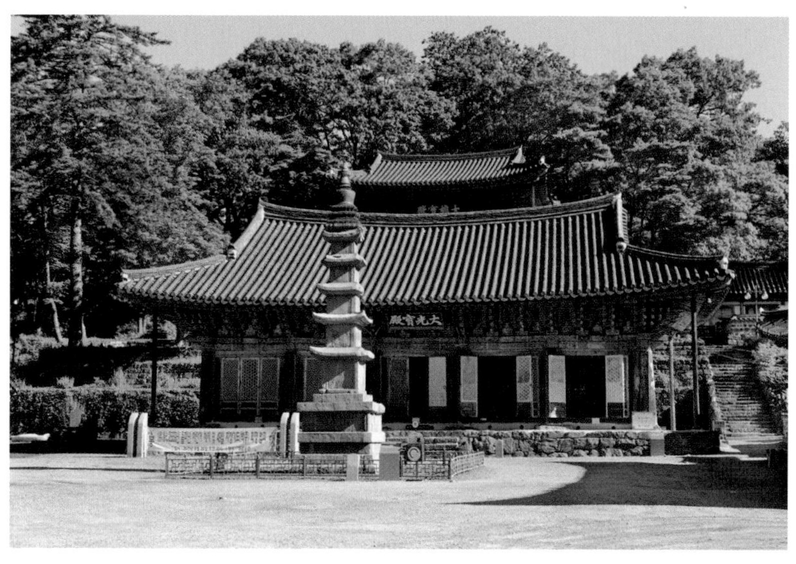

공주 마곡사
[자료출처 : 유네스코 세계유산센터(http://whc.unesco.org)]

많은 군중이 모여서 마처럼 많은 무성한 사람들이 모인 데서 땄다는 설도 있습니다.

- 마곡사의 가람배치도 좀 특이하다면서요?

“보통은 계곡을 건너서 일주문으로 들어가는데 여기는 양원식이에요. 계류를 사이에 두고 북쪽에 사찰영역이 있고 남쪽에도 있어요. 북쪽부터 펼쳐간 게 남쪽까지 확대된 것 같아요. 북쪽에는 대웅보전, 대광보전, 5층석탑, 응진전 이렇게 배치되어 있고 남쪽에는 계류 바깥에, 들어가면서는 왼쪽에 있습니다. 영산전이나 명부전, 천왕문, 해탈문이 배치되어 있어요.”

- 마곡사에도 문화재들이 많겠죠?

“네, 많죠. 그러니까 유네스코 문화유산으로 당당하게 올라간 것이고요. 제일 먼저 보게 되는 곳이 대광보전이에요. 그 속에는 비로자나불이 앉아 계시는데 비로자나불은 남쪽을 향하여 마주 들어가서 보이는 게 아니고 동쪽을 향하여 계세요. 아주 특이한 거죠. 현판은 정조임금 때 개축을 한 것인데 강세황이라고 당대 명필의 글씨고요, 뒤에 탱화 불화에 백의관음보살상이 웅장합니다. 청조 파랑새를 바치는 검은 바지저고리가 앙증스러운 선재동자가 있는 특별한 탱화가 있고요, 여기에 밑바닥이 참나무 껍질로 만들어진 자리가 있어요. 그런데 130년 전쯤에 자리를 지킬 수 없는 불구의 남성이 백일기도를 할 때 법당마루에 자기가 탑 자리를 쌓겠다고 해서 30평을 쌓더니 기도의 효험으로 거뜬히 일어나서 걸어 나갔다는 일화도 있어요. 바로 대광보전 뒤에 2층으로 된 대웅보전이 있어요. 여기에는 석가모니가 모셔져 있고 그 옆에 아미타여래, 약사여래가 계신데 이곳의 특별한 점은 2층으로 되어 있다는 점이에요. 이런 것은 흔치 않아요. 구례 화엄사 각황전, 부여 무량사의 극락전, 법주사 대웅전 그리고 마곡사의 대웅보전으로 겉으로 보면 2층인데 안으로 들어가면 통층입니다. 대웅보전의 글씨는 신라시대 명필 김생의 글씨인데 임진왜란 때 의병의 집결지라 불타서 다 없어졌지만 현판이 스스로 보전하기 위하여 불길을 피해서 연못에 빠졌다는 영험한 일화도 있습니다."

- 그리고 또 어떤 보물들이 숨어 있습니까?

"특별히 대광보전 앞에 있는 5층석탑은 고려 말에 보조국사께서 크게 중창을 하셨어요. 그래서 5층석탑이 남아있는데 무척 특별하고 8.7m로 꽤 높은 훌쭉한 탑이에요. 굉장히 높으면서 폭이 좁아요. 맨 꼭대기 상륜부가 청동재 보탑을 얹은 라마식 건축법인데 풍마동이라고도 해요. 고려 말기가 원나라 간섭기이잖아요. 그래서 원나라의 영향을 받은 라마교 양식의 특이한 석탑이 서 있어요. 상승감이 아주 특별합니다. 1층에는 사리를 보관하니까 누구나 열지 못한다 해서 자물쇠가 조각되어 있고 2층에는 부처님이 사면에 새겨져 있습니다. 그리고 또 하나 영산전이 있어요. 영산전은 세조임금께서 쓴 글씨라고 알려져 있어요. 석가모니께서 영축산에서 제자들에게 법화경을 설법하신 것을 영산회상이라고 하는데 그 준말이 영산전이에요. 이 건물이 마곡사에서 가장 오래된 건축물이에요. 임진왜란 때 불탔지만요. 오래전 효종 때 지으셨어요. 여기에는 세조께서 김시습이 마곡사에 머무른다고 해서 찾아오셨다가 김시습이 자리를 피해 못 만나자 왔다는 흔적으로 영산전이라는 글씨를 남겼다고 합니다. 가마를 타고 오셨는데 그 가마는 흔적을 남기기 위해서 남겨두시고 말을 타고 가신거죠. 그 빛바랜 가마가 비로자나불 옆에 세워져 전해 내려오고 있어요."

- 마곡사는 백범 김구 선생과도 인연이 있다고 들었어요. 그 이야기와 함께 더불어 소개해 주시고픈 내용들 말씀해 주세요.

"네, 특별한 인연이 있습니다. 거기에서 '원종'이라는 법명도 받으셨고요. 왜 거기에 가셨냐 하면 1895년 10월 8일에 명성황후가 일본인 낭인들에게 시해를 당하셨잖아요. 그래서 김구 선생께서 시해에 가담하였다고 알려진 일본군 특무장교를 처단하셨어요. 그 일로 투옥되었다가 탈출해서 은신한 곳이 마곡사입니다. 마곡사에서 김구 선생이 보호가 되신 거예요. 광복 후에 다시 이곳에 찾아오셔서 그때의 고마움을 회상하며 심어놓은 향나무가 5층석탑, 응진전 옆에 있습니다. 김구 선생과의 특별한 인연이 있는 곳이고 그만큼 마곡사는 모든 피해와 전란, 기근을 피할 수 있다는 풍수지리도 좋은 곳으로 알려져 있어요. 항상 맑은 물이 넘쳐흐르고 산열매, 산채, 초근목피가 넉넉해서 웬만하면 다 버틸 수 있는, 기근도 피할 수 있고 전란도 피할 수 있다는 아주 아름다운 곳이에요. 절을 둘러싸고 태극 문양의 계류가 휘감아 돌아서 만나는 곳이죠. 그리고 한 가지 덧붙일 게 여기가 남방화소의 대표적인 곳이란 겁니다. 무슨 말이냐 하면 불화를 그리는 화승들이 여기에 많이 배치되어 있고 그림을 그려서 임진왜란 후에 각종 불화가 불탔을 때 이 남방화소에서 훈련되고 숙련된 화승들이 곳곳에 불화를 그린 남방화소의 대표적인 사찰입니다."

- 승려화가들을 많이 배출하는 그런 사찰이라는 말씀이군요. 오늘 마곡사까지 이렇게 천 년 넘게 불교문화를 지켜온 사찰 7곳을 모두 만나봤습니다. 산사 7곳의 유네스코 세계유산 등재를 계기로 청취자 여러분에게 당부하고 싶은 말씀, 혹시 있으실까요?

"유네스코에 세계유산으로 등재될 때 인간과 자연의 조화를 이루는 아름다운 경관과 7세기에서 9세기까지 설립된 사찰들이 현재까지 온전하게 불교의 성역으로서의 지속성을 갖추었다는 점이 인정받은 것이지요. 이제 앞으로 더 많은 세계인들이 찾아오고 세계인들에게 알려진 산사이기 때문에 우선 우리가 귀하게 여기고 찾아가야 해요. 그러면서 우리 전통문화에 대한 자긍심과 함께 보존에도 협조를 해야 합니다. 여기에서 내일의 이상과 희망을 품고 우리들의 정신적인 자세를 갖는 시간으로 우리 국민들이 많이 참관을 하셨으면 좋겠습니다."

- 우리 애청자 여러분들 많이 방문도 해주시고 보존도 해주시고 이곳을 통해서 희망을 갖는 그런 계기가 되었으면 좋겠습니다. 오늘 마곡사 이야기, 잘 들었고요. 다음 시간에 또 다른 유산으로 뵙겠습니다.

"네, 고맙습니다."

14 '한국의 서원 9곳' 유네스코 세계유산으로 등재되다 (2019년)

- 국방FM 국방광장 이어지는 순서는 오늘의 인터뷰입니다. 지난 7월 6일 아제르바이잔의 수도 바쿠에서 열린 제43차 유네스코 세계유산위원회에서 조선 성리학의 산실인 우리의 서원 9곳이 유네스코 세계유산으로 등재되었지요. 참으로 반가운 소식이 아닐 수 없습니다. 현장에서 이 소식을 접한 분들은 그 감동이 얼마나 더했을까요. 각 서원의 대표들과 함께 현장에 참석했던 이배용 한국의 서원 통합보존관리단 이사장님이 어제 귀국했다는 소식을 들었습니다. 그래서 오늘 현지와 전화연결을 해보려고 하는데요. 이배용 이사장님은 2011년부터 서원의 세계문화유산 등재에 앞장서 오신 분이고, 또 우리 국방광장에서도 지난해 4월 봄부터 가을까지 우리의 아름다운 문화유산을 하나하나 소개해 주신 바도 있습니다. 그래서 저희도 다시 전화연결을 하게 돼서 참으로 감회가 새롭습니다. 이사장님 안녕하십니까.

"네, 안녕하세요."

'한국의 서원' 유네스코 세계유산 등재 직후 현장에서 관계자 기념촬영

- 얼마나 기쁘세요?

"정말 감개무량합니다. 아주 기쁜 마음이 그지없어요."

- 어떻게 보면 재수 끝에 이루어진 것인데 이배용 이사장님이 오래전부터 준비하고 또 고대해 왔던 중심에 계신 분으로서 개인적으로도 너무 뿌듯하실 것 같습니다.

"그렇습니다. 우리나라의 문화적 위상을 높이고, 국격을 상승시켰다는 가슴 벅찬 자긍심을 가지고 있습니다. 또 한 번 가장 한국적인 것이 세계적이라는 것을 확인하게 되었습니다."

- 정말 자랑스럽습니다. 아제르바이잔에서 어제 귀국을 하셨다고 들었습니다. 한국의 서원 9곳의 유네스코 등재가 결정되는 순간의 여운이 아직도 생생하실 것

같은데 우리 서원의 대표로 함께 참석한 분들, 유림들의 그 모습도 현지에서는 굉장히 인상적이고 또 화제가 되었다고 하는데 당시 현장의 분위기를 좀 전해 주실까요?

"지금도 현장에서 함께 참여했던 세계인들의 환호가 귀에 생생합니다. 정말 대한민국의 날이었어요. 함께하신 유림들께서 갓 쓰고 도포 입고 두 팔 벌려 '대한민국 만세'를 외칠 때 세계인들이 다 우리에게 다가와서 박수와 지지를 보내주었습니다. 그때 갓이 그렇게 그들에게 인상적이더라고요. 다들 알록달록한 색깔들의 의상 속에서 유림들께서 입으신 흰색과 옥색의 도포가 아주 우아했고요. 그래서 아프리카, 유럽인들이 모두 다가와서 그 모자(갓)가 멋있다고 함께 사진을 찍자고도 했어요. 여러 나라가 심사를 받았지만 등재되는 순간 우리가 또 한 가지 감격적으로 잘한 것이 감사인사를 유교의 예로 한 것입니다. '공수'하면서 배에 두 손을 모으고 '읍례' 하며 감사인사를 하고 '평신'하며 구호와 함께 인사를 하니 세계인들이 매우 흥미 있게 보면서 열광적으로 환호하는 거예요. 대한민국이 동방예의지국 아닙니까. 감사에 대해 지지하는 마음은 동서양이 다르지 않고 가장 한국적인 것이 세계적인 것이라는 실감을 하게 되었지요. 그 점을 다시 한번 그들에게 보여주게 되었죠."

- 우리 작가가 모니터로 등재 순간의 감동적인 장면을 보여주고 있는데 유림 분들 사이에서 이배용 이사장님이 태극기를 손에 들고 활짝 웃으시는 모습이 정말 인상적이네요.

"정말 감격적이고 눈물이 왈칵 났습니다. 제가 2010년부터 9년,

벌써 10년째 이 일을 해오고 있는데 나라를 위한 일의 결실을 맺으니 눈물이 쏟아지더라고요."

- 이미 언론을 통해서 나오기는 했지만 이번에 등재된 한국의 서원 9곳이 어디어디이고 또 유네스코가 한국의 서원을 평가하면서 꼽은 등재기준인 탁월한 보편적 가치라는 것이 있는데 어떤 점들이 그 가치에 부합됐다고 본 것인지 설명을 부탁드리겠습니다.

"많이 알려진 바와 같이 이 9개의 서원은 대원군 때 훼철되지 않고 일제강점기와 6·25를 거치면서 훼손되지 않은 원형을 잘 간직한 곳으로 완전성과 진정성을 갖추게 돼 선정하게 됐어요. 영주의 소수서원, 안동의 도산서원, 하회마을 병산서원, 경주 양동마을의 옥산서원, 대구 달성의 도동서원, 경상남도 함양의 남계서원, 전라남도 장성의 필암서원, 전라북도 정읍의 무성서원, 충청남도 논산의 돈암서원 9곳이 뽑혔습니다. 특별히 유네스코의 OUV라는 등재기준이 있어요. Outstanding Universal Value 즉, 탁월한 보편적 가치를 가져야 인류문화유산이 되는데 그중 3번에 해당되는 문화적 전통, 또는 살아 있거나 소멸된 문명에 관하여 독보적이거나 적어도 특출난 증거를 가지고 있는 문화유산이에요. 우리는 전통적 기법과 관리체계, 보존이 잘되어 있거든요. 그리고 입지와 주변 환경인 자연이 수려하지 않습니까. 모든 주변 환경, 강학당이나 제향, 유식공간, 도서관, 편액 등이 완전히 남아 있어요. 그래서 완전성으로 인정을 받은 것입니다. 성리학이 16세기 중반부터 17세기 중반에 건립되어 전국적으로 전파된 것이지 않습니까? 조선시대 교육 및 사회적 활동에서 널리 보편화되었던 성리학의 탁월한 증거라는 점에서 진정성을 인정받은 것이에요."

- 너무 자랑스러운데 아무리 생각을 해봐도 쾌거라고 말할 수밖에 없습니다. 그런데 2011년부터 쭉 노력을 해오셨는데 중간에 한 번 도전을 했다가 고배를 마신 적이 있었습니다. 어떤 점 때문에 등재가 안 된 겁니까?

"2015년인데요, 이코모스라는 국제유적물협회에서 평가를 받는데 그때는 9개 연속유산의 명분이 좀 더 뚜렷했으면 하는 점과, 다른 국내외 서원유산과의 차별성, 그다음은 완충지역이라고 해서 서원유산이 있는 곳뿐만 아니라 이격거리 500m 이내가 정비가 되어야 해요. 그동안 세계유산이 될지 모르고 다는 아니지만 주변이 난개발이 된 곳도 있는데 그런 부분들을 잘 재정비해서 냈을 때 정말 등재권유라는 최고 평가를 받았습니다."

- 아, 그렇군요. 2015년 이후 4년 동안 부족한 부분을 충족하기 위하여 많은 노력을 하셨다는 말씀이군요.

"그럼요. 우리 서원통합보존관리단에서 총괄 지휘하면서 서원을 오랫동안 지켜온 유림들께서 하나로 단합해서 주어진 과제를 풀어내는 데 크게 어렵지는 않았습니다."

- 또 하나 많이 궁금해하시는 것 중 하나가 성리학의 종주국이라고 할 수 있는 중국의 서원보다 우리의 서원이 먼저 등재됐다는 점입니다. 중국의 서원과는 어떤 점이 다르고 특별했다고 보면 될까요?

"그것이 차별성인데요, 중국이 성리학이 생긴 원래 터전이잖아요. 문화적 전래이죠. 그날 아주 감격스러웠던 점이 이코모스에서 한국의 서원이 유네스코 유산으로 등재될 자격이 있다고 보고를 하면 쿠웨이트, 스페인 등 여러 국가가 지지발언을 해 줍니다. 그날 중국 대표가 지지발언을 정말 명료하게 해줬어요. 그러니까 더 뚜렷하게 차별성이 있다는 점이 많은 분들에게 인지가 되었고요. 우리가 중국과 다른 점은 중국은 제향기능이 공자에 대한 보편적 기능인데, 우리는 지역사회 선현들을 제향하잖아요. 우리의 서원은 향촌지식인들이 세운 사립명문학교입니다. 중국이 과거시험을 공부하는 곳이라면 우리는 입신출세가 아닌 바른 심성을 도야하는 인격수양이 우선입니다. 입신출세의 장이 아닙니다. 그리고 우리의 서원은 도심에서 떨어져 있어 수려한 자연경관과 목조건축의 창조적 기능이 있는 점 등이 중국과는 차별성이 있는 것이지요."

- 한국의 서원 9곳의 유네스코 문화유산의 등재로 이제 서원은 우리의 것만이 아닌 인류의 공동자산이 된 셈인데 우리에게 주어진 과제가 있겠죠?

"서원이 전국적으로 펴져 있잖아요. 동과 서쪽으로요. 그래서 참 어려운 작업이었어요. 한 지역만이었다면 아주 단순한 것이었을 텐데요. 9개 유산이 공통점도 많지만 지역마다의 차별성이 있잖아요. 이것을 유네스코 기준인 완전성, 진정성에 적합하다고 냈을 때 우선 통합보존관리가 매우 중요합니다. 이 일을 하면서 문화로 소통하니 동서가 화합하고 서로 존중하는 모습, 배우는 모습을 보면서 상호 협력하게 되고 '하나다'라는 자긍심이 느껴졌습니다. 서원이 경북지역에도 있고 전남지역에도 있고 여러 지역에 있다 보니 유네스코에서 우리에게 주문한 것이 등재 이후 통합보존관리를 잘 해달라는 것이었습니다. 지금도 모니터링 등을 완벽하게 하고 있지만 여러 가지 예산지원과 함께 통합적이고 연계적인 관리가 매우 중요하고, 또 한 가지는 유네스코 9곳에는 포함되어 있지 않지만 600여 개의 서원이 있습니다. 현재에도 선현들의 정신이 잘 살아 있는 서원들이 많기 때문에 같이 연계하여 우리의 서원을 세계인들이 찾아오는 훌륭한 교육공간으로 만들어가야 합니다. 특히 정신유산으로서의 인재를 바르게 양성하는 따뜻한 인간애를 구현하는 서원의 교육철학이 인류의 미래를 위해서 많은 영감을 줄 것이라고 기대하고 있습니다."

- 이제 서원들의 통합적 관리와 보존이 중요한데 그런 차원에서 지금 이사장님이 맡고 계신 한국의 서원 통합보존관리단이 앞으로 이 일을 총괄하게 되겠군요.

"네, 현재 재단법인인데 출자법인 체계를 확고히 해서 조직도 정비하고 예산 지원도 튼튼한 기관이 돼야 합니다."

- 서원의 세계유산 등재가 단순히 우리의 자랑거리가 하나 늘었다는 수준에 그치지 않으려면 서원의 이 철학을 제대로 계승하는 일이 함께 되어야 한다는 주문도 많은데, 이 일은 어떤 방법으로 가능하겠습니까?

"온 국민이 우선 관심을 가져야 합니다. 전통을 현대화시키고 미래로 발전시켜 나가는 부분이 매우 중요합니다. 우리나라는 교육열이 세계에서 가장 높은 나라 아닙니까? 서원은 바로 교육열의 원천이 되는 곳입니다. 그동안 우리가 놓쳤던 공동체 정신, 질서, 신뢰의 가치가 어린 학생들로부터 함께 연계되어 교육되면 제일 바람직한 것이고, 이 점이 인류가 보존해 나가야 할 문화적 자긍심을 불러일으키는 아주 귀중한 교육적 자산이라고 할 수 있겠습니다."

- 네, 그렇게 발전돼 나가기를 바라는 마음이고. 작년에 이사장님이 서원 9곳을 소개해 주시면서 건물마다 그냥 지어진 것이 없고 하나하나에 뜻과 정신이 있다고 말씀해 주셨던 것이 새록새록 기억이 납니다. 이제 이 인터뷰를 마무리하면서 서원이 갖는 가치, 또 서원의 본질은 이런 것이라고 강조해 주시는 것으로 마무리를 해보겠습니다.

"자연이 인간과 조화를 이루고 있는 곳이 바로 서원입니다. 서원에 들어가시면 소나무와 은행나무의 수려한 자연과 함께 인간이 편하게 숨 쉴 수 있는 목조공간과 아주 체계적인 제향, 강학, 유식공간이 우리에게 조화로운 지혜를 체득하게 해줍니다. 특히 선현의 정신과 학문을 계승해서 미래로 가는 인격수양을 목표로 하기 때문에 이 점이 잃어버린 정신문화를 찾는 길이 아닌가 생각합니다."

- 맞습니다. 우리의 잃어버린 정신문화를 되찾고 민족정기를 공고히 하는 그런 곳으로서의 서원이 세계적으로 가치를 인정받았습니다. 이것을 계기로 해서 우리가 그런 부분들을 소중히 지켜 나가고 발전시켜 나갔으면 좋겠군요. 이배용 이사장님, 오늘 이렇게 좋은 소식 듣기까지 수고 많으셨고요, 더 많은 기여를 해주시면 좋겠습니다. 고맙습니다.

"네 고맙습니다."

한국서원의 세계유산적 가치

드디어 2019년 7월 6일 아제르바이잔 바쿠에서 열린 제43차 세계유산총회에서 '한국의 서원'이 유네스코 세계유산으로 등재되었다. 그럼으로써 지금까지 우리나라는 유네스코 유형문화유산이 14개, 무형문화유산이 20개, 기록유산이 16개 등재된 것이다. 이번에 14번째로 등재된 한국의 서원은 모두 9곳의 연속유산으로 구성되었는데 영주 소수서원, 안동 도산서원과 병산서원, 경주 옥산서원, 대구 달성 도동서원, 함양 남계서원, 장성 필암서원, 정읍 무성서원, 논산 돈암서원이다. 필자가 2010년 이화여대총장을 마치고 대통령 직속 국가브랜드위원장을 맡으면서 국가의 문화적 품격을 높이기 위해 구상하고 추진하여 9년 만에 이루어낸 참으로 감개무량한 역사적 쾌거였다.

제43차 세계유산위원회 총회에서 '한국의 서원'이 유네스코 세계유산으로 등재된 순간 (아제르바이잔 바쿠, 2019.07.06.)

□ 유네스코 세계유산 현황 (한국)

○ 세계유산 (유형)

세계유산 (유형)			
1	해인사 장경판전 (1995)	8	제주 화산섬과 용암동굴 (2007)
2	종묘 (1995)	9	조선왕릉 (2009)
3	석굴암, 불국사 (1995)	10	하회와 양동마을 (2010)
4	창덕궁 (1997)	11	남한산성 (2014)
5	수원 화성 (1997)	12	백제 역사유적지구 (2015)
6	고창, 화순, 강화 고인돌유적 (2000)	13	산사, 한국의 산지승원 (2018)
7	경주 역사지구 (2000)	14	한국의 서원 (2019)

유네스코 세계유산이란 무엇인가? 원래 유네스코는 유엔 산하기구로 교육, 과학, 문화 등의 지적 활동분야에서 국제적 이해와 협력을 촉진함으로써 세계평화와 인류발전을 증진시키기 위해 만들어진 유엔 전문기구이다. (United Nations Educational Scientific and Cultural Organization : UNESCO)

세계유산 제도가 시행된 배경은 무엇보다 18세기 후반 산업혁명 이후 새로운 시대가 열리면서 오랜 역사를 통해 창조되어 온 유산들이 훼손되거나 경시되어 가는 것에 대한 보존, 보호의 필요성이 대두되었던 데 있다. 더욱이 20세기에 들어서서는 제1차, 제2차 세계대전을 겪으면서 전쟁으로 인해 유산이 파괴되거나 크게 훼손되면서 유산의 보호와 보존은 인류가 공통으로 논의하여 해결해야 하는 과제로 부상하게 되었다.

이러한 과정에서 세계유산 등재 제도가 실시된 직접적인 계기가 된 것은 이집트 나일강의 범람으로 인한 수재를 막기 위해 아스완댐 건설을 계획하면서였다. 1959년 이집트 정부는 나일강 나세르 호수에 아스완 댐을 건설해서 고질적인 강의 범람을 막고 부족한 에너지도 공급하겠다는 야심찬 계획을 세웠다. 그러나 아스완댐을 건설하는 데는 커다란 문제가 있었다. 댐이 완성되면 네비아 지역에 있는 역사적인 유적지 아부심벨 신전이 수몰된다는 것이었다.

이런 소식을 접한 유네스코는 아부심벨 신전을 수몰 위기에서 구하기 위해 세계적인 유적 구제 캠페인을 전개했다. 그 결과, 1964년부터 1972년까지 8년 동안 세계 50여 개국에서 3,600만 달러라는 거액의 자금이 원조 형태로 모금되었다. 이렇게 모아진 자금은 신전을 원래 위치보다 약 70m 높은 곳으로 이전하는 데 사용되었다.

유네스코헌장에 보면 "전쟁은 인간의 마음속에서 비롯되므로 평화의 방벽을 세워야 할 곳도 마음속이다"라고 명시되어 있다. 바로 마음이 만들어내고 창조한 것이 문화이고 과거로부터 이어져 온 것이 전통유산이라는 점을 강조한 것이다. 유산이란 우리가 선조로부터 물려받아 오늘날에도 그 속에 살고 있으며 앞으로 우리 후손들에게 물려주어야 할 자산이다. 자연유산과 문화유산 모두 다른 어느 것으로도 대체할 수 없는 우리들의 삶과 영감의 원천이다.

유산의 형태는 독특하면서도 다양하다. 유네스코는 오랜 시간의 흐름과 변화하는 사회, 경제적 상황 등으로 훼손되고 사라질 위기에 처한 인류의 문화 및 자연유산 중 '탁월한 보편적 가치(OUV : Outstanding Universal Value)'가 있는 유산에 대해 세계가 공동으로 함께 평가하고 확인하여 이를 함께 보호하고자 '세계유산협약'을 1972년에 채택하였으며 협약의 이행을 위해 세계유산위원회를 구성하고 운영지침을 마련하였다.

※ OUV : "국경을 초월할 만큼 독보적이고 현재와 미래 세대의 전 인류에게 공통적으로 중요한 문화 및 자연적 가치를 의미한다"라고 정의하고 있다.

세계유산이란 세계유산협약이 규정한 탁월한 보편적 가치를 지닌 유산으로서 그 특성에 따라 문화유산, 자연유산, 복합유산으로 분류한다. 이와 함께 세계유산 등재 시 문화유산으로 등재하고자 하는 유산은 '진정성' 및 '완전성'의 요건을 충족해야만 한다. '진정성'은 본래 또는 역사의 과정 속에서 지니게 되는 가치에 대한 진실성과 신뢰성을 갖추고 있는 것이라 말할 수 있다. 즉 해당 유산의 유형과 문화적 맥락에 따라서 유산의 속성이 예술적, 역사적, 사회적, 학술적 차원에서 본래부터 또는 역사의 과정에서 지니게 되는 것을 일컫는다. '완전성'은 유산이 지닌 OUV를 표현하는 특성에 대해 전체와 본래 모습을 가늠할 수 있는 척도로 유산의 보전과 관계된다. 이러한 완전성은 유산의 복원에 있어서 고려되어야 한다. 아울러 세계문화유산의 OUV와 등재 당시의 진정성 및 완전성에 대한 보호 차원으로 법령, 제도, 관리체계 등이 갖추어져야 함을 운영지침에 규정하여야 하며 주변 환경에 대한 보호 및 관리계획이 마련되어야 한다.

한국의 서원은 유네스코 등재기준인 탁월한 보편적 가치를 입증할 OUV III에 해당되는 유산으로 인정받았다. 바로 기준(III)에 해당되는 '문화적 전통, 또는 살아 있거나 소멸된 문명에 관하여 독보적이거나 적어도 특출한 증거'로 완전성과 진정성을 갖춘 것이다. 즉 조선시대 교육적, 사회적 활동에서 지속적으로 널리 보편화되었던 성리학의 교육체계와 건축물을 창조하였던 탁월성이 입증된 것이다.

6개국 대표의 지지발언이 이어지자 의장이 또 다른 의견과 제안이 있는지를 각 위원국에 문의하여 모두 이의 없는 지지의사를 확인하자 최종 승인의 의사봉을 두드렸다.

"감사합니다. 등재결정문을 최종 승인합니다. 제43차 세계유산위원회는 '한국의 서원'의 세계유산 등재를 선언합니다."

바로 이 순간, 한국의 서원이 유네스코 세계유산으로 확정되던 2019년 7월 6일 현지시간 오후 3시 40분(한국시간 오후 8시 40분)은 한국인으로서 잊을 수 없는 무한한 자긍심을 느낀 가슴 벅찬 날이었다. 우선 세계인들의 호기심을 끌었던 것은 서원 대표들이 쓴 갓이었다. 흰 도포에 검정 갓을 본 외국인들이 친근하게 다가와 모자가 너무 멋있다고 함께 사진 찍어 달라는 부탁과 한번 써보고 싶다는 호기심들이 가득했고, 그만큼 대한민국이 주목받는 역사적인 날이었다. 여기에다 등재 선포 직후 동방예의지국답게 감사의 표시로 유교의례의 절차대로 공수, 읍례, 평신 하면서 허리를 굽히고 정중하게 절을 하자 장내는 그야말로 환호성의 도가니였다. 2,000여 명 가까운 관중들의 시선이 대한민국에 집중되고 박수갈채와 함성이 터져 나오며 카메라 플래시가 쉴 새 없이 터졌다. 정말 가장 한국적인 것이 세계적이라는 실감이 마음속 깊은 울림으로 다가왔다.

'9년 동안 책임을 맡아왔기 때문에 꼭 되어야 하는데…' 하는 노심초사 애타는 마음이 눈 녹듯이 사라지고 감격의 눈물이 앞을 가렸다. 모두가 합심하여 한결같이 문화로 한국의 위상과 품격을 높이자는

'한국의 서원' 세계유산 등재 기념 통합행사 (2019.09.20.)

열정으로 이루어낸 애국심의 귀결이었다. 그날은 진정으로 대한민국의 날이었다. 올림픽에 금메달이 있다면 '한국의 서원' 세계유산 등재는 문화의 금메달을 딴 것이다.

현재 한국에는 600여 개의 서원들이 있는데 19세기 후반 대원군 때 훼철되지 않고 20세기에 일제강점기 시기, 6·25전란 등을 거치면서 원형을 유지하고 있는 유네스코 기준에 맞는 서원 중 9개 서원들이 연속유산으로 성리학 교육기관의 전형으로 등재된 것이다. 한 지역의 단일유산이라면 비교적 등재 추진작업이 수월하였을 터인데 5개 도와 9개 시·군에 걸쳐 있는 연속유산이라 난개발과 거리상으로도 동서남으로 떨어져 있어 상호 연관성에 매우 어려운 작업이었다. 그래

소수서원 유네스코 세계유산
표지석 앞면

소수서원 유네스코 세계유산
표지석 뒷면

도 필자가 9년 동안 이사장으로 총괄하고 있는 한국의 서원 통합보존관리단과 9개 서원, 지자체, 문화재청 그리고 전문가 학자들의 긴밀한 협력 아래 착실히 진행되어 세계유산으로 결실을 맺게 되었다.

그러면 유네스코 세계유산이 되면 어떤 혜택이 있는가? 우선 그 나라의 문화적 위상이 높아지고 국민들의 자긍심이 올라간다. 또한 재난을 당해도 유네스코 세계유산 기구를 통해 복구작업에 기술적, 재정적 지원을 받을 수 있다. 관광자원이 확대되어 방문객이 전국적으로 증가하고 여러 인프라가 구축되어 경제적 수익을 확보할 수 있다. 특히 보존에 대한 인식이 철저히 입력되어 미래를 향한 유산보존에 안정적 장치와 제도가 마련된다. 무엇보다도 전 세계 인류가 공유하는 세계유산이 됨으로써, 이제 한국을 넘어 인류문명사에 편입됨으로써 역사 대대로 문화교류에 많은 영향력을 미칠 것이다.

오늘날 우리나라가 온갖 시련을 극복하고 기적 같은 발전을 이룬 원동력에는 교육의 열정이 중심에 있었다. 특히 전통교육은 지식의 차원뿐 아니라 입신출세보다는 바른 심성을 가진 인재를 키우는 인격도야에 큰 비중을 두었던 인성교육이 중심이었다. 특히 자발적으로 향촌지식인들에 의해 조선시대 16세기부터 건립된 사립학교의 효시인 서원교육에는 인류의 미래지향적인 가치인 소통, 화합, 나눔, 배려, 자연, 생명의 존엄성을 추구하는 융합적인 조화의 기능이 있다.

서원에 들어서면 수려한 자연경관이 눈에 들어온다. 수백 년을 역사의 증인으로 지켜온 나무들과 함께 울창하고 맑은 계곡이 흐르고 주변 산세와 어울리는 목조건축의 아름다운 조화는 백 마디 말을 필요로 하지 않는 배움과 깨달음의 시작이다. 자연의 순리, 인간다움의 도덕적 가치를 끊임없이 탐구하고 자연과 인간의 조화를 실천하는 자세가 바로 인성교육의 표본인 것이다.

한국의 서원은 사립 명문 고등학교로서 조선시대 선비의 학문과 도덕, 정신을 보여주며 지역문화의 역사성과 한국문화의 정체성을 담고 있다. 나아가 서원에는 유·무형의 다양한 문화유산(역사, 교육, 제향, 의례, 건축, 기록, 경관, 인물 등)이 존재하며 도서, 출판, 문화예술, 정치 등 복합적인 문화사가 이루어졌던 거점이었으며, 지성사의 수준을 높이는 데 크게 기여하였다.

한국의 서원은 선현을 배향하고 제사를 지내기 위한 제향공간, 유생들의 장수(藏修)를 위한 강학공간, 유식(遊息)을 위한 누문공간, 제향과 강학기능을 지원하고 관리하는 지원공간 그리고 서원의 주변공간으로 구분된다.

서원에서 선비들이 닮고자 했던 것은 호연지기의 자연의 법칙이었고 또한 존경하는 선현이었다. 조선의 선비는 스승의 가르침과 서책을 통해서 깨달음을 얻고자 하였을 뿐 아니라 자연을 통해서 스스로 사색하면서 상생의 지혜를 얻으려고 노력하였다.

또한 서원마다 공부할 때 현판 하나하나에 새겨진 문구가 예사롭지 않다. 문을 드나들 때나 누정에서 시회를 열고 강학당에서 공부할 때, 사당에서 제례할 때마다 유교가 주는 인간이 깨우쳐야 할 내용이 함축되어 있다. 각 지역의 서원끼리도 끊임없이 소통하였다. 서원을 찾은 손님의 명단인 심원록(尋院錄)을 보면 유명 유학자들의 이름을 수없이 발견할 수 있다. 또한 공동체 기숙생활을 하면서 상부상조하는 협력체계를 갖추게 하고, 바로 오늘날 중요하게 여기는 팀워크가 이루어진다. 법고창신의 정신으로 옛것을 본받아 새로운 창의성을 발휘하는 지혜는 앞으로 우리가 자긍심을 가지고 이어받아야 할 소중한 문화유산이다.

이번 유네스코 세계유산으로 등재된 9개 서원은 위에서 말한 한국서원의 기능과 특징들을 복합적으로 보유하고 있다. 그러나 모든 서원이 동일하지는 않다. 어떤 서원은 초창기 서원의 제향의식을 그대로 온존시켜 왔고, 다른 서원은 강학과 장수의 기풍을 사회인 연수를 통해 재현하기도 하며, 서원건축의 우수성을 대표적으로 보여주는 곳도 있다. 따라서 세계문화유산으로서 한국서원의 진면목과 성격을 드러내기 위해서 서원의 보편적 성격을 같이 지니면서도 한국서원의 특징적인 면을 각기 대표하는 9개 서원이 연속유산으로 등재된 의미를 알아야 한다.

(1) 소수서원

소수서원(紹修書院)은 1543년 한국 최초로 건립된 서원이다. 소수서원은 경상북도 영주시에 위치하고 있으며, 죽계천을 둘러싼 경관이 수려한 장소에 입지하고 있다.

소수서원은 풍기군수 주세붕(1495~1554)의 주도하에, 1543년 지역사림과 함께 건립하였다. 소수서원은 서원 교육 및 제향과 관련된 운영 규정을 최초로 세웠다. 주 제향인물은 안향(1243~1306)이다. 안향은 13세기 말 한국사회에 최초로 성리학을 원나라에서 도입한 인물로서 한국성리학의 기원이 되는 인물이다. 안향은 이 지역 출신으로 현재 소수서원의 입지는 안향이 생전에 공부했던 장소였다.

소수서원의 제향의례에서 가장 주목되는 것은 일반적인 제향절차에 더하여 제향에 도동곡(道東曲)이라는 가사를 부르는 것이다. 이는 제향인물인 주세붕이 소수서원 창건 당시에 지은 노래로서 성리학을 최초로 한국에 도입한 안향의 업적을 기리기 위하여 작곡되었다. 노래의 형식은 경기체가이며, 제향의례에 제향인물과 연관된 가사가 포함된 것은 한국에서도 유일한 사례이다.

소수서원은 다른 서원들과는 달리 서쪽에 문성공묘(文成公廟)라는

소수서원 현판(명종 어필)

사당이 있고 동쪽에 강학을 여는 강당인 명륜당이 있는데 1550년 명종임금이 직접 써서 내린 '소수서원'이라는 현판이 걸려 있다. 최초의 사액서원으로 국가로부터 사립학교로 공인받으면서 노비와 전답을 지원받은 것이다. 하학상달(下學上達)의 개념으로 지락재, 학구재, 직방재, 일신재가 질서 있게 배치되어 있고 죽개천 건너편에 취한대가 서 있다.

(2) 남계서원

남계서원(濫溪書院)은 경상남도 함양에 위치하고 있으며 1552년 두 번째로 건립된 서원이다. 일두 정여창(1450~1504)을 제향하는 서원으로 출발했으며 소재지 일대의 향촌민에 대한 교화를 담당하고, 특히 조선 후기에 들어와 흩어진 민심 수습을 위한 유교윤리의 보급에 주력해 서원의 교화적 특징을 대표하였다. 지역사림들에 의해 설립된 최초의 사례이며 건축적으로는 한국서원의 정형적인 전학후묘(前學後廟)의 배치방식이 도입된 사례이다.

일두 정여창은 점필재 김종직(1431~1492)이 함양군수로 있을 때 문하생이 되었고 1498년 조의제문 사초사건으로 무오사화가 일어나 김종직이 이미 사망했는데도 부관참시의 화를 당하자 그도 이에 연루되어 함경도 종성으로 귀양을 가게 되었다. 1504년 봄에 유배지에서 병으로 사망했는데 그해 가을 갑자사화가 일어나자 부관참시 당하였다.

서원의 누각으로 풍영루가 서 있고 마당으로 들어서면 동재인 양성재, 서재인 보인재가 마주 보고 서 있는데 바로 그 앞에 연못이 나란히 조성되어 있고, 누마루의 현판인 '애련헌'과 '영매헌'이라는 편액이 걸려 있다. 동쪽은 연꽃 피는 연못이고 서쪽은 매화나무가 비치는 연못이라는 이름으로 매우 선비다운 아름답고 서정적인 분위기를 느낄 수 있다.

남계서원

(3) 옥산서원

옥산서원(玉山書院)은 1572년에 건립된 서원이다. 경상북도 경주시에 위치하고 있으며, 주 제향인물은 회재 이언적이다. 자계천이 휘돌

옥산서원

아 가는 경사지에 입지하고 있으며, 앞뒤로 자옥산과 화개산에 둘러 싸여 있다.

옥산서원은 경주지역 사림의 주도로 건립된 서원으로 경상북도 동부지역 사림의 근거지였다. 옥산서원은 출판 및 장서의 중심 기구로서의 서원 기능을 대표하고 있다. 옥산서원에는 제향자의 문집, 성리학 서적뿐만 아니라 지역사회와 연관된 다양한 서적들이 출판, 소장되어 있다.

주 제향인물인 이언적은 한국성리학 발전 단계에서 존재론·우주론 등의 성리학 이론을 탐구하고 이에 대한 토론을 주도하였던 인물이다. 또한 16세기 중앙 정계에 진출하여 성리학에 기반을 둔 정치적 견해를 제시하기도 하였고, 그가 중종임금에게 진언한 '일강십목소'의 내용은 지금도 리더십의 지침에 많은 울림을 주고 있다. 이언적은 관료·학자로서 활동했던 퇴계 이황, 일두 정여창, 한훤당 김굉필, 정암 조광조와 함께 동방오현 중 한 분이다.

(4) 도산서원

도산서원(陶山書院)은 1574년에 건립되었다. 경상북도 안동시에 위치하고 있으며, 전면에 낙동강이 흐르는 경사지에 입지하고 있다. 주제향인물인 이황(1501~1570)의 강학처였던 도산서당을 모태로 이황 사후 제자들에 의해 서원으로 건립되었으며, 현재에도 강학공간 전면에 도산서당이 자리 잡고 있다. 도산서원은 자연친화적 경관입지를 활용하여 전학후묘의 건축배치를 구현한 한국서원의 전형을 보여준다.

도산서원은 한국서원 중에서 학문 및 학파의 전형을 이룬 대표적

도산서원

서원으로 한국서원의 역사에서 학술·정치·사회적 영향력 면에서 상징적인 서원이다. 성리학과 관련된 고서, 목판을 가장 많이 보유하고 있으며, 강회록 등 교육과 관련된 기록들도 다수 보유하고 있다. 도산서원의 목판들은 2015년 세계유네스코 기록유산인 '유교책판'으로 등재되었다.

도산서원은 토론을 중심으로 한 독특한 형태의 강학활동이 존재하였으며, 소장자료를 통해 서원의 교육방식을 입증한다. 도산서원은 건립 이후 이황의 문인 및 제자들의 학술공간으로 기능하였다. 성리학과 관련된 다양한 철학적 논쟁들을 거쳤고, 이를 기반으로 학파의 통일된 의견을 종합하였다.

(5) 필암서원

필암서원(筆巖書院)은 1590년에 건립되었다. 주 제향인물은 하서 김인후(1510~1560)이며 호남학맥의 본산으로서 으뜸가는 서원이다. 그런 만큼 호남사림 여론형성의 진원지로서 정치적으로 큰 비중을 차지하였다. 전라남도 장성에 자리한 필암서원은 한국의 동남부 지역을 중심으로 시작된 서원운동이 서남부 지역까지 확산되는 과정을 입증하고 있다. 이전의 서원들이 주로 경사지형을 이용하던 것과는 달리 평탄한 지형에 적합한 건축물 배치방식을 적용하였다.

하서 김인후는 조선왕조 제12대 임금 인종(1515~1545)의 세자 시절 사부로서 임금이 되자 함께 어진 정치로 나라를 안정시키고 지치주

필암서원

의를 펼치려 했는데, 인종이 8개월밖에 못 하고 세상을 떠나자 통곡하면서 죽을 때까지 관직에 나가지 않고 힘없는 임금을 위해 충성하였다.

필암서원의 누각은 확연루라 하는데 송시열의 글씨이고 가슴이 맑고 깨끗하여 확연히 크게 공정하다는 뜻이다. 강당인 청절당이 있고 동재는 진덕재, 서재는 숭의재라 하였는데 모두 송준길(1606 ~ 1672)의 글씨이다. 특히 청절당과 마주 보고 서 있는 건물이 경장각이다. 정조의 어필로 조상의 유묵을 공경하여 소장하라는 뜻이다. 인종이 김인후에게 그려준 묵죽도도 보관되어 있다. 하서 김인후는 1796년 정조 때 성균관에 문묘 배향되었으며 호남의 선비로는 유일하다.

(6) 도동서원

도동서원(道東書院)은 1605년 건립되었으며 주 제향인물은 한훤당 김굉필(1454~1504)이다. 도동서원은 대구광역시 달성군에 위치하고 있으며 대니산 기슭에서 북향하여 전면의 낙동강을 바라보는 곳에 입지하고 있다. 도동서원은 위치와 경관에서 자연과 조화를 이룬 한국 서원의 특징을 대표하며 경사지의 지형 조건을 최대한 살린 서원 건축배치의 탁월성을 보여준다. 강당 기단부의 예술적 구현, 최소 규모의 계획, 흙담장 등 경관과 성리학 건축미학의 완성을 이루었다.

한국서원의 교육 및 일반 운영과 관련된 규정은 도동서원에서 상세한 내용을 확인할 수 있다. 도동서원의 원규는 교육 방식, 재정 운영, 제향 횟수 및 절차, 원장 등 서원 구성원의 역할 및 임기 등에 대

도동서원

해 상세하게 규정하고 있다. 도동서원의 원규를 통해 소수서원에서부터 제정된 서원 규정들이 이후 어떠한 방식으로 구체화되었는지 파악할 수 있다.

김굉필은 소학운동을 펼쳐 성리학과 관련된 이론 중에서 실천윤리를 강조했는데, 이는 도동서원이 실천윤리에 집중하는 학풍으로 정착, 발전되는 중요한 요인이었다.

(7) 병산서원

병산서원(屛山書院)은 1613년에 건립되었다. 경상북도 안동시에 위치하고 있으며, 경사지를 기반으로 맞은편 병산과 낙동강을 바라보는 곳에 입지하고 있다. 병산서원은 만대루를 통해 한국서원 누마루 건축의 탁월성을 보여준다. 병산서원은 유성룡의 제자, 후손, 그리고 안동지역 사림에 의해 건립되었다. 서원은 교육기관에서 출발했지만, 교육적 기능뿐만 아니라 점차 사림활동의 중심지로 기능하였다. 병산서원은 만인소를 조선시대에 최초로 작성하는 등 공론장으로서의 서원 역할을 적극적으로 실천한 곳이다.

병산서원의 주 제향인물은 유성룡이다. 유성룡은 16세기 후반 영의정·도체찰사로 임진왜란의 위기를 지혜롭게 극복한 인물로 평가되고 있다. 유성룡은 임진왜란 과정에서 뼈아픈 경험을 훗날에 경계하기 위해 쓴 『징비록』 등 여러 저술들을 남겼는데, 병산서원에서는 이를 출판 간행하였다. 병산서원의 목판들은 2015년 유네스코 세계기록유산 '유교책판'으로 등재되었다.

병산서원의 건축물은 전체적으로 장식을 배제하고 있지만, 만대루를 비롯한 건축물들이 자연경관과 조화를 이루어 인위적인 장식을 보완하는 역할을 하고 있다. 서원건축의 단조로움과 자연친화적인 서원의 입지와 경관 구성, 자연경관이 건축물과 조화롭게 배치된 탁월한 사례에 속한다.

만대루

(8) 무성서원

무성서원(武城書院)은 1615년에 건립되었고 신라 말의 고운 최치원(857~?)이 주 제향인물이다. 전라북도 정읍에 위치하고 있다. 12세에 당나라에 유학하여 빈공과에 합격하고 관직까지 지내면서 필명을 날렸는데, 17년 만에 귀국하자 골품제의 폐쇄성에 한계를 느끼고 문란한 국정을 통탄하고 외직을 자청하여 부임한 곳이 태산군, 바로 지금의 정읍시 태인면 일대이다.

선정을 베풀고 마을에 흥학운동을 일으킨 치적을 기려 조선시대 최치원을 기리는 사당을 세워 태산사와 생사당을 합사하여 1615년 서원을 세웠고 1696년 무성서원이라는 사액을 받았다.

한국서원의 발전 과정에서 성리학적 사회질서를 구축하고 흥학과 교화를 목적으로 설치되어 마을 한가운데에 위치하고 있다. 한말의 의병 창궐의 근거지가 되었으며 1906년 최익현(1833~1906)을 필두로 한 병오창의가 일어난 곳이다.

무성은 신라시대 태인의 지명이기도 하지만 공자의 제자 자유(子遊, BC.506~BC.443)가 다스리던 지역 이름이기도 하다.

무성서원

(9) 돈암서원

충청남도 논산에 위치한 돈암서원(遯巖書院)은 1634년 건립되었고 주 제향인물은 사계 김장생(1548~1631)이다. 성리학의 실천이론인 예학을 한국적으로 완성한 서원으로 소장하는 문집과 예서 책판의 간행을 통해 호서지역 사림에게 지식정보를 제공함으로써 지방 문화센터로서의 역할을 대표적으로 보여주고 있다. 김장생 선생의 예학 관련 저술인 『상례비요』, 『가례집람』, 『의례문해속』 등의 서적은 현재 목판본과 함께 돈암서원 장판각에 소장되어 있다.

'돈암'이라는 서원의 명칭은 서원이 위치한 숲 앞에 '돈암(돼지바위)'이라 부르는 큰 바위가 있어 부르게 된 것이라 한다.

역사뿐만 아니라 돈암서원은 매우 훌륭한 건축물들을 보존하고 있다. 이 중에서 도가 머무르는 곳이라는 뜻을 가진 응도당(凝道堂)은 돈

돈암서원 응도당

암서원 건물 중에서도 가장 규모가 크고 오래된 건물이자 다른 서원 건물에서 볼 수 없는 독특한 구조를 가지고 있다. 규모뿐만 아니라 응도당 내부의 공포와 화반, 대공 등의 조각은 매우 화려하고 예술적으로 아름다워 하나하나가 품격 있는 전통 서원건축의 백미이다.

한국의 서원이 세계유산으로 등재된 것은 인성의 중시, 선현에 대한 존중, 그리고 탁월한 목조 건축미와 수려한 자연과 인간의 조화, 상호 간의 소통을 기초로 한 전통교육에 대한 이해와 관심이 세계적으로 인정받은 것으로 그 의미가 크다고 하겠다.

이제 서원의 교육 프로그램도 활성화하여 사회적으로 확산시켜야 할 것이다. 특히 도덕적 정신이 메말라가는 이 시대에 미래의 정신적 원동력을 자연의 순리와 인성교육을 중요시한 유학에서 찾으려는 사람들이 늘고 있는 요즈음, 서원의 가치가 재평가되고 있다. 모두가 물질적 성공에 치중할 때, 공허해질 수 있는 정신적 가치를 잡아주고 자연과 인간의 조화를 이루고 있는 서원은 지나간 과거가 아닌 미래를 향한 힘이 될 것이며, 한국의 문화유산을 넘어 세계로, 미래로 영감을 주는 빛나는 문화유산으로 거듭날 것이다.

01 역사를 전공한 평생의 길 : 대한민국의 문화의 품격을 높이다

02 살아 있는 역사, 문화유산 답사에 동행하면서

- 이배용 총장님의 「역사에서 길을 찾다」 출간을 축하드리며
- 미래문화의 씨앗, 전통문화유산을 만난 감동
- 역사의 물음에 길을 안내하는 통찰력 그리고 예견력
- 내가 만난 이배용 총장님과 전통문화

03 이배용 총장님을 통해 배운 진정한 한국역사 사랑

- 나의 스승, 나의 어머니
- 현대여성의 빛나는 리더 이배용 총장님

제6장

역사와 동행한 길

울진 금강설송

역사를 전공한 평생의 길: 대한민국의 문화의 품격을 높이다

소녀시절, 역사공부에 빠져들다

내 인생에서 특히 역사를 전공으로 할 수 있었던 것은 큰 축복이었다. 소녀시절부터의 꿈을 그대로 이어올 수 있었고 역사 속에 교훈도 지혜도 스승도 있기 때문이다.

나는 서울 토박이로 2남 5녀의 7남매 중에 셋째 딸로 태어났다.

아들 선호사상이 만연된 당시 상황에서 딸이라고 차별할 만한데도 할머니는 유난히 2남5녀 중에 셋째손녀딸을 아껴주셨다. 그러한 각별한 사랑에 보답이라도 하듯 나 역시 할머니를 잘 따랐다. 다른 형제들과는 달리 저녁마다 할머니 방에 가서 말동무를 해드렸다. 특히 기억력이 좋아서 초등학교 2학년 즈음부터 내가 읽은 동화책 위인전을 할머니께 재미있게 이야기보따리를 풀어놓았다. 그러니까 할머니가 옛날이야기를 해주신 것이 아니라 내가 밤마다 이야기를 해드린 것이다. 그러면 할머니께서는 재미있다고 칭찬하시면서 총명한 손녀딸을 동네방네 자랑하고 다니셨다.

칭찬은 고래도 춤추게 한다고 나는 더욱 신나서 이야기를 더욱 재미있게 개발하고 반복하였다. 그러다 보니 어느덧 나 나름대로 이야기하는 데 프로가 된 것이다.

이 저력은 6학년 때 국사시간에 그대로 발휘되었다. 담임선생님께서는 "너는 연대도 잘 외우고 이야기도 잘하니 꼭 역사선생님이 돼라"고 말씀하셨고 그것이 내 꿈이 되었다. 그때 이미 나에게는 장래 걸어 나가야 할 하나의 길이 정해진 것이다. 잘한다는 칭찬을 들으니 더욱 열심히 하게 되고, 중고등학교를 거치면서도 역사에 대한 흥미는 남달라서 대학에 진학할 때는 고민할 것도 없이 사학과를 지망하였다.

이화여대 사학과에 들어가서 과대표 역할을 하면서 특별히 내게 소중한 경험이 된 것은 역사유적 답사였다. 답사지를 선정하면 숙소 정하는 것부터 시작하여 전체 일정을 짜는 것이 과대표의 역할이었다. 지금같이 전화가 수월하지 않아 가는 곳마다 지도를 펴고 미리 편지로 연락하면서 계획을 짜다 보니 누구보다도 현지 사정에 밝아야 했다. 자연히 역사가 책 속에만이 아니라 문화현장에 있다는 데 눈을 떴고 어떻게 스토리를 엮어야 하는지 노하우가 쌓였다. 창의적인 아이디어가 샘솟았고, 문화유적을 보는 안목이 커나갔다.

4년 내내 학과를 통솔하면서 리더십도 키워졌다. 대학을 졸업하고 진로를 결정하는 데도 그리 고민이 필요하지 않았다. 나의 진로는 일찌감치 초등학교 때에 역사선생님이 되겠다는 것으로 정해졌기 때문이다.

자연스럽게 대학원에 진학하였는데 앞으로의 연구주제를 정하는 일이 최우선이었다. 처음에는 다산을 비롯하여 실학을 연구하고 싶었는데, 지도교수이신 이광린 선생님께서 그동안 역사연구는 주로 고대로부터 조선시대를 중심으로 이루어졌을 뿐 근대사연구는 아직 안 되었기 때문에 앞으로 차세대 역사학자는 계획적으로 근대사를 탐구해야 한다고 일러주셨다.

그리고 논문의 주제를 찾는 데 도움을 받으라고 가르쳐주신 곳이 서대문의 한국연구원이었다. 개화기의 신문 등 원본자료가 많으니 그 속에서 문제의식을 찾아보라 하셨다. 수업이 없는 날은 매일같이 가서 구한말에 발행된 「황성신문」, 「대한매일신보」 등의 원본을 읽었다. 그때 유독 눈에 띄는 것이 '운산금광'이라는 단어였다. 그에 대해 더 자세히 파고드니 우리나라가 일본 및 열강들에게 어떻게 경제주권을 빼앗기게 되었는지 단서가 잡히기 시작했다.

당시 열강들이 금본위제로 가기 위해 지하자원에 눈독을 들이는 과정에서 한국엔 양질의 금이 많이 매장되어 있다는 정보를 입수하고는 광산탐사와 아울러 이권획득에 너도 나도 덤벼들었다. 그중 가장 유명한 광산이 미국이 최초로 개발권을 획득한 운산금광이었다.

소위 '노다지' 금광으로 알려진 곳이다.

전통적인 방식으로 채굴하던 광산에 서양의 근대식 설비가 갖추어지니 금이 쏟아져 나온다는 소문이 퍼졌다. 운산금광과 주변의 주민들이 마구 모여들자 금광구역을 지키던 미국인 경비들이 더 이상 접근하지 말라는 표현으로 "노터치, 노터치"를 연발했다. 그러니 영어를 못 알아듣는 주민들이 "아, 금이 막 쏟아져 나오는 것이 노다지로구나"로 이해했던 것이다. 이것이 바로 '노다지'란 말의 유래가 된 것이다.

이렇게 해서 나는 〈미국의 운산금광 채굴권 획득에 대하여〉라는 주제로 석사학위 논문을 썼고, 당시 역사학계에서 이 논문에 큰 관심을 보였다. 후에 박사학위 논문을 쓸 때는 미국의 사례를 기점으로 광산이권을 획득한 모든 열강으로 관심을 확대하였고, 그 결과물은 『한국 근대 광업침탈사 연구』(일조각, 1989)로 간행되었다.

역사에서 배운 나라 사랑

1984년 서강대에서 박사학위를 받고 이듬해 이화여자대학교 사학과 교수로 부임하면서 강단에서 가르칠 뿐 아니라 역사문화 현장을 수없이 인솔하였다. 학문적으로 한국사상사학회 회장, 조선시대사학회 회장, 한국여성사학회 회장 등을 두루 역임하면서 역사학 분야의 폭을 넓힐 수 있었다.

교수로서 꾸준히 역사를 연구하고 교육하면서 내가 발견한 것은 애국심이었다. 학문의 세계를 통해 민족과 국가와 조상들을 발견한 것이다. 우리 민족이 이제까지 겪어온 역사의 여정, 오늘이 있기까지 희생과 열정을 쏟아부은 조상들의 헌신, 어려운 시절이 닥쳐도 좌절하지 않고 절망하지 않고 꾸준히 내일을 향한 도전정신을 실천한 희망의 릴레이를 통해 긍정의 힘을 배웠다.

우리 역사에서 느낀 감동은 우리나라를 지키고 가꾸어온 조상들의 열정과 헌신이다. 그 속에서 애국심을 배운 것이다. 한글창제로 민족의 자긍심과 자존심을 지킨 세종대왕, 임진왜란 때 위기를 극복한 이순신(1545~1598) 장군의 애국심, 일제강점기의 독립운동의 열정과 투혼, '하면 된다. 할 수 있다. 해야만 한다'는 자존과 긍정의 굳건한 투지로 오늘의 대한민국이 펼쳐질 수 있었다는 숭고한 의식이 나에게 나라사랑의 사명을 주었다. 이 시대의 우리에게는 다음의 후손들에게 어떤 세상을 넘겨주어야 하는가에 대한 치열한 고민과 열정이 필요한 과제이다.

이제 통일이 우리 앞에 시대적 과제로 다가왔다. 올해로 광복 76주년과 동시에 분단 76주년이 되었다. 긴 역사 동안 공동체로 살아왔던 민족이 둘로 갈라진 지 긴 세월이 흘렀다. 이질성이 더 확산되기 전에 통일을 적극적으로 준비해야 할 것이다. 그러나 통일은 목적의 끝이 아니라 또 하나의 시작이기 때문에 당위론적인 통일론보다 철저한 현실을 바탕으로 한 대비가 필요하다. 어설픈 분열의 통합은 또 다른 갈등을 초래할 수 있기 때문이다.

무엇보다도 선덕여왕의 삼국통일의 지혜와 교훈에서 볼 수 있듯이 "무기보다 무서운 것은 분열이다"라는 인식에는 오늘날에도 시사하는 바가 많다. 대한민국의 정체성을 확고히 하고 애국심으로 화합할 때 우리가 성취한 역사를 북한동포에게 나누어주고 포용할 수 있다. 후손들에게 바르게 사는 나라, 서로가 존중하고 화합하는 따뜻한 나라, 신뢰받고 품격 있는 나라를 만들어 넘겨주어야 하는 사명이 우리에게 있다.

세계적 여성리더를 키우기 위해 - 이화여대 총장 재임시절

이화가 설립된 지 120년 만인 2006년 8월, 이화여대 13대 총장에 취임했다. 꼭 총장이 되어야겠다는 일념으로 성취한 자리는 아니다. 단지 이화여중, 이화여고를 졸업하고 이화여대에 재학한 데 이어 교수로 재직하면서 역사를 전공한 덕분에, 이화역사 집필에 참여하게 되었고, 그 과정에서 누구보다 이화의 성과를 잘 알게 되었다. 폭넓은 보직 경험으로 과거와 현재에 대한 인식을 통해 미래에 나아갈 길을 바라보는 시야와 안목이 트이면서 자연스럽게 선택받은 결과라 하겠다.

나는 한국사를 전공했기 때문에 해외유학파가 아니다. 그러나 앞으로의 세대들은 세계에 눈을 뜨고 세계로 진출해야 하는 글로벌 시대에 와 있음을 역사의 흐름 속에서 누구보다도 절감하였다. 그래서 취임하자마자 국제교류처를 신설하고 세계 각지에 20개의 거점 캠

퍼스를 지정, 연계하여 우리 학생들이 세계 학생들과 어깨를 나란히 하며 세계적 리더로 성장할 수 있도록 보다 넓은 길을 열어가는 데 주력하였다. 세계대학총장 포럼도 열고, 여대가 점점 인기가 없어지고 소멸되어 가는 위기를 극복하기 위해 세계여자대학총장 세미나도 주최하였다.

그들은 한결같이 여대가 여성을 시대의 주류로 키울 수 있다는 데 의견을 같이했다. 21세기는 female(여성), feeling(감성), fiction(상상력)의 3F 시대라 흔히 일컫는다. 여성의 감수성, 섬세함, 부드러운 터치가 필요한 시대다. 여대는 이러한 여성의 장점을 살려 무엇이든지 할 수 있다는 자신감과 용기를 북돋우며 키운다.

나는 이화여대 총장으로 재임하면서 항상 학생들에게 '주전자' 정신을 강조하였다.

첫째, 주인의식을 갖자. 어느 때, 어느 위치에 있든 주인정신을 갖고 책임 있는 자세로 임하자는 것이다.

둘째, 전문성을 키우자. 실력이 없으면 아무리 목소리가 커도 인정받을 수 없다. 자기 개성과 기량에 맞는 실력을 닦아 프로정신을 갖자는 것이다.

셋째, 자긍심을 갖자. 어느 소속이나 기관에 있든 그 나름대로의 긍지를 가져야 한다는 것이다. 자기가 몸담은 기관을 하찮게 생각하면 자신도 당당할 수가 없다. 당당한 자신감 속에 겸손함을 갖추면 누구에게나 신뢰받을 수 있다.

나는 자긍심의 궁극적인 목표는 애국심이라고 생각한다. 세계를 무대로 뛸 때 우리는 대한민국의 마크를 달고 나간다. 스포츠만 그런 것이 아니다. 나라사랑이 자기를 당당하게 하고 돋보이게 한다. 그래서 주인정신, 전문성, 자긍심의 앞 글자를 따서 주전자 정신이라고 부른 것이다. 아울러 주전자에는 단물이 담겨 있다. 이 물을 목마른 이웃들에게 나누어줄 수 있어야 한다. 나눔과 섬김과 헌신의 정신이 참으로 주전자에 담긴 물의 의미를 크게 만들 수 있다. 그리고 주전자의 물을 나만 마시는 것이 아니라 뒤따라오는 내일의 후배들을 위해 부어 내려주는 사명감이 있어야 한다.

요즈음 들어 애국심이 줄어서인지 애국가 가사를 잘 모르는 것 같다. 그래서 나는 기회가 된다면 애국가 4절 부르기를 계속 전개해 오고 있다. 어느 행사에 가면 애국가를 생략하거나 1절만 부르는 경우가 많은데 그건 잘못된 관습이라고 생각한다. 애국가 4절을 부르면 왠지 애국심이 생겨 뭉클한 기운이 솟아난다.

애국가 4절 부르기와 더불어 동요 부르기도 제안한다. 옛날 동요 가사를 보면 시심이 일고 영혼을 정화시킬 수 있는 가사가 많은데 요즈음 초등학교 학생들은 동요는 고사하고 어른노래 따라 부르기에 바쁜 것이 무척 안타깝다.

또한 학생들에게 가장 한국적인 것이 세계적이라는 인식을 심어주기 위해 직접 특강도 하고 유네스코 세계문화유산으로 등재된 종묘, 창덕궁, 서오릉, 동구릉 등을 답사하면서 우리 것을 올바로 이해하는 가운데 자긍심을 키워주기 위해 노력하였다. 우리의 전통문화

속에 담긴 의미를 미래를 향한 새로운 창의력으로 개발하는 데도 많은 영감을 주었다.

이러한 소문이 이화 서머스쿨에 참가한 하버드 학생들에게도 알려져 그들의 간곡한 요청으로 경복궁을 답사하며 직접 해설해 주었는데, 모두가 공감하고 감동을 받는 추억이 되었다.

이화여대 총장 시절 전국사립대학총장협의회 회장과 200개 4년제 국공립, 사립대학 협의체인 한국대학교육협의회 15대 회장을 여성으로서는 최초로 역임하였다.

맡은 임기 중 특별히 새롭게 펼친 일은 인성교육을 강화하기 위해 초중등학교 교장, 교육감, 교사, 학부형들이 참여하는 교육협력위원회를 구성한 것이다. 지성과 취업도 중요하지만 가장 중요한 본질인 심성이 바른 인격체를 어렸을 때부터 형성하자는 데 뜻을 모으고 열심히 논의하였다.

대학입시에서도 시험지 한 장으로 당락이 결정되는 것보다 고등학교 과정 내내의 성취와 노력의지, 자기 설계의 주체성을 중요시하는 입학사정관 제도를 전국 대학에 확산시켰던 점은 지금도 보람으로 느끼고 있다.

더불어 가능하면 총장 세미나 마지막 날은 그 일대 역사 유적을 찾아 직접 해설하면서 총장님들께 우리 문화의 자긍심과 이해를 넓히는 데 정성을 기울였다. 그 인연으로 지금도 동소문화사랑 총장모임이 지속되고 있다. 동소(東昭)는 젊은 시절 한문 선생님이 지어주신 저의 호(號)이다.

대한민국의 품격을 높이자 - 국가브랜드위원회 위원장 재임시절

2010년 7월 말, 이화여대 총장으로서 임기를 마치고 그해 9월 국가브랜드위원장을 맡게 되었다. 국가브랜드란 국가의 품격이다. 국제적 신뢰와 존중과 호감을 얻는 방법 중 하나가 그동안 관리하지 못했던 국가의 브랜드를 높이는 길이다.

전임 1대 위원장이 경제로 국가브랜드를 높이는 데 주력했다면 2대 위원장으로 취임한 나는 문화를 내세웠다. 세계인의 주머니를 열기 전에 마음부터 열게 하자는 목표를 세우고 우리의 문화적 저력을 세계에 알리는 데 주력하였다.

오랜 역사 속에서 이루어진 우리의 우수한 문화자원에 대해 그동안 잘 알지 못해 보석을 돌로 보고 지나쳤던 일이 얼마나 허다했는가? 세계가 인정하는 유네스코 세계문화유산인 종묘, 석굴암, 불국사, 창덕궁, 후원, 왕릉 40기 등을 제대로 아는 국민이 얼마나 되겠는가? 그래서 일본은 알아서 속속들이 파괴했고, 우리는 몰라서 스스로 지키지 못하는 우를 범하지 않았는가!

공교육에서 국·영·수에만 주력하다 보니 기초적인 역사교육이 부실했고, 교실수업에만 집착하다 보니 다양한 창의성을 키울 수 있는 문화현장교육이 외면당했다. 생활 속에 역사가 있고 내가 사는 동네 안에 우리의 소중한 문화가 있음에 무심했다.

역사를 잊은 민족에게는 미래가 없다 하였다. 어느 민족에게든 어느 기관에게든 누구에게든 뿌리가 있고 역사가 있다. 그동안 걸어온 길을 외면하고서는 현재에 당면한 과제를 풀어갈 수도 없고 내일의 길을 열어갈 수도 없다. 역사의 교훈과 지혜를 소중히 깨달을 때 탄탄한 미래의 희망을 열어갈 수 있는 것이다.

그래서 우선 우리 문화를 세계에 알리는 데 주력하였다. 우리나라가 20세기 일제강점기를 극복하고 전쟁의 폐허로부터 부활하여 국민소득 80달러에서 3만 달러로 진입하기까지의 눈부신 성취도 한국인 특유의 교육열로 이룩한 기적이다.

이런 이유로 한국의 교육열의 근원인 서원을 유네스코 문화유산으로 등재하는 데 전력을 기울였다. 600여 개 서원 중 유네스코 문화유산 자격의 기준인 완전성, 진정성에 부합하는 아홉 개 서원을 선정하여 최선을 다한 결과 2019년 7월 유네스코 세계유산에 등재되었다.

9개 서원 중 제일 먼저 세워진 영주 풍기의 소수서원, 안동의 도산서원, 하회마을의 병산서원, 경주 양동마을의 옥산서원, 대구 달성의 도동서원, 함양의 남계서원, 장성의 필암서원, 정읍의 무성서원, 논산의 돈암서원이 대상이다. 연속유산으로 경상북도, 경상남도, 전라남도, 전락북도, 충청남도의 5개도에 걸쳐 있다 보니 추진하는 과정에서 어려움도 많았지만 한편으로는 지역 간에 화합하고 생기와 열정이 살아나는 모습에 보람을 느낀다. 지금 현재까지 각 서원의 유림과 지방자치 단체, 전문가 학자, 문화재청이 똘똘 뭉쳐서 대한민국 문화의 대표주자로서 서로 경쟁력을 높여서 문화의 금메달을 딴 것이다.

이와 함께 천 년 이상의 역사를 이어온 불교 문화유산의 유네스코 등재도 함께 추진하였다. 영주 부석사, 안동 봉정사, 양산 통도사, 승주 선암사, 해남 대흥사, 공주 마곡사, 보은 법주사의 일곱 개 사찰을 연속해서 유산으로 등재하기 위한 추진작업을 진행하여 2018년 유네스코 세계유산에 등재되었다.

국가브랜드위원장 시절 또 하나 심혈을 기울였던 사업은 국제사회에 기여하는 나라로서 해외봉사단을 구성하여 해외 각국에 파견한 것이다. 대통령의 직접 참여하에 꾸려진 통합봉사단에는 'World Friends Korea(WFK)'라는 명칭이 붙었고 대학생, 기업, 공무원들이 함께했다.

원조를 받던 나라에서 원조를 주는 나라가 되어, 나눔의 봉사로 세상을 따뜻하게 만드는 데 범국민적 참여를 독려한 것이다. 진정한 나눔의 봉사에는 시들어가는 나무도 다시 생명력을 살아나게 하는 아름다운 힘이 있다.

그러한 경험은 국가브랜드위원장직을 마치고 이어서 사단법인으로는 국내 대표적인 해외봉사단인 코피온 총재를 맡았을 때 더욱 감동으로 발전하였다. 대학생들의 순수하고 자발적인 봉사의 열정에서 대한민국의 희망을 보았다.

그들은 아프리카 지역이고 아시아 지역이고 해외봉사를 다녀와서 봉사를 하러 갔다기보다 봉사를 받고 왔다고 토로하였다. 국내에서는 무심하게 지나쳤던 것이 모두 감사의 마음으로 변하는 뜨거운 체험을 했다는 것이다. 바로 이 마음들이 적극적 세계평화의 과정이라고 확신한다.

아직은 우리 국가브랜드가 세계 순위에서 많이 뒤처져 있다. 국가브랜드위원회를 설치하고 국가적으로 관리하여 조금은 올라가긴 했어도 아직 세계로부터 신뢰와 호감을 받으려면 해야 될 과제가 산적해 있다. 하드파워인 경제력이나 기술력은 그래도 10위권에 드는데 소프트파워인 문화, 국민성, 관광은 한참 순위가 밀려 있다.

국가브랜드 외국인 위원들에게 그 이유를 물으면 그들의 한결같은 대답이 한국인은 첫째로, 속마음과 달리 미소가 없고 표현이 무뚝뚝하다는 것이다. 그래서 불친절해 보이고 나라가 어두워 보인다 했다.

둘째는 자기 문화를 스스로 너무 모른다는 것이다. 오랜 역사의 전통과 유수한 문화가 있는데도 알려고 하지 않고 알지도 못한다는 것이다. 1995년 한국에서 처음 유네스코 문화유산으로 등재된 종묘를 보러 왔는데 길을 물어봐도 가르쳐주기는커녕 그 자체를 모르더라는 것이다. 결국 우리 문화를 우리가 스스로 정확히 알아야 자랑도 할 수 있고 세계인을 감동시킬 수 있는 것이다.

우리 문화의 세계화, 현대화를 위하여 - 한국학중앙연구원 원장 재임시절

2013년 9월, 한국학중앙연구원 16대 원장에 임명되었다. 여성이 원장으로 부임한 것은 한국학중앙연구원 역사상 처음이다.

1978년 박정희 대통령께서 물질문화, 산업화가 발전할수록 공허해질 수 있는 정신문화의 근간을 바로잡고 민족문화의 올바른 좌표를 설정하기 위해 한국정신문화연구원을 설립했고, 그것이 2005년 한국학중앙연구원으로 바뀌었다.

이름은 바뀌었으나 설립 정신과 추진하는 사업은 크게 변하지 않았다. 특히 한국학중앙연구원에는 조선왕조 왕실도서관인 장서각이라는 기록 문화의 보고가 소관되어 있고, 차세대 한국학자를 양성하는 한국학 대학원이 설치되어 있다. 석사·박사 과정에 국내외 학생이 절반씩 250여 명 재학하고 있고 1천여 명의 졸업생이 배출되었다. 민족문화대백과사전, 향토문화전자대전, 해외에 한국 바로 알리기 사업 등 굵직굵직한 국가적 대행사업들을 추진하고 있다.

그러나 중간에 이름이 바뀐 탓인지 이렇게 쌓인 성과에도 불구하고 우리 기관을 잘 모르는 사람들이 너무나 많다. 처음에 한국학중앙연구원 원장으로 발령 났다고 하니 어디 새로 연구소를 만들었는가 하고 물어보는 이가 많았다. 원래 한국정신문화연구원이라고 말하면 모두 알아듣는다. 예전에는 공무원이고 교수고 부임하면 정신문화연구원에서 연수를 받았기 때문에 다들 이 기관에 대한 향수가 많다.

나는 취임사에서 미래비전으로 다섯 가지 조화의 지혜를 내세웠다.

첫째, 연구와 교육의 조화

둘째. 전통과 현대의 조화

셋째, 한국과 세계의 조화

넷째, 전문성과 대중화의 조화

다섯째, 과거와 현재와 미래의 공존의 조화

이 다섯 가지 조화를 바탕으로 미래화와 세계화에 대비한 철저한 학문적 준비를 강조하였다.

장서각에 소장된 국보급 기록들을 보면 저절로 감탄이 나온다. 왕실도서 12만 권과 문중에서 기증·기탁한 5만 권, 총 17만 권의 고문헌이 소장되어 있는데 하나하나 정성이 담겼을뿐더러 정교하고 품격 높은 기록문화의 정신, 바로 오래된 미래라는 말을 절감할 수 있다.

우리가 흔히 서명하는 사인(sign) 문화도 실은 서양의 수입품이 아니다. 고문헌들을 보면 우리 선비들이 멋지게 자기 이름을 디자인하여 써왔음을 알 수 있다. 왕실의 행사를 그림으로 그려 임금에게 보고한 『의궤』의 「반차도」를 보면 기록을 예술로 승화시킨 우리 선조들의 멋과 품격을 읽어낼 수 있다.

또한 최근 국보로 지정되어 더욱 유명해진 허준의 『동의보감』을 보면 임진왜란이라는 전쟁 중에도 계층을 불문하고 인명을 중시했던 박애정신에 마음이 뿌듯해진다. 재산상속 문서(분재기)에는 여인들이 자기 재산권을 행사하는 당당함이 나타나 있다. 한글편지에는 정다움이 가득하다.

최근에 과거시험 답안지 전시를 했는데 유생들이 품은 이상과 소신을 거침없이 논리정연하게 표현한 글을 보면 저절로 머리가 숙여진다. 이루 말할 수 없는 인류기록문화사의 백미들이 가득 차 있다. 특히 또 하나의 보람된 일은 청계산 자락 아래 아름다운 자연 경관을 갖추고 있는 한국학중앙연구원에 우아한 한옥 건물을 건립한 것이다(2016년 8월 준공). 서원의 형태를 갖춘 격조 있는 한옥을 세워 청계학당(淸溪學堂)이라고 명명하였다. 동재, 서재를 갖추고 겸양루라는 시원하게 소통이 되는 누각을 세우고 바로 옆 연못가에 학의정으로 명명한 정자가 조화를 이루어 명실공히 세계적인 한국학의 메카로서의 위용을 갖추고 있다. 청계학당의 현판은 퇴계종손이신 이근필 옹께서 정선을 다해 써주셨다. 지금도 그 감사한 마음을 잊지 않고 있다.

이제 이 보물들을 잘 읽어내서 재미있고 유익하게 스토리텔링하여 국민들에게, 세계를 향해 다가가야 한다. 하늘은 스스로 돕는 자를 돕는다고 하였다. 자기 것의 소중함을 알고 진정성을 기울일 때 보석같이 빛을 발해 세계인을 감동시킬 수 있다. 고품격의 한류, 학술한류, 전통한류 등 지속적인 한류를 만들기 위해 나는 오늘도 쉼 없이 정진하고 있다.

역사와 미래, 자연과 인간의 조화

우리가 찾아야 할 미래에 대한 답은 자연에서 찾을 수 있다. 전통적으로 교육은 자연공부에서 비롯되었다. 천자문도 하늘 천(天), 따 지(地)로 시작하여 우주 자연의 원리를 터득하는 것이다.

서원에 가면 수려한 자연경관부터 우리 마음을 맑게 씻어주고 설레게 한다. 사시사철 눈에 들어오는 자연을 통해 호연지기를 가르치고 아무리 과학이 발달해도 변할 수 없는 순리의 지혜를 심어주는 것이다. 늘 푸른 소나무를 보고는 의리정신을, 할아버지 때 심으면 손자 대에나 열매가 열린다는 은행나무를 보고는 인내와 끈기의 마음을 배울 수 있다.

왕릉이나 서원에 가면 나무도 마음이 있다는 깨달음에 숙연해진다. 왕릉의 주인공을 향해 참배하는 소나무들, 공부하고 싶어 명륜당 담장 속으로 가지가 휘어지는 소나무들을 보면 나무가 사람보다 낫다는 생각이 절로 든다.

자연에서는 하모니를 배울 수 있다. 산에서 자라는 모든 나무들은 일일이 사람이 심어 자리를 잡게 해준 것이 아니다. 산림녹화 작업도 오늘날 큰 성공을 거두었지만 함께 커나가기 위해 스스로 자리를 잡아 온 산이 푸르게 물든 것을 보면 그야말로 자연스러운 화합의 정신을 읽을 수 있다.

한편 자연에서는 릴레이 정신을 배울 수 있다. 매화, 산수유 등 봄꽃이 피면 작약, 장미 등을 거쳐 여름꽃인 배롱나무꽃이 피고 무궁화가 피고 가을이 되면 온 천지에 국화가 만발한다. 누구나 영원히 한 자리에서 주인공이 될 수 없다. 때가 되면 내려올 때가 있는 것이다. 그러나 자연은 피고 지고 이어지는 순리를 가르쳐주고 희망을 샘솟게 한다. 아무리 지식이 발달하고 과학이 발달해도 자연의 섭리를 이길 수 없다. 인간과 자연이 함께하는 조화는 우리 선조들이 일찍이 책 속에서, 건축물 속에서 구현하려 한 진정한 가치이다.

나의 이러한 자연과 인간이 함께하는 착한 선진화운동을 현재 회장을 맡고 있는 한국선진화포럼을 통해서도 구현하고 있다. 역사는 길이고 릴레이이며 동행이다. 우리는 과거를 비추어 미래의 거울로 삼아 귀중한 우리의 역사유산을 오늘에 새겨 내일에 전해 주어야 한다. 바로 이 한결같은 마음이 평생을 역사에 심취케 하는 이유이다.

살아 있는 역사, 문화유산 답사에 동행하면서

이배용 총장님의 『역사에서 길을 찾다』 출간을 축하드리며

손병두 (전 서강대 총장, 호암재단 이사장)

제가 이배용 총장님을 만난 인연은 15년 전으로 거슬러 올라갑니다. 제가 서강대학교 총장시절에 이배용 총장님은 이화여대 총장님이셨습니다. 신촌에 있는 연세대, 이화여대, 서강대는 모두 크리스천 대학으로 설립이념이 같아 한 캠퍼스처럼 가까이 지내오고 있었습니다. 세 학교가 서로 학점도 공유하고 주요 실험시설도 공유하며 대학발전을 위해 함께 노력하고 있었습니다. 그래서 세 대학 총장끼리 부부동반 모임도 자주 갖고 사이좋게 친교를 나눴습니다.

그중에서도 이배용 총장님과는 각별하게 지냈습니다. 이배용 총장님이 박사학위를 서강대학에서 취득하셨고, 저희 집사람은 이화여대 출신이라 이배용 총장님은 저보고는 이대의 사위라고 했고, 저는 이배용 총장님을 보고는 서강대학이 친정이라고 하며 따뜻한 마음을 교류하였습니다.

제가 사립대학교 총장협의회 회장, 대교협 회장을 대가 없이 수행할 수 있었던 것도 당시 부회장이었던 이배용 총장님의 보이지 않는 도움이 컸습니다. 사립대학과 대학 전체의 해결과제들을 함께 고민하며 정부와 대화를 통해서 풀어가는 과정에서 이 총장님의 지혜가 큰 도움이 되었습니다. 그후 이배용총장님이 뒤를 이어서 회장직을 훌륭히 수행하셨습니다.

그때는 자주 만나서 논의하다 보니 다른 총장님들이 이 총장님과 저를 보고 바늘과 실 같은 사이라고 놀리기도 했습니다. 연세대 김한중 총장님은 둘이서 악수를 하면 매일 만나는데 무슨 악수냐며 핀잔을 주기도 했습니다.

2008년 대교협 총회가 강원도 양양 대명콘도에서 부부동반 모임으로 개최되었을 때 이배용 총장님 인솔하에 총장님 사모님들을 위한 인근 문화재 탐방프로그램이 있었습니다. 이때 참석했던 총장님 내외분들이 이배용 총장님의 해박하고 철학이 담긴 문화해설을 듣고는 매료되어 만들어진 모임이 '동소문화사랑모임'이었습니다. '동소'는 이배용 총장님의 호인데 아호를 따서 만든 모임이었습니다.

이 모임의 회장은 이배용 총장님이 되시고 영산대학교 부구욱 총장 사모님이신 노찬용 이사장님이 총무가 되었습니다. 그때부터 총장들 내외분들이 함께 우리나라 문화유산을 탐방하는 프로그램을 시작하여 오늘에까지 이어지고 있습니다. 총장님들과 사모님들이 이배용 총장님을 해설사로 모시고 서원과 사찰, 고택 등을 탐방하면서 많은 것을 배웠습니다.

대한민국 최고의 해설사를 모시고 현장에서 배우는 역사는 살아 있는 역사이며, 저 같은 역사 문외한에게 많은 지식과 깨달음, 그리고 역사의식을 높여주는 참교육의 기회가 되었습니다. 어떻게 그 많은 역사의 연대를 그렇게 정확하게 외우고 계시는지 감탄하며 마치 어미닭을 따라다니는 병아리들처럼 대학총장 내외분들이 즐겁게 문화탐방을 할 수 있었습니다.

과거엔 대학을 상아탑이라고 불렀습니다. 대학이 학문을 상아탑 속에 가두고 사회와 높은 벽을 쌓고 있었습니다. 그러나 현대는 대학의 역할이 달라졌습니다. 대학이 상아탑의 벽을 허물고 사회와 소통하면서 보다 밝고 번영된 사회로 바꾸는 것이 대학의 존재가치이자 역할이 되고 있다고 하겠습니다.

그런 의미에서 이배용 총장님은 대학에서 연구한 역사학을 사회와 끊임없이 소통하면서 우리 문화유산의 가치를 일깨우고 드높이는 데 앞장서 오셨습니다. 바로 어제를 연구하고 오늘과 내일을 위한 살아 있는 학문을 하신 분이시며 적극적인 현실참여로 실사구시의 학문을 하신 분이십니다.

이배용 총장님이 세상과 끊임없이 소통하고 일깨운 화두는 '역사에서 길을 찾자'는 것이었습니다. '역사를 잊은 민족은 미래가 없다'고 외치며 이 시대의 등불이 되어 미래를 밝히기 위해 남다른 열정과 추진력으로 커다란 업적을 남기고 있습니다.

국가브랜드 위원장으로 우리 전통문화유산의 세계화에 앞장서 왔습니다. 가장 한국적인 것이 가장 세계적인 것이라는 통찰력은 우리의 일곱 산사를 유네스코 세계문화유산으로 등재시켰고, 최근에는 한국의 서원 아홉 곳을 10여 년의 준비와 노력 끝에 유네스코 세계문화유산으로 등재시키는 쾌거를 일구어 내셨습니다. 이 일은 이배용 총장님의 집념과 추진력이 없이는 될 수 없는 일이었습니다.

저는 이배용 총장님과 함께하면서 연구한 바를 스토리텔링을 통하여 일반인들에게 쉽게 내용을 이해시키시며 소통하고 계시는 그 말솜씨에 그저 감탄을 할 뿐입니다. 그래서 저는 이배용 총장님을 소통의 달인이라고 말합니다. 그리고 우리 역사를 학문의 상아탑 안에 가두어 두지 않고 담장 밖으로 끌어내어 생명을 불어넣고 과거를 현재에 살리는 진정한 역사학자이시기에 저는 이 총장님을 감히 국보라고 부릅니다.

이런 국보님을 가까이할 수 있다는 것도 저의 행운이라고 생각합니다. 더군다나 그간에 들었던 말씀과 글을 묶어 『역사에서 길을 찾다』라는 책을 내신다니 반갑기 그지없습니다. 축하드립니다. 아무쪼록 이 책이 널리 읽혀 우리 국민의 역사의식·문화의식이 한 단계 업그레이드되고, 이 세상을 밝고 아름답게 만드는 데 큰 밑거름이 되기를 기대합니다.

미래문화의 씨앗, 전통문화유산을 만난 감동

신숙원 (전 건양대학교 부총장, 서강대학교 명예교수)

지난 추석날 언론과 방송을 달군 기사가 있다. "도산서원, 금녀의 집을 허물다."

지난 600년간 여성은 들어갈 수조차 없었던 서원에서 최초로 여성이 초헌관으로 임명되어, 퇴계 이황 선생을 추모하는 경자년 추계 향사에서 첫 술잔을 올렸다는 기사다. 실로 역사적인 사건이 아닐 수 없다. 또한 금녀의 장소였던 서원을 유네스코 세계문화유산으로 등재시킨 주역이 여성이라는 사실, 이 또한 재미있는 역사의 아이러니가 아닌가. 이배용 총장님의 이야기다.

'인류문명의 발상지를 찾아서'라는 문화순례여행에서 이배용 총장님을 처음 만났다. 인도와 파키스탄의 유적지를 돌아보는 그 여행이 1991년 2월의 일이니까 그와의 인연이 30여 년 이어진 셈이다. 그와의 만남은 대부분 우리의 전통문화와 역사, 그리고 자연과 함께하는 시간이었다. 배움과 나눔으로 채워진, 귀하고 따뜻한 시간이었다. 그 어떤 순간을 떠올려도 그때그때의 독특한 체험들이 생생하게 살아나와 감동과 감탄의 감정을 불러일으킨다.

구차한 핑계를 대자면, 영문학이 전공이고 젊은 시절에 외국에 오래 나가 있던 이유로 나의 전통문화유산 지식은 얄팍했다. 조선왕조의 역대 임금 이름과 순서, 임진왜란 같은 큰 사건 외에는 고등학교 때 배운 사건 중심의 역사지식이 거의 전부였다.

그런 내가 운 좋게도 총장님이 주관하는 전통문화답사에 자주 참석하게 되면서 우리 문화에 깃든 인문정신과 민족의 얼을 깊이 있게 접할 기회를 가졌다. 통도사, 부석사, 대흥사, 선암사 등의 큰 사찰 답사에서 우리 민족의 정신적 근간을 이룬 불교와 만났다. 도산서원, 남계서원, 옥산서원 같은 서원 방문에서는 유교문화의 전통을 배웠다. 고택과 종가, 선교장 등의 방문은 한옥건축의 탁월함과 전통적인 가족관계의 소중함을 일깨워 주었다.

그뿐만이 아니다. 고가구, 고미술, 나전칠기, 전통자수 등의 구체적인 예술작품을 감상하면서 우리 선조들의 예술성의 진미를 맛보았다. 이배용 총장님이 한국학중앙연구원장 시절 특별전시한 '과거시험 답안지' 관람에서 장원을 한 다산 정약용의 친필 답안지를 보았을 때의 그 흥분과 감동. 역사가 생생히 살아나오는 체험이었다. 양반들의 유산목록, '분재기'를 보며 공평한 유산분배를 위해 고심하는 부모의 마음이 시간을 뛰어넘어 나의 부모님의 마음과 겹치면서 마음이 찡했던 기억이 난다. 이배용 총장님이 주관한 다양한 전통문화 체험을 통해 우리 문화가 추구해 온 삶의 가치, '착한 인성, 천지인(天地人) 사상, 동행과 상생, 따뜻한 리더십' 등을 깊이 있게 추적해 볼 수 있었던 경험은 참으로 소중하다. 그리고 이들 가치가 곧 인류가 추구해 온 보편적 인문정신의 가치와 일치함을 절감하게 되었다. 이런 과정을 거치며 우리 전통문화에 대한 깊은 자긍심과 사랑이 키워진 것은 더없이 큰 선물이다. 이것이 바로 모든 일 제쳐놓고 총장님이 주관하는 문화행사에 참석하려고 애쓰는 이유다. 문화답사를 통해 느끼는 지적·정신적 충만감과 황홀감은 그 어떤 것과도 바꿀 수 없다.

이배용 총장님을 생각하면 떠오르는 단어들이 참으로 많다. '열정, 추진력, 역사문화사랑, 나라사랑, 자연사랑, 긍정의 철학, 배려와 베풂…' 등 끝이 없다. 그가 삶의 지표로 삼고 있는 가치들은 해박한 지식과 치열한 실천을 통해 그와 접하는 사람들의 삶에서도 꽃을 피운다. 우리를 감동시키는 이배용 총장님의 진면목을, 비중을 가리기는 어렵지만 몇 가지 핵심적인 요소를 살펴보자.

첫째, 그는 우리 전통문화유산의 인간 빅 데이터이며 든든한 지킴이다. 그의 머리는 우리의 역사문화에 관한 모든 지식이 총망라되어 있는 슈퍼컴퓨터다. 역사문화와 관련된 모든 상황, 인물, 연보, 문화유산에 대한 그의 지식은 참으로 놀랍다. 그 어떤 것에도 막힘이 없고 연도, 월, 심지어 날짜까지도 기억하는 그를 보면 감탄을 넘어서서 압도당한다. '가장 한국적인 것이 가장 세계적인 것'임을 굳게 믿는 그는 우리의 전통문화유산의 든든한 지킴이다. 우리의 전통문화 지킴이로서의 이배용 총장님의 사명감은 7대 사찰과 9개의 서원을 유네스코 세계유산목록으로 등재시킨 그의 노력에 선명하게 드러난다. 그는 역사학자로서 우리나라 사찰과 서원이 지니고 있는 보편적 가치에 대한 확신을 가지고 이의 세계화를 오래전부터 꿈꾸어 왔다. 국가브랜드 위원장직을 역임하면서 많은 어려움 속에서도 9년의 각고 끝에 2019년 7월 그의 꿈은 우리의 현실로 꽃피어났다. 한국의 서원과 사찰이 전 세계인이 지지하는 세계의 문화유산으로 등재되어 우리나라가 문화대국으로서의 위상을 전 세계에 알리게 된 것이다. 이는 깊은 나라사랑에 기인한 그의 사명감과 불굴의 도전정신의 결과라 해도 지나친 말은 아닐 것이다.

둘째, 그는 전통문화답사를 통해 보편적 인문정신과 선한 삶을 탐색하는 철학자다. 총장님이 주관하는 문화답사의 핵심은 우리 조상들이 어떤 인간관과 교육관, 철학으로 사람을 대하고 문화를 이루고자 고심했는지, 그 과정에서 자연과의 상생을 어떻게 연결시켰는지를 심층적으로 탐구하는 것이다. 우리 전통문화의 궁극적 목적은 사람은 올바른 인성을 지니고 자신의 삶을 살아야 할 뿐만 아니라 다른 사람과의 따뜻한 동행은 물론 하늘과 자연과의 상생을 표현한 것이라고 그는 강조한다. 인간은 자연의 산물이고 그 안에서 다른 모든 생명체와 공존해야 한다고 믿었기 때문이다. AI와 기계문명이 지배하는 현대사회의 냉혹한 경쟁주의와 천박한 자본주의를 이겨내는 방법은 착한 인성으로 타 인간과 자연과 함께하는 길임을 그는 쉬운 이야기를 통해 화두를 던진다.

셋째, 그는 전통문화유산을 통해 미래의 유산을 만드는 미래문화 생산자다. 그에게 역사와 문화유산은 이미 지나가 버린 유물이 아니다. 현재에 대한 통찰력을 키워주고 '온고지신(溫故知新)'의 정신으로 새로운 미래의 유산을 만들어낼 수 있는 원동력이다. 따라서 그의 역사문화답사는 과거를 통해 현재를 진단하고 과거와 현재를 타산지석으로 삼아 미래의 유산을 만들어가는 준비를 하는 여정이다. 2018년 평창에서 열린 세계동계올림픽도 '문화올림픽'으로 열어 미래의 유산이 되게 하자는 그의 제안이 수용되어 우리의 전통문화를 널리 알리는 데 큰 역할을 하였고, 그곳에 지어진 한옥과 거북선 영상 등은 우리의 미래유산이 될 것이다.

총장님과의 역사문화답사는 더없이 따뜻하고 뿌듯하다. 사람에 대한 그의 세심한 배려 덕분이다. 그와 동행하는 사람들은 다 자기가 총장님의 사랑을 제일 많이 받고 있다고 생각하는 듯하다. 나 또한 그렇다. 어느 누구도 소외감을 느끼지 않도록 조용히 살피는 그의 마음의 품은 그지없이 넓고 포근하다. 그는 모든 상황에서 항상 긍정의 시각으로 사물을 보도록 권유하며 희망의 동아줄을 보여준다. 그의 꿈은 계속되고 있다. 그는 또 다른 유형·무형문화재를 세계문화유산으로 등재시키려고 추진 중이다. 나라사랑의 표현이다. 이배용 총장님의 끝없는 열정과 도전에 머리가 숙여진다.

앞으로도 끝없는 열정과 무한한 도전을 통하여 우리의 전통역사문화를 빛내실 이배용 총장님께 큰 박수와 응원을 보냅니다. 항상 몸과 마음의 평화를 누리시며 하시는 일이 큰 열매를 맺기를 마음 깊이 기원합니다.

역사의 물음에 길을 안내하는 통찰력 그리고 예견력

홍승용 (전 인하대·덕성여대·중부대 총장)

동소 이배용 총장님은 역사를 만드는 역사학자이다. 역사의 가치 재발견이라는 비전을 향해 노력하고 성취해 가는 역량과 성과로 그는 세상을 감동시킨다. 2019년 7월 아제르바이잔 수도 바쿠에서 열린 유네스코 세계유산위원회에서 《한국의 서원》이 유네스코 세계유산으로 최종 등재됐다. 한국의 서원통합보존관리단 이사장을 맡은 이배용 총장이 주역이다.

그의 집념과 도전은 국가브랜드위원장 시절인 2010년부터 시작됐다. 서원은 조선시대 사립 고등교육 기구로, 지성의 요람이자 성리학 발전의 중심지였을 뿐만 아니라 각 지역의 교육과 문화, 여론의 구심점이었다. 서원의 원조 격인 중국도 못한 일을 해낸 것이다. "한국서원 9곳의 세계유산 등재로 바른 인성을 키워내고, 따듯한 공동체 사회를 지향하는 서원의 교육이념과 자연과 인간의 조화를 추구하는 철학이 현대에도 울림을 줄 것"이라는 그의 표현에 신념이 담겨 있다.

사실 유네스코 문화유산 등재는 결코 녹록한 사업이 아니다. 선정과정이 까다롭기로 소문난 행정절차의 어려움도 문제이지만, 가장 중요한 요구조건인 '탁월한 보편적 가치'를 유네스코 자문·심사기구인 국제기념물유적협의회의 평가위원들에게 스토리텔링으로 잘 전달하는 일은 높은 지성과 힘든 인고를 요구한다.

유네스코 문화유산은 2017년 12월 현재 총 1,073점 등재되었으며, 문화유산 832점, 자연유산 206점, 복합유산 35점이다. 인류역사와 세계국가의 수를 감안할 때 문화유산에 등재된다는 것은 국가브랜드를 한껏 고양시키는 경사이다. 이번 등재로 우리나라는 문화유산 13건과 자연유산 1건이 등재된 명실상부한 문화국가이다.

모든 문화는 역사적 산물이다. 문화유산은 유네스코 세계유산보호협약의 정의처럼 '완전성, 진정성, 탁월한 보편적 가치'를 지닌다. 문화는 세대를 이어 교육되는 것이다. 문화에 대한 해석이 문화의 질적 수준을 가늠하기도 한다.

글은 쓰는 이의 민낯이다. 영국의 시인 존 러스킨은 "네가 창의적이 되고 싶다면 말로 그림을 그려라"라고 했다. 내러티브 히스토리언(narrative historian)인 이배용 총장님의 새로운 책『역사에서 길을 찾다』에 담긴 역사의 통찰력과 예견력을 보게 된다.

그의 역사에 대한 접근방법은 어떤 목적을 위한 수단이 아니라 그 자체를 목적으로 하기에 에드워드 기번이나 시오노 나나미 식의 흥미를 지닌다. "심부재언 시이불견(心不在焉 視而不見) 청이불문 식이부지기미(聽而不聞 食而不知其味)(마음에 있지 않으면 보아도 보이지 않고 들어도 들리지 않으며, 그 맛을 모른다)." 유교 경전『대학』에 나오는 말이다.

역사문화에 대한 이배용 총장의 끊임없는 학구열과 창의적 글은 시청(視聽)보다 견문(見聞)의 지평을 넓혀준다. 그의 글에 대한 소감이다.

첫째, 그의 문화해석은 문화적 가치와 정신세계를 통섭적으로 해석한다. 우리나라 과거 역사에서 샤머니즘을 거쳐, 삼국시대와 고려시대의 불교, 조선시대의 유교, 근·현대사회에서의 기독교로 변화해 온 역사와 문화의 이해를 위해서는 그의 상식의 경계를 넘어 전문가의 영역에 근접한 해석이 특별하다.

둘째, 그의 글은 기승전결의 줄거리를 갖는다. 유려한 문체인 우유체보다 웅혼하고, 호방하며, 강직한 강건체에 가깝다.

셋째, 그의 글은 과거와 현재와 미래를 관통하면서 대개 권선징악의 교훈을 다루기에 교훈의 오늘성과 내일성에 적용될 수 있다. "역사는 오래된 미래이며 지속가능한 미래의 가치가 바로 역사에 있다. 현재 인류가 필요로 하는 생명·소통·나눔·배려·화합과 같은 정신적 가치가 우리 역사문화 속에 다 있다"는 것이 그의 지론이다.

넷째, 그의 글은 세종대왕, 선덕여왕을 비롯한 위대한 여성리더들을 포함한 역사를 만든 인물, 문화리더십을 창조한 인물 중심이다. 어쩌면 그의 이화여대 총장, 대통령 직속 국가브랜드위원회 위원장, 한국학중앙연구원 원장 등의 경력에서 '역사는 인물이다'는 것을 느끼고 실전 경험한 인간관계에서 비롯된 때문이 아닌가 생각한다.

다섯째, 그는 역사에서 물리적으로 흘러가는 시간인 '크로노스(chronos)' 접근보다 의미 있는 시간인 '카이로스(kairos)' 접근을 중시한다. 수천 년 역사 속에서 의미 있는 시대와 인물을 뽑아내는 것은 그의 몫이다.

여섯째, 그는 현장에서 답을 찾는다. 그의 수많은 현장답사와 문화의 실체를 오감으로 보고, 건축양식과 정신적 소프트웨어의 의미를 해석하려 한다.

지도자의 말과 글이 레가시(legacy)가 된 것이 역사다. 리더와 지성인들은 역사의 해석을 통해서 통찰력과 예견력을 얻는다. 전철을 밟지 말라고 현인들이 말하지만 역사는 반복된다. 그래서 이배용 총장님의 역사가 주는 복습은 현재와 미래에 대한 예습이기도 하다.

내가 만난 이배용 총장님과 전통문화

노찬용 (와이즈유 영산대학교 이사장)

저자를 말할 때 한국의 서원에 대한 이야기를 빼놓을 수 없습니다. 한국의 서원이 2019년 7월 유네스코 세계유산위원회에서 세계유산에 등재된 과정에 대한 내용입니다. 서원을 세계유산에 등재하자는 생각은 이배용 총장님의 오랜 숙원사업이었습니다.

1965년, 무려 55년 전의 일입니다. 그는 이화여대 사학과 신입생 시절 경북 영주의 소수서원으로 답사를 떠났다고 합니다. 그는 언론과의 인터뷰에서 당시를 "첫 단추를 아주 잘 끼운 답사였다"고 회상했습니다. 아마도 그때부터였을 것입니다. 그가 한국의 서원을 세계에 알리고 싶다는 생각을 품은 때가 말입니다.

이 숙원사업이 보다 선명해진 것은 2010년 무렵이었습니다. 오랜 기간 머릿속에 품었던 생각은 추진단 결성과 등재 신청을 위한 다양한 활동으로 이어졌습니다. 마침내 2019년 7월, 제43차 유네스코 세계유산위원회에서 한국의 서원 9곳이 세계유산에 등재됐습니다. 몇 개의 문장으로 표현하기에는 부족한, 오랜 과정이었습니다.

과연 얼마나 많은 사람들이 청년시절 품은 생각을 실현하기 위해 50여 년의 세월을 준비할 수 있을까요. 켜켜이 쌓아온 노력들은 이배용 총장님의 강직하고 우직한 성격, 그러면서 한국의 문화와 전통을 사랑하는 마음을 잘 담고 있다고 생각합니다.

아시다시피 서원은 16세기에서 17세기까지 조선시대 지역 지식인들을 키운 성리학 사학(私學)이었습니다. 훌륭한 스승이 세상을 떠나면 제자들은 자발적으로 서원을 건립하기도 했습니다. 제자들은 그곳에서 스승에게 제향(祭享·제사)을 올리며 스승의 뒤를 잇고자 열심히 공부하였습니다.

물론 서원은 중국에도 있습니다만, 한국의 서원과는 조금 다르다고 합니다. 중국의 서원이 출세를 목표로 한 수단이라면 우리의 서원은 수기(修己), 즉 스스로를 닦는 교육시설이라는 점입니다. 지역에서 지식인을 키우는 최고의 사립 교육기관으로서 현대에서는 우리 와이즈유 영산대학교와 같은 사립학교인 것입니다.

이배용 총장님을 처음 만난 때가 2007년 이화여대 총장으로 재임하실 때였습니다. 일반적으로 성공한 여성들에게 받은 인상이 아닌, 환한 미소와 부드러운 포용력으로 친근감이 넘치는 성품을 갖추신 아름다운 여성지도자이셨습니다. 사학자이신 이 총장님과 함께 떠나는 문화탐방기회를 가질 때는 많은 사람들이 우리의 역사를 이해하기 쉽도록 스토리를 엮어서 설명해 주시는 최고의 해설을 보여주신다 생각합니다.

인연의 세월이 계속될수록 존경과 사랑은 더욱 깊어갔으며, 마침내 2017년 2월, 우리 대학의 석좌교수로 모실 수 있게 되었으며. 한국학학술원장을 맡아주셨습니다. 영산대학교에서 1년에 2번 건학이념에 대한 학술대회를 개최해 오고 있었는데 이 학술대회를 더욱 알

찬 학술대회로 이끌어 주시며 구성원들이 공부할 수 있는 학술대회로 전통을 이어가 주시는 것에 언제나 깊은 감사를 드리고 있습니다.

최근에 유네스코 세계유산인 도산서원에서 열리는 퇴계 이황 선생의 추계향사에서 이배용 총장님이 500여 년 서원 역사상 최초로 여성으로서 초헌관을 맡으셨습니다. 초헌관은 종묘나 능의 제례에서 삼헌(三獻·술잔을 세 번 올림)을 할 때 첫 술잔을 신위에 올리는 직임으로, 과거에는 정1품의 고위관원이 그 역할을 맡았다고 합니다.

시대가 많이 바뀌었어도, 전통의 영역은 오랜 세월만큼이나 변화가 어려운 법이지만, 이배용 총장님의 집념으로 도산서원이 세계문화유산에 등재된 공로를 인정, 초헌관으로 추대하신 문중어르신의 결정도 존경받을 일이고, 공로를 크게 세우신 이 총장님의 업적으로 또 다른 영광을 받으신 것에 함께 기뻐했습니다. 특히, 많은 여성리더에게 귀감이 되는 일이었습니다.

도서 『역사에서 길을 찾다』는 이배용 총장님의 그간 모든 활동의 정수(精髓)입니다. 선현들의 어록에서부터 근대화 과정, 3·1 독립정신, 광복 70년의 의미 등 우리 역사의 변곡점을 살펴보고 동의보감, 징비록, 세시풍속 등 가치 있는 전통문화유산을 하나하나 짚어주었습니다.

오늘날에도 여전히 유효하고 미래에도 중요할 세종대왕의 리더십을 비롯해 선덕여왕과 신사임당, 유관순, 조마리아 등 역사 속 여성을 살펴본 대목도 눈길을 끕니다.

아울러 한국의 서원이 유네스코 세계유산으로 등재된 것과 그 의미, 서원의 세계유산적 가치를 되새기고, 종묘와 조선왕릉, 창덕궁 후원, 석굴암과 불국사, 하회마을, 양동마을, 남한산성, 수원화성, 산사 등 세계가 주목할 만한 한국의 문화유산을 이해하기 쉽게 풀어냈습니다.

이 책 『역사에서 길을 찾다』를 보면 이배용 총장님의 그간 활동영역이 얼마나 방대했고, 또 우리 문화유산을 세계에 알리기 위해 얼마나 치열하게 노력했는지 엿볼 수 있습니다. 독립운동가이자 사학자인 단재(丹齋) 신채호 선생은 "역사를 잊은 민족에게 미래는 없다"고 했습니다. 이배용 총장님의 책을 통해 우리 역사를 되짚어 보고, 세계 속 한국의 문화유산을 또 한 번 생각하는 계기가 되길 바랍니다.

03

이배용 총장님을 통해 배운 진정한 한국역사 사랑

나의 스승, 나의 어머니

왕단 (북경대 한국어학부 교수, 외국어 대학원 부원장)

저는 참으로 인복이 많은 사람입니다. 지금까지 걸어온 인생길을 돌이켜 보면 제게 깨우침을 얹어주시고 용기를 심어주시며 아낌없는 응원과 격려를 보내주신 분들이 정말 많습니다. 이분들의 관심과 사랑 덕분에 제가 여기까지 온 것 같습니다.

하지만 이분들 중에 저와 가장 인연이 깊고, 제 인생에 큰 영향을 주신 분을 한 분만 꼽으라고 한다면 저는 서슴없이 이배용 총장님이라고 말할 겁니다. 이 총장님과 인연을 맺은 지 어느덧 24년이 지났습니다. 저의 영원한 스승이자 한국의 어머니이신 이 총장님께서는 그동안 제게 진정한 학자의 자세와 삶에 대한 성실한 태도 그리고 남을 배려하는 법을 가르쳐 주셨고, 제게 나이와 신분과 국경을 초월한 포근한 햇살과 같은 사랑을 베풀어 주셨습니다.

꽃이 만발했던 1996년 4월, 북경대에서 이배용 총장님을 처음 뵈었습니다. 그때 저는 북경대의 새내기 교수였고, 총장님께서는 이화여대 여성연구원 원장으로서 북경대와의 자매결연을 위해 서울에서 오셨습니다.

당시에 제가 북경대 총장님 통역을 맡게 되었는데, 교수가 된 지 몇 개월밖에 안 된 처음으로 중요한 통역을 맡게 되어 무척이나 긴장했습니다. 저의 서투른 통역 솜씨에도 불구하고 총장님께서는 내내 친절하고 온화한 미소로 저를 격려해 주시고 제게 힘과 용기를 주셨습니다. 통역하는 과정에서 총장님과 시선을 마주칠 때마다 왠지 모르게 마음이 평온해지고 자신감이 생겼으며 통역도 무난하게 진행할 수 있었습니다.

지금 생각해도 참으로 신기하기만 합니다. 이렇게 1996년 봄에 북경대와 이화여대가 처음으로 교류를 하게 되었고, 이와 동시에 총장님과 저의 인연도 봄날의 새싹처럼 돋아나기 시작했습니다.

이화여대 대표단이 북경을 떠난 지 두 달도 안 되어 민웨팡 부총장을 단장으로 한 저희 북경대 대표단 일행 6명은 이화여대 건교 110주년 행사에 참석하기 위해 한국을 방문하였습니다.

공식일정을 마친 후 저희 대표단 일행은 총장님의 인솔하에 한국의 고도인 경주를 탐방하게 되었습니다. 사학자이신 총장님과의 경주탐방은 저희 대표단 일행에게 있어서 한국의 아름다움을 만끽할 수 있는 배움의 여정 그 자체였습니다.

불국사, 첨성대, 천마총…. 가는 곳마다 총장님께서는 그 유적 뒤에 숨겨진 수많은 역사 이야기를 막힘없이 재미있게 풀어내셨고 역사 사건의 연대와 날짜까지 정확하게 기억하셨습니다. 대표단 일행은 총장님의 은은한 인간미에 매료되었고, 총장님의 해박한 지식과 놀라운 기억력에 탄복을 금치 못했습니다.

그 후 저는 1997년 9월부터 1998년 7월까지 연세대 방문학자의 신분으로 서울에서 10개월간 머물렀고, 2001년 9월부터 2004년 1월까지 서울대에서 박사 공부를 했습니다.

한국에서 지내는 동안 총장님께서는 저를 예뻐해 주셨고 아껴 주셨으며 딸처럼 대해 주셨습니다. 일개 젊고 평범한 교수에 불과했던 저는 총장님에게서 스승의 가르침과 어머니와 같은 보살핌을 듬뿍 받았습니다.

이 아름다운 추억들을 어떻게 잊을 수가 있겠습니까?

혼자서 한국에 나와 향수에 젖어 있는 저를 댁으로 초대해 주셨던 일, 총장님의 사학 강의를 듣게 해주셨던 일, 제게 논문 지도를 해주셨던 일, 저의 북한 말씨를 표준 서울말로 고쳐주셨던 일, 유학기간 동안 공부에 지친 저에게 맛있는 음식을 자주 사주셨던 일, 제 남편이 한국에 왔을 때 사위가 왔다며 닭고기 요리를 사주셨던 일, 좌절과 어려움을 느낀 저에게 "난 네가 모든 일을 적극적으로 바라보고 생각하는 자세가 마음에 든다. 우리 왕단이 한다면 틀림없이 잘 해낼 거다"라며 격려해 주시고 응원해 주셨던 일, 제가 박사학위를 받은 소식에 기뻐하시며 '행운의 열쇠'를 선물로 하사해 주셨던 일….

그동안 총장님과 함께한 하나하나의 추억은 제게 소중한 진주이고 반짝이는 보석이며 어두운 밤하늘을 밝혀주는 별들입니다.

그리고 그동안 총장님을 따라서 경복궁, 창덕궁, 종묘 등 서울 유적지를 탐방했고, 사부님이신 안선생님께서 지점장으로 근무하셨던 한국은행 인천 지점에, 파주에 있는 자운서원에, 멀리 전라도 땅끝까지, 참으로 많은 곳을 다녀봤습니다.

즐거움과 행복이 가득 찬 여정이기도 하지만 총장님에게서 학문에 대한 열정과 타인에 대한 배려를 배우고 가정에 대한 충실함을 배우며 여성지도자로서의 안목과 리더십을 배웠던 길이기도 합니다.

세월이 아무리 흘러도 이 아름다운 추억들은 영원히 제 마음 깊은 곳에 남아 있을 겁니다. 총장님의 도움과 격려가 없었다면 지금의 저는 결코 있을 수가 없었을 것입니다.

박사 졸업 후 저는 북경대로 다시 돌아왔고 총장님을 삶의 본보기로, 인생의 거울로 삼아 학자로서, 스승으로서, 학교의 보직자로서, 아내로서, 딸로서, 어머니로서의 역할을 훌륭히 수행하기 위해 노력해 오고 있습니다.

그리고 총장님과의 인연은 공간을 초월하고 사적인 친분을 초월하여 두 학교 간, 두 나라 간의 인연으로 계속 이어져 왔습니다.

총장님께서는 이화여대총장을 맡으실 때나 국가브랜드위원장을 맡으실 때나 한국학중앙연구원장을 맡으실 때나 북경에 오시기만 하면 아무리 바쁘셔도 꼭 저를 불러주시곤 하셨습니다. 비록 짧은 만남이었지만 부모님은 잘 계시는지, 신랑 사업은 잘 되는지, 딸은 잘 크고 있는지 물어봐 주셨고, 학과 일이 순조로운지, 북경대에 계시는 지인들은 잘 계시는지 궁금해하시며 이화여대와 북경대의 내실 있는 교류방안을 제게 말씀해 주셨습니다.

총장님께서는 우리 학과의 발전을 한결같이 지켜봐 주셨고 응원해 주셨으며 제가 부탁드리는 일마다 거절하지 않고 긍정적으로 협조해 주셔서 저에게는 든든한 후원자가 되어주셨습니다.

우리 학과와 이화여대 언어교육원, 한국문화연구원의 학술교류를 촉진시켜 주셨고 우리 학과의 학생들을 이화여대 교환학생으로 받아주셨습니다.

2009년과 2012년에는 각각 '역사에서 평화를 일구는 여성들', '국가브랜드와 대학브랜드'라는 주제로 북경대 학생들에게 특강을 해주셨는데, 이 자리에 참석한 제 동료들과 제자들은 가까이에서 총장님의 가르침을 경청할 수 있는 영광을 누릴 수 있었고, 또 총장님의 인간미와 박식함을 느낄 수 있는 기회를 가질 수 있었습니다.

그리고 2009년 학과의 학부 승격 소식을 듣고 무척 반가워하셨으며 학부 승격 행사를 물심양면으로 도와주셨습니다. 직접 자리해 주시지는 못했지만 바쁘신 중에도 영상 축하메시지를 보내주셨고, 이화여대학술원 석좌교수로 계신 한영우 교수님과 이화국악단의 선생님을 행사에 참석하게 해주셨습니다. 가야금 산조의 운율이 아직도 제 귀에 선합니다. 당시 총장님의 배려와 지원 덕분에 저희 행사의 품격을 한층 높일 수 있었습니다.

총장님께서는 이화여대와 북경대 간의 학술, 인적 교류를 촉진시키는 데 도움을 주신 일등공신이십니다. 저는 북경대 교수로 재직하는 동안 한국대학교의 총장을 뵐 기회가 종종 있었습니다. 하지만 총장님보다 더 중국을 사랑하고 북경대와의 인연을 소중히 여기시는 분은 없을 겁니다.

1990년대부터 총장님께서 중국을 수십 번 방문하셨고 북경대를 스무 번 이상 방문하셨습니다. 이런 방문 과정에서 두 학교 간의 학술연구, 특히 여성연구의 교류·협력에 이바지하셨습니다. 북경대에서 온 손님이라면 평교수로부터 학장, 부총장, 총장까지 아무리 바쁘셔도 반겨주시고 환대해 주셨습니다.

2006년에 이화여대의 13대 총장으로 부임하신 후 이화여대와 북경대 간의 아름다운 인연의 꽃을 활짝 피워내셨습니다. 총장님의 노력으로 2007년 5월에 이화여대는 한국대학으로서는 최초로 북경대 선정 '세계대학의 날' 대상 대학교에 선정되어 북경대학에서 '이화여대의 날'을 개최하였고, 북경대와 이화여대 간의 전면적인 교류와 협력의 새로운 지평을 열었습니다. 총장님과 북경대와의 인연은 대학 대 대학의 협정으로 맺어진 것이 아니라 오랜 세월을 거쳐 쌓아온 우정을 바탕으로 한 신뢰와 믿음의 결정체입니다.

총장님께서는 말씀 한 마디 한 마디로, 행동 하나 하나로 제게 큰 가르침을 주셨고, 지극한 제자사랑, 모교사랑과 대단한 리더십과 추진력으로 이화여대와 북경대의 교류를 추진해 주셨습니다.

총장님의 중국에서의 영향력은 개인 간의, 그리고 두 학교 간의 교류를 넘어 가히 전국적이라고 할 수 있습니다.

2012년 중국한국어교육연구학회 설립 10주년 기념 학술대회가 북경대에서 개최되었는데 당시 국가브랜드위원회 위원장으로 계시던 총장님께서는 북경의 다른 방문 일정을 소화하고 계셨습니다. 이렇게 바쁘신 중에도 저희 만찬 장소에 친히 왕림해 주셨고, 이 자리에 참석한 중국 한국어 교육자와 연구자 130여 명에게 따뜻한 격려와 응원의 말씀을 해주셨습니다.

2016년에는 제가 주편을 맡은 『고급한국어』 교재의 편찬에 도움을 주시고자 저의 원고 청탁을 흔쾌히 받아주셨고, '한국역사를 빛낸 아름다운 여성들'이라는 제목의 옥고를 보내주셨습니다. 북경대출판사에서 출판된 이 교재는 현재 중국의 수십 개 대학에서 지정교재로 사용되고 있고, 한국어 학습자들의 많은 관심과 사랑을 받고 있습니다. 총장님 덕분에 이 교재는 '북경대학우수교재상'을 받았고, '중국비통용어우수연구성과상' 교재 부문 일등상을 수상하는 영광을 안았습니다.

그리고 저는 그동안 타 대학의 초청으로 한국어를 전공하는 대학생, 대학원생들에게 특강을 할 기회가 종종 있었는데, 특강을 마무리하면서 학생들에게 격려의 말 몇 마디를 전하곤 했습니다. 그때마다 저는 총장님께서 말씀하셨던 이 단락을 발췌해서 들려주었습니다.

"저는 '주, 전, 자'라는 말로 자주 학생들에게 말하는데 '주'는 주체성을 말하고 '전'은 전문성을 말합니다. 실력이 있어야 인정을 받는데 이것이 전문성이지요. '자'는 자신감을 말합니다. 이 자신감에는 겸손한 마음이 있어야 합니다. 마치 주전자에 물을 담듯이 사랑과 헌신, 개척과 도전정신을 가진 책임감 있는 사람들이 되어야 합니다. 우리 세대만 생각하는 것이 아니라 항상 다음 세대를 생각하고 나누어 주는 사람들이 되어야 한다고 생각합니다."

총장님께서 말씀하신 '주', '전', '자' 정신은 제 인생에 큰 영향을 미쳤던 말씀이지만 이제는 중국 곳곳의 대학생들도 새겨들을 수 있는 말씀이 되었고 교훈이 되었습니다.

저는 중국인으로서 24년 전에 이배용 총장님과 인연을 맺었습니다. 이는 제 인생의 가장 큰 행운이라고 생각합니다.

총장님께서는 아름다움을 요란하게 자랑하지 않으면서도 따뜻함이 있고 기품이 있으며 은은하게 묻어나는 고결한 향기로 사람들에게 위안을 주는 배꽃과 같은 분입니다. 학자로서 연구에 묵묵히 매진하여 탁월한 학문적 업적을 남기셨고, 겸손한 성품과 따뜻한 손길로 제자나 후학, 그리고 동료들을 따뜻하게 어루만져 주셨습니다.

또한 시부모님을 정성껏 모시고 화목하고 단란하고도 모범적인 가정을 꾸려 오셨고, 초인적인 능력과 추진력, 소통과 조화의 리더십으로 각종 보직을 훌륭히 수행해 오셨습니다. 예리한 판단력과 통찰력, 사물을 꿰뚫어 보는 예지와 식견, 그리고 다음 세대를 내다보는 안목과 혜안으로 모교사랑, 나라사랑, 세계평화를 몸소 실천해 오셨습니다. 총장님께서는 저에게 여성으로서의 가능성과 희망을 보여 주셨습니다.

총장님 역량의 한계가 어디까지인지 가늠할 수가 없지만 저는 이런 총장님을 본받고 싶습니다. 앞으로도 저의 스승이자 저의 어머니이신 총장님의 자랑스러운 제자, 자랑스러운 딸이 될 수 있도록 최선을 다하겠습니다.

현대여성의 빛나는 리더 이배용 총장님

채미화 (전 연변대학교 대학원장, 현 호남사범대학교 한국어학과 석좌교수)

이배용 총장님과의 인연은 어언 26년 동안 계속되었다. 이배용 총장님은 이국 타향의 연변대학에서 교수로 있는 나를 당당한 여성리더로 키워준 분이다. 또한 내게 여성학자로서 여성을 사랑하며 여성의 사업을 사랑할 줄 알고 여성과 남성이 공존하는 이 시대에서 여성리더가 성공하는 길을 몸소 가르쳐 주신 스승이다. 또한 이배용 총장님은 중국 조선족 여성연구를 국제적인 무대로 진출할 수 있도록 인도한 존경받는 지도자이다.

소중한 만남, 끈끈한 인연

'95북경세계여성대회'를 맞이하면서 중국에서도 여성연구의 붐이 일어났다. 1994년 11월, 이화여대의 물심양면적인 후원으로 연변대학에 여성문제연구센터가 설립되었는데, 이것은 중국에서 다섯 번째로 세워진 여성연구센터다. 여성연구센터의 부주임으로 임명된 나는 이때부터 이배용 총장님과의 소중한 만남을 시작했고, 그 인연은 오늘까지 변함없이 지속되고 있다.

그 당시 이배용 총장님은 이화여대 여성연구소 소장으로 계셨고, 여성연구소가 연구원으로 승격한 후 계속하여 여성연구원 원장을 맡으셨다. 당시 이배용 총장님은 연변대학의 여성연구의 발전과 더

불어 여성교수들이 학문적 깊이를 연마할 수 있도록 선후하여 13명의 여성교수들이 이대에서 여성학을 연수하도록 했다. 나도 그 혜택으로 1997년 한 학기를 이대에서 생활하고 공부하며 여성학연구의 길에 들어섰다.

1994년 중국 조선족여성으로서 제일 처음 박사학위를 취득한 나를 이배용 총장님은 그토록 아껴주셨다. 공부만 할 줄 알고 순진하여 세상물정에 어두웠지만 원장님은 여성리더로 키워보려는 확신을 가지고 배려와 관심을 아낌없이 쏟았다. 국제여성학술대회에 참석하도록 수차 불러주셨고 한국사회와 문화를 알 수 있도록 국내견문도 시켜주셨다.

이화여대 여성연구원장의 임기를 마치고, 이배용 총장님은 이화사학연구소 소장으로 부임하셨다. 이젠 이배용 총장님을 직접 대면할 수 있는 기회가 끝났다고 생각했었는데 의연히 총장님이 주최하시는 혼인사 연구 국제학술대회에 불러주셨고 또 국사편찬위원을 담당하시면서 나에게 중국 관련 프로젝트를 맡기시어 학문적으로 더욱 가까이 가르치시고 이끌어 주셨다.

이화사학연구소 소장을 마치시고 이배용 총장님은 이화여대 평생교육연구원 원장을 맡으셨다. 평생교육이 무엇인지도 잘 모르던 때, 평생교육과 나는 정말 아득한 거리에 있다고 느꼈다. 하지만 이배용 총장님이 품고 있는 사랑의 그 마음이, 스승이 제자를 아끼듯이 언제나 어디서나 사랑의 손길을 내미는 그 따뜻한 마음이 평생교육과는 아주 멀리 있는 나를 총장님의 곁으로 다가설 수 있도록 하였다.

내가 연변 조선족 기업가, 문화인, 공무원을 중심으로 한 직장여성들을 대상으로 '21세기 직업여성문화 연구반'을 설립하고 그들에 대한 사회교육을 하고 있다는 소식을 듣고 이 총장님은 2000년 가을에 우리의 제1기 학생 27명을 이화여대 평생교육원에 불러다가 일주일 동안 '연변대학 최고경영자 평생교육과정'을 만들어서 학습을 시켰다.

이화여대와 사회의 저명한 교수와 학자들의 강의와 '한국도자기' 등 기업문화 현장에 대한 견학은 참으로 감동적이었다. 20년 동안 이대 평생교육원에 다니면서 평생교육을 받은 80세 고령이신 박기원 회장을 비롯한 이대 평생교육원 학생들의 생생한 체험담은 평생교육이란 무엇인가를 알려주었다.

이배용 총장님은 멀리 연변 땅에서 처음으로 한국 최고의 명문대학을 찾아온 동포여성들을 위해 총장연회까지 마련하셨다. 당시 이대총장님이었던 장상 총장님, 윤후정 이사장님, 정의숙 명예이사장님께서 우리를 위해 파란 잔디가 주단처럼 펼쳐지고 여러 가지 꽃들이 곱게 피어 있는 아름다운 이사장공관에서 성대한 오찬을 베푸셨다. 이대의 4대 총장님이 함께 베푼 연회에 참석할 수 있는 기회를 가진 그 영광과 자신감은 27명 여성들의 평생에서 잊히지 않을 것이다.

총장님이 쏟은 사랑은 헛되이 흐르지 않았다. 27명 학생들이 연변에 돌아온 후 그들이 주축이 되어 연변대학 여성연구센터 평생교육이 시작되었고 그것은 중국에서 처음으로 시작되는 여성평생교육이었다.

2005년 세계여성학대회가 이화여대에서 개최되었을 때 총장님은 우리를 잊지 않고 부르셨다. 평생교육에 참석한 35명이 또다시 총장님의 부름을 받고 이대를 찾았다. 세계여성들이 함께 모인 장소에서 여성의 어제와 오늘과 내일을 논의하는 과정에서 현대여성이 나아가야 할 길과 사명감을 다시 한번 확인하게 되었다.

이와 같이 총장님의 깊은 관심과 지도를 끊임없이 받으면서 연변지역 여성평생교육은 지금까지 21년 동안 변함없이 지속되고 있다. 이미 수백 명의 여성들이 재교육을 받았고 연변대학 '여성평생교육 동문회'가 설립되어 활발하게 다양한 활동을 벌이고 있다.

나는 여성평생교육 동문회의 회장단을 이끌고 이배용 총장님의 취임식에 참석했었다. 세계적인 명문대학의 총장님으로 취임하는 이배용 총장님의 단아한 형상은 그야말로 지적인 아름다움과 현대적인 여성리더의 매력으로 흘러넘쳤다.

4년 재임기간에 그토록 다망한 사무에도 불구하고, 이화여대로 찾아가는 나와 연변대 교수들 그리고 여성평생교육 동문회의 회장단을 친절하게 맞아주셨고, 이화여대 평생교육원의 '이화-연변대학 아카데미'에 참석했던 연변대학 제8기 직업여성연구반의 30여 명을 위해 또다시 파란 잔디가 펼쳐진 총장님의 공관 정원에서 오찬을 베풀고 격려의 말씀을 하셨다.

이화여대 제13대 총장직을 마치시고 한국 국가브랜드위원회 위원장으로 부임한 후, 총장님은 연변대학교 대학원장을 맡고 있는 나에게 '연변대학 제1기 총재연수반'을 꾸리도록 힘을 실어주었다. 총장님의 팬들인 연변의 여성평생교육 동문회의 주요 성원들이 제일 선

참으로 나를 따랐다.

연변대학에서 처음으로 지역사회를 위해 꾸린 총재연수반은 남녀 기업가 28명이 참여해 개학식을 하게 됐다. 총장님은 총재연수반 개학식에 꼭 아름다운 축가가 있어야 한다는 세세한 부분까지 잊지 않고 나에게 당부하셨다. 국가브랜드위원회 위원장이라는 중임을 지고서도 이배용 총장님은 불원천리(不遠千里)하고 연변대학에 오셔서 총재연수반을 위해 '한국 국가브랜드의 파워'라는 특강을 하셨다. 한숨 돌릴 사이도 없이 점심 비행기로 도착하셔서 오후에 특강을 마치고, 그 이튿날 오전 비행기로 서울로 돌아가시는 위원장님을 전송하면서 우리들의 눈가에는 뜨거운 이슬이 맺혔다.

8월에 서울 코엑스에서 열린 대한민국 국가브랜드 컨벤션에 총재연수반 학생들은 이배용 위원장님의 특별초청을 받고 참석했다. 국가가 추구하는 세계적인 브랜드는 국민이 창조해야 하고, 내 자신이 바로 그 브랜드로 되어야 한다는 의식을 갖게 되었다. 그 무엇보다도 우리는 총장님이 바로 우리의 눈으로 직접 보고 우리의 체험을 통해 가장 절실하게 인식한 한국의 브랜드이며 세계적인 여성브랜드라는 것에 공감한 것이다.

연변대학교 대학원장 임기를 마치고 나는 연변대학 한반도연구협동 창신센터 주임 직무를 맡게 되었다. 한반도에 대한 정치, 경제, 사회문화에 대한 종합적인 연구는 당시 연변대학의 발전과 건설에서 시급히 요구되는 사업이었다. 물론 한국문학 전공자인 나 자신이 한반도에 대한 종합적인 연구기관의 책임자로 일한다는 것은 새로운 도전이었다. 새로운 사업구성 체계를 구축하고 여러 개 연구팀을 조직해 나가는 등 할 일은 산더미같이 쌓여 있었다.

그 실마리를 풀어가는 첫 코스에서 나는 또 이 총장님을 찾았다. 이 무렵 이배용 총장님은 한국학중앙연구원의 원장으로 부임하시고 몹시 다망하게 보내고 계셨다. 하지만 총장님은 흔쾌히 연변대학의 한반도 연구에 대한 전폭적인 지지를 승낙하셨고 한국학중앙연구원의 관련부서 책임자들을 친히 인솔하고 연변대학에 오셔서 학술교류 조인식을 가졌다. 그렇게 바쁜 시간에도 총장님은 반나절 시간을 쪼개어 나의 연구실에 오셔서 구체적인 방안과 문제들을 토의하고 해결책을 가르쳐 주셨다.

여성리더들을 길러낸 지도자

이배용 총장님은 미국의 UCLA대 문애리 교수와 독일의 훔볼트대 김해순 교수 그리고 연변대학에 있는 나를 서로 만날 수 있도록 국제학술대회에 여러 번 불러주었다. 해외동포 여성리더를 키워내는 총장님의 배려이기도 했다. 이렇게 총장님은 초심을 잃지 않는 한결같은 분이다.

연변과 연변대학을 스쳐 지나간 한국의 각계각층의 지도자들은 기억도 할 수 없을 정도로 많다. 하지만 그냥 바람처럼 스쳐 지나 북경으로 상해로 저 멀리 해남까지도 가지만 다시 돌아온 분은 많지 않다. 그러나 총장님은 27년 전 연변대학을 방문했던 그때부터 오늘까지 변함없이 연변대학과 연변 조선족여성들에 대한 사랑의 마음을 쏟았다.

북경을 거쳐서 연변에 오든 연변을 거쳐서 북경에 가든 중국의 수도에 있는 명문대학과 동쪽 변두리에 있는 연변대학에 대한 관심과 배려와 존중은 차별이 없었다. 국제학술대회도 이화여대와 북경대학과 공동주최가 있으면 같은 시기에 꼭 연변대학과도 공동주최 학술대회를 열었다. 연변대학의 여성연구 활동이 중국 내에서 일찍이 인정받을 수 있는 것도 총장님의 배려 덕분이다.

연변대학을 방문할 때마다 총장님은 시간을 쪼개서 나와의 개별적인 담화를 빼놓지 않는다. 나는 스승께 논문 초록을 제출하는 제자의 심정으로 그 시간을 기다리고 또 그 소중한 말씀에서 항상 힘을 얻고, 이를 통해 방향을 분별하게 되고 지혜롭게 일하는 방법을 배웠다. 이배용 총장님의 화기(和氣)를 받으면서 나는 여성리더의 자질을 하나씩 배울 수 있었다.

오래전 총장님이 나에게 했던 말은 지금도 기억에 생생하다. "자존(自尊)과 자애(自愛)를 배울 수 있어야 타인을 사랑하는 지도자가 될 수 있어요. 내가 혼자서 있을 때라도 신독(愼獨)을 명심해야 합니다."

잠시 휴일에 집에서 가사에 몰두해 있을지라도 몸과 마음가짐을 흐트러뜨리지 말고 항상 자신의 행위를 바르게 해야 그것이 몸에 밴 것으로 된다고 하셨다. 집에서 커피 한 잔을 마셔도 찻잔에 받쳐 단정히 앉아서 조용히 마시는 습관을 길러야지 잔을 들고 이리저리 다니면서 마시게 되면 밖에서도 우아한 모습을 보여줄 수 없다고 하셨다. 내 마음에 와닿는 이 말씀을 집에 돌아와 남편한테 이야기했더니 남편은 허허 웃으면서 "채미화가 이제부터 이배용 총장님처럼 살자면 참 피곤하겠다"고 말했다. 예의를 지키면서도 흐트러지지 않은 단아한 모습을 항상 갖춘 이배용 총장님의 형상은 나와 연변대학 여교수들의 좋은 본보기가 되었다.

총장님은 내가 밝고 긍정적인 사고방식을 가져서 참 좋다고 칭찬하셨다. 총장님의 칭찬을 받고 보니 무척 기분이 좋았다. 여섯 살에 아버지를 여의고 홀어머니 슬하에서 아주 어렵게 고생하면서 자란 내가 성격이 밝고 사고가 긍정적인 면을 가졌다는 것을 나 자신도 미처 몰랐었다. 그 이후에 나는 여성으로서는 처음으로 연변대학교 조선언어문학학부 학부장, 조선-한국학 학원 초대원장, 그리고 연변대학교 대학원장을 역임하였다. 이배용 총장님이 나에게 실어준 그 힘은 남성문화권에서도 항상 씩씩하고 당당하게 자신감을 가지고 성공으로 향할 수 있도록 나를 떠밀어 주었다.

사학과 교수이신 총장님은 학자로서의 기본은 학문적인 수련임을 명기시켰으며 특히 역사문화에 대한 기록과 정리사업을 각별히 강조하시고 챙겨주셨다. 벌써 15년 전에 연변대학 여성연구 중심을 후원하여 〈중국 조선족여성 이주사 조사연구〉 사업을 진행하도록 하였다. 그때 거의 인몰되어 가는 중국 조선족 제1대 이주세대를 대상으로 하여 60여 명의 80~90대 여성노인들의 이주경력에 대한 구술을 녹취하였다. 당시는 그 깊이를 미처 몰랐지만 너무나 소중한 원시적인 역사자료를 수집해 놓은 것이었다.

이배용 총장님의 지도를 받으면서 나는 연구팀을 조직하여 중국 조선족문화 원시자료에 대한 조사를 시작하였다. 2015년 한국학중앙연구원의 해외 중대 프로젝트 '중국 동북지역에 보존된 한민족의 전통문화'를 신청하는 데 성공했고 연구팀은 2년 동안의 고심한 조사와 연구를 거쳐 상·하책으로 된 저서를 드디어 세상에 내놓았다.

이배용 총장님은 나에게 어머니의 마음으로 타인에 대한 배려의 마음을 가지며 그들을 포용하라고 가르치셨다. 부부가 이혼으로 가는 힘을 가졌다면 그 힘으로 먼저 화목한 가정을 지켜가도록 노력하는 것이 총장님이 주장하는 여성학이라고 하셨다. 학술활동과 행정사업이 그토록 다망하신 분이지만 이 총장님은 내 딸이 대학교에 입학했을 때도 대학원생이 되었을 때도 잊지 않으시고 예쁜 복주머니에 용돈을 챙겨 넣어 격려의 말씀을 적어서 보내주셨고, 딸의 혼례식에까지도 축복의 마음을 담은 향기로운 꽃바구니를 보내주셨다.

중국 조선족 여성들의 우상

이배용 총장님은 연변대학을 방문할 때마다 특강을 하셨다. 재임기간에도 행정사무로 연변대학을 공식적으로 방문하셨음에도 불구하고 진지하게 특강을 하셨다. 이 총장님이 특강하실 때마다 연변대학 학술강당은 초만원을 이룬다. 학생과 교수 그리고 평생교육 동문회의 회원들까지 들어설 틈조차 없이 사람들이 모여든다.

'주전자' 정신! 주체성, 전문성, 자신감을 갖추라고, '주전자' 안에 사람의 마음을 여는 사랑을 담으라고 당부하신다. 이러한 소통의 리더십을 갖추어야 참으로 여성의 리더가 될 수 있다는 총장님의 특강을 들으면서 청중들은 감격과 환희로 벅차올랐다. 두 시간 동안 숨소

리조차 들리지 않을 정도로 장내가 조용한 순간은 오직 이배용 총장님께서 특강하실 때다.

연변대학을 방문하실 때마다 여교수들에게 선물을 챙겨오는 것을 잊지 않으신다. 명인(名人) 총장님의 선물을 받고서 여교수들도 어린애처럼 기뻐한다. 연변대학에서의 특강을 마치면 이 총장님과 함께 기념촬영을 하려는 사람들이 벌떼처럼 몰려든다. 총장님은 일일이 그들과의 기념촬영을 하는 데 조금도 짜증내신 적이 없다. 입가에 조용히 띠고 있는 미소와 정기가 넘치는 매력적인 눈가에는 피곤기가 없으시다. 두 시간이나 연설을 하셨는데 피곤하지 않을 수 없지만 탁월한 여성지도자로서 총장님의 형상에는 언제나 생기가 흘러넘쳤다. 이 총장님의 형상은 연변 조선족 여성들이 추구하는 미적 형상이다. 봄이면 연변의 산과 언덕에 붉게 피어 있는 진달래꽃의 색은 '베스트드레서상'까지 받은 '이배용 총장님의 색상'이다. 옷차림부터 말씀하시는 자태까지 어디나 할 것 없이 여성들은 총장님을 더없이 흠모한다.

연변에서 유일하게 상해 엑스포에 진출한 김송월 코스모호텔 사장은 2000년 가을 이화여대에 가서 연수받은 제1기 직업여성 문화연구반의 졸업생이다. 그는 2010년 12월 '연변대학 제1기 총재연수반' 졸업식에서 우수졸업생 대표로 발언하였다. 음식업에서 음식조리만 할 줄 알던 자신이 오늘 당당하고 조리 있게 대표발언까지 할 수 있는 것은 바로 12년 전 그날부터 이배용 총장님을 꾸준히 본받아 온 덕분이라고 말했다.

이배용 총장님을 따라서 20여 성상을 걸어오면서 나 역시 '주전자'

정신을 갖추게 되었다. '제1회 연변 10대 여걸, 연변조선족자치주 3·8 붉은기수'(1996년), '제4회 길림성 뛰어난 공헌이 있는 중청년전문기술 인재상'(1997년), '국가급 우수교학성과 2등상'(2001년), '길림성 교육청·길림성 부녀연합회 길림성 우수여교수상'(2002년), '국가교육부 제1회 전국 명교수상'(2003년), '국가 보강교학특별상'(2008년)을 받았고, '국가특수무휼금수당자 당선'(2004년) 되기도 했으며 2010년에는 국가 최고의 상 '국가선진일군상'을 인민대회당에 가서 받았다. 나는 오늘의 이 영예를 이배용 총장님의 가르침과 배려에 대한 보답으로 생각한다.

3년 전, 61세에 나는 연변대학의 한반도연구협력창신 주임 임기를 만료하고 중국 후난사범대학의 석좌교수로 초빙되어 왔다. 나의 고향 연변에서 천만리 떨어진 후난성 창사시에 있는 후난사범대학은 1938년에 설립된 대학이다. 재학생 4만여 명을 가지고 있으며 중국의 '세계일류대학과 세계일류학과 건설' 즉 '쌍일류' 건설 대학으로서 눈부신 발전을 거듭하고 있다. 주변에 천 년의 역사를 가진 악록서원이 있다.

나는 현재 이 대학의 동북아연구센터의 주임을 맡고 한국학 연구의 인재들을 양성하는 새로운 도전에 나섰다.

언제나 저의 길잡이가 되어 주시는 이배용 총장님과의 인연은 아마도 나의 부모님들이 전생에 쌓아올린 덕인지도 모른다.

이 소중한 인연은 샹쟝강이 유유히 흐르는 이곳 중국문화의 발원지 후난 창사에서 계속되면서 또 새로운 씨앗을 뿌리고 꽃을 피우고 열매를 맺어갈 것이다.

[부록]

● 기고문·인터뷰 게재 언론기관

매일경제, 문화일보,

세계일보, 서울신문,

이데일리, 농민신문,

지방신문협회

- 매일신문, 전북일보
- 광주일보, 경남신문
- 경인일보, 대전일보
- 강원일보, 제주신보

여성신문, ROTC 중앙회보,

서원관리단백서, 안중근의사기념관,

골프헤럴드, 국군방송(라디오)

● 책에 수록된 한국화

책의 앞뒷면 표지와 각 장마다 수록된 아름다운 그림들은

이호신 화가의 작품이다.

화가 이호신(李鎬信, 1957~)은 24회의 개인전을 열고 여러 권의 화문집을 냈다. 주요 작품이 대영박물관, 국립현대미술관, 이화여대 박물관 등에 소장되어 있다.

도서출판 **'행복에너지'**의 **해피 대한민국** 프로젝트!

〈모교 책 보내기 운동〉

"좋은 책을 읽는 것은 과거의 가장 뛰어난 사람들과 대화를 나누는 것과 같다." 철학자 데카르트의 말입니다. 빌 게이츠 회장은 **"오늘의 나를 있게 한 것은 우리 마을 도서관이었다. 하버드대학 졸업장보다 소중한 것이 독서 하는 습관이다"**라고 강조했습니다.

책은 풍요로운 인생을 위해 절대적으로 필요한 도구입니다. 특히 청소년기에 독서의 중요성은 아무리 강조해도 지나침이 없습니다. 하지만 우리나라 청소년들의 독서율은 부끄러운 수준입니다. 무엇보다도 읽을 책이 부족한 실정입니다. 많은 학교의 도서관이 가난해지고 있습니다. 학생들의 마음 또한 가난해진 상태입니다. 지금 학교 도서관에는 색이 바랜 오래된 책들이 쌓여 있습니다. 이런 책을 우리 학생들이 얼마나 읽고 싶어 할까요?

게임과 스마트폰에 중독된 초등과 중등학생들, 대학 입시 위주의 교육에서 수능에만 매달리는 고등학생들, 치열한 취업 준비에 매몰되어 책 읽을 시간조차 낼 수 없는 대학생들. 이런 상황에서도 학생들이 책을 읽고 꿈을 꾸고 도전할 수 있도록 책을 읽는 분위기를 조성해야 합니다. 학생들이 읽을 수 있는 좋은 책을 구비할 필요가 있습니다.

저희 도서출판 '행복에너지'에서는 베스트셀러와 각종 기관에서 우수도서로 선정된 도서를 중심으로 〈모교 책 보내기 운동〉을 전개하고 있습니다.

대한민국의 미래, 젊은 꿈나무들에게 좋은 책을 보내주십시오!

독자 여러분의 자랑스러운 모교에 보내진 한 권의 소중한 책은 학생들의 꿈과 마음을 더욱 풍요롭게 하는 촉매제가 될 것입니다.

책을 사랑하시는 독자 여러분의 많은 관심과 참여를 부탁드립니다.

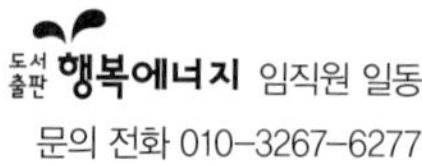

임직원 일동

문의 전화 010-3267-6277